U0511552

2022年

中国后人类
文化年度
发展报告

王 峰｜主编

ANNUAL REPORT

ON POST-HUMAN

CULTURAL

DEVELOPMENT

IN CHINA

上海三联书店

目　录

观　念

技　术

产　业

艺 术

元宇宙

观　念

新控制论

周亦张

一、从经典控制论到新控制论的历史发展

控制论作为一种科学理论,在大多数科学史叙事中,一般都公认其正式创始人是诺伯特·维纳(Norbert Wiener)。他长期都对科学方法很感兴趣。在 20 世纪 30 年代的麻省理工学院,诺伯特·维纳和艾图罗·罗森布鲁斯(Arturo Rosenblueth)博士领导了一个每月都会举行的关于科学方法的讨论会①。讨论会的成员大都来自哈佛大学医学院、麻省理工学院物理学院等等,其中包括了著名的冯·诺依曼等人。在维纳看来,这个讨论会是对纯粹数学、统计学、电工学和神经生理学等学科的互相取长补短。这种跨学科的讨论会也是之后关于控制论最著名的梅西会议的雏形。

对这种方法论的讨论,最初的决定性因素是战争,以及计算机发明的进展。在二战前期,德国在航空领域的优势和英国的防御地位使得许多科学家的注意力都转向改进防空武器的工作。甚至在战争以前就已经十分清楚,飞机的高速度使得所有经典的火炮射击方法都变得过时了,必须使控制装置能够进行全部必需的计算②。正是基于对飞机的曲线预测问题的研究,使得维纳将重心转向对"反馈"作用的研究。此外,工业的迅速发展也对反馈装置和反馈原理提出

---

① 诺伯特·维纳.控制论[M].王文浩,译.北京:商务印书馆,2020:17.
② 诺伯特·维纳.控制论[M].王文浩,译.北京:商务印书馆,2020:22.

了要求,比如热力化工系统的温度、压力控制、船舶与飞机的导航、动力机械的转速控制等等,在此基础上,1911 年斯佩雷(Elmer A. Sperry)就发明了一种能够进行反馈的新型旋转罗盘,可以应用于海船的导航[①]。

除了对机械装置的反馈研究之外,1943 年在美国科学界发表的两篇论文为维纳创造控制论这个学科提供了重要基础,一篇是维纳等人的《行为、目的与目的论》(*Behavior, Purpose and Teleology*),另一篇则是瓦伦·麦卡洛克(Warren McCulloch)和沃尔特·皮茨(Walter Pitts)的《内在于神经活动中的思维逻辑计算》(*A Logical Calculus of the Ideas Immanent in Nervous Activity*)。前者奠定了控制论的主要研究方法之一是对行为和目的进行分析,后者则为生物有机体与机器系统的基础结构提供了转化、类比和功能模拟的可能。由于神经元模型能够被转化为可被图灵机验证的二进制逻辑,并完成命题和运算,因此生物组织和机器组织之间就具有了在计算性控制层面上的共通性。

到了 1944 年,维纳和其他讨论会的成员已经认识到有关通信、控制和统计力学的一系列核心问题之间的本质上的统一,不管这些问题是机器中的还是活组织内的。[②]但关于这些问题的文献缺乏统一,没有共同术语,甚至没有一个称呼给到这个研究领域,因此维纳和其他会议成员决定将这个研究机器和动物中的控制和通信理论的领域叫作控制论(Cybernetics)。这个字源自希腊文"掌舵人"(驾船术、操舵术)。

在 1940—1960 年,由美国的商业大亨梅西家族中的凯特·梅西(Kate Macy)女士创建的"梅西基金会"开始广泛地支持一系列跨学

---

① 彭永东.控制论的发生与传播研究[M].太原:山西教育出版社,2012:36.
② 诺伯特·维纳.控制论[M].王文浩,译.北京:商务印书馆,2020:30.

科的讨论会,旨在解决"相关健康、疾病以及解除痛苦的方法……涉及肝损伤、血压调节、生化抗氧化剂、幼儿期问题、血凝块问题、代谢性相互作用、人口老化、肾上腺皮质、肾功能、神经冲动、意识水平、联结组织病变、惊吓和循环稳定等"。①

在 1942 年,梅西基金会的组织者,医学部主任 F.弗利蒙特-史密斯(Frank Fremont-Smith)邀请罗森布鲁斯在梅西会议上发表了关于《行为、目的与目的性》的报告,并引发了参会学者的强烈兴趣,麦卡洛克被推举为后续研讨会的主席。1946 年,麦卡洛克与史密斯组织了名为"生物学和社会科学中的循环因果系统和反馈机制"(Feedback Mechanisms and Circular Causal Systems in Biological and Social Sciences)的会议,并邀请了包括维纳、冯·诺依曼等著名心理学家、社会学家和经济学家。这就是控制论的第一次梅西会议。也是在当年,控制论的第二次会议迅速召开,主题分别是"社会的目的论机制"和"目的论机制和循环因果系统"。1948 年开始,会议改为每年举行一次,此后一直到 1953 年,控制论的梅西会议一共举办了 10 次,会议的文集也成了控制论的经典文献。也是在 1948 年,维纳出版了《控制论》,标志着控制论正式作为一门学科。

此外,尽管香农(Claude Elwood Shannon)创建的信息论严格意义上并不属于控制论,香农也并未参与任何一届梅西会议,但是香农和维纳都在各自的代表性著作中提到了对方的研究对自己的重要影响,比如维纳在《控制论》开篇就提到了香农在贝尔实验室中的工作。并且香农著名的《通信的数学原理》和维纳的《控制论》正好在同一年出版,两者也都将通信的数学模型,以及信息的概率论世界观视为自己的核心原理。因此,在广义上,一般的控制论叙事也都会将信息论纳入控制论知识体系的整体中。

---

① 彭永东.控制论的发生与传播研究[M].太原:山西教育出版社,2012:83.

按照凯瑟琳·海勒斯(N. Katherine Hayles)的总结,控制论的发展总体上可以分为三个阶段。第一个阶段是 1943 年至 1960 年,这个阶段的控制论研究核心是"自我平衡、脱离载体的信息,以及自我调节"[1],同时,控制论研究者往往使用一些简单的模型来类比复杂的生物组织。因为这个阶段的学者认为组织是可以从环境中独立存在的实体。同时,这个阶段的控制论始终与系统内的信息流动相关。

第二个阶段是 1960 年到 1985 年,这个阶段的控制论研究核心是反身性(reflexivity),也就是将观察者引入系统,既关注控制系统,又关注控制系统的观察者。海因茨·冯·弗尔斯特(Heinz von Foerster)所提出的二阶控制论实际上就是这个阶段的重要发展。在这个阶段,另一个重要的控制论发展是由温贝托·马图拉纳和弗朗西斯科·瓦雷拉开创的自创生理论,其中,系统总是按照自己的组织方式进行自我生产,系统外部的事件能够诱发内部事件。这个阶段的控制论主要与观察者与系统的互动有关。而从 70 年代开始,美国的控制论研究就开始沉寂,原先大量相关的研究人员不再完全以控制论为主题进行专题研究,而是转向各自的前沿问题。因此,海勒斯说控制论"兴旺了大约三十年,时间大致是从 1940 年到 1970 年,然后它就突然从学术界消失,作为一门独立学科的控制论从此没了踪影[2]。"

第三个阶段是 1985 年到 2000 年,这个阶段的控制论研究核心是虚拟性。在当代,控制论的通信领域扩展到了互联网与万维网以及虚拟现实空间。控制论的研究转向了界面、移动电话、全球定位系

---

[1]　W.J.T.米歇尔,马克·B.N·汉森.媒介研究批评术语集[M].肖腊梅,胡晓华,译.南京:南京大学出版社,2019:120.

[2]　W.J.T.米歇尔,马克·B.N·汉森.媒介研究批评术语集[M].肖腊梅,胡晓华,译.南京:南京大学出版社,2019:119.

统、无线网络、嵌入式传感器等其他技术设备。信息、数据流会在所有的媒介中流动。这个阶段的控制论与社会环境和语言环境如何构建观察者有关,第三阶段的控制论便是考察这种建构。

当然,海勒斯的三阶段划分是比较简化的,事实上,控制论在不同学科、不同国别(欧洲、苏联、中国、南美等)都有非常复杂而纠缠的发展;同时,不同国家对于控制论的传播和接受有着明显的时间差异,因此海勒斯的划分更大意义上是针对美国而言的。不仅如此,由于控制论学者来自不同的学科,研究的侧重点以及目的都不同,这就导致了不同学者对于控制论往往有着差异化的理解,甚至有不少欧洲学者,如奥地利的路德维希·冯·贝塔朗菲(Ludwig von Berta-lanffy),罗马尼亚的奥多布莱扎(Stefan Odobleja)等,认为自己早在20世纪30年代就先于维纳提出了一门相似的学科。另外,维纳在不同时期,对于控制论应用的学科范围也有不同的理解,比如在《人有人的用处》(1950)中,维纳就明显扩大了控制论的应用领域,将其从机器和动物的通信问题延伸到了对于法律、社会和宗教解释上,维纳在晚年甚至还专门写了一本书《上帝和傀儡:论控制论对宗教的某些影响》(*God and Golem*, *Inc.*: *A Comment on Certain Points where Cybernetics Impinges on Religion*, 1966)。

因此,当心理控制论的代表性学者奥多布莱扎在整理1948年之后有关控制论的定义时,发现在不同学者的论述那里可以整理出几十种不同的定义①。在其归纳的基础上,我们可以大致归纳几种比较有代表性的定义:

1. 控制论是自动调节动力系统的理论模式,是工业制造的组织原理。

2. 控制论是概括循环过程和循环思维的科学,由于循环过程中

① 斯特凡·奥多布莱扎.协调心理学与控制论[M].北京:商务印书馆,1997:22—80.

的反馈,控制论也是一门关于校正和补偿的科学。

3. 控制论是一门关于自动机和模拟生命的科学,它创造具有条件反射、能学习、能够模拟生命的机器。控制论和人工智能这两个名字在很多场合都是同义词。

4. 控制论是对农工业生产,交通运输、商业、服务业等经济组织进行最高程度综合的自动化理论。

5. 控制论的目标之一是用技术系统再现和模拟人类大脑的心理功能。它是一门关于心理动力的科学。

6. 控制论是一个与一切信息流动有关的研究领域,它包括生物系统、机械系统,甚至宇宙系统。

关于控制论的基本方法,大多数控制论的科学教材和哲学教材一般都会列举的有,类比法(或者说功能模拟法,将有机体与机器的智能和行为进行类比,从而进行功能上的模拟),模型法(使用相同的概念模型、数学模型来解释不同的科学),黑箱法(悬搁研究对象的内部构造,仅根据外在行为的输入和输出进行研究)等。对这些基本方法的运用实际上贯穿了控制论历史发展的所有阶段,或者说,正是因为不同领域的学者将这些方法和概念模型视为共同的研究范式,他们才被视为控制论学者的一员并被纳入控制论的历史叙事之中。

在此基础上,结合控制论在 20 世纪后半叶的主要代表人物冯·弗尔斯特关于二阶控制论的论述,我们可以将控制论在 1960 年之前,以维纳、罗森布鲁斯、麦卡洛克、冯·诺依曼等人为核心,以十次梅西会议为主要文献的控制论阶段视为经典控制论,而将以冯·弗尔斯特等人的二阶控制论、自组织理论等,以及控制论在 60 年代以后的发展,尤其是不同的学者将控制论基本原理推进到各个细分学科的论著视为新控制论(Neo-Cybernetics)的发展,其典型代表就是工程控制论、社会控制论、经济控制论、管理控制论、心理控制论、生物控制论、军事控制论等。

根据荷兰学者盖叶尔和佐文于 1978 年编写的《社会控制论》一书,新控制论强调:第一,控制论用来表征系统思想的循环形式包括了反馈和前馈,它们不仅建立在被观察的客体之间,也在客体与观察者之间,因而信息实际上是由个人和环境的相互作用中建构的;第二,新控制论可以在微观世界和宏观世界之间架起桥梁,包含个人和自调节系统的能动性,也将个人看作是促进社会系统各层次稳定的准则;第三,新控制论意味着转向研究控制决策产生的规范性质与援引,以及在观察中的必要信息转换。当几个系统形成相互控制的关系,或者集体控制外部系统的时候,需要考察系统间通讯、协调和冲突的可能性。①

在冯·弗尔斯特逝世后,二阶控制论学派的继承人,美国乔治华盛顿大学教授斯图尔特·翁波尔贝(Stuart Umpleby)将控制论发展的时段按照福斯特的范畴进行划分,第一个时间段是一阶控制论时段(1940 年到 1974 年),这个时段聚焦于控制系统的研究,主要从负反馈、循环因果、内稳态等角度来研究智能机器和自组织系统。第二个时间段是二阶控制论时段(1974 年到 1990 年),这个时段聚焦于观察者自身在控制论中的功能研究,以及各个复杂系统(生命、社会)的形成与正反馈的关系。第三个时间段是社会控制论时段(20 世纪 90 年代中叶至今),主要研究社会和思想之间的交互作用。

需要注意的是,在欧美学术界,"新控制论"(Neo-Cybernetics)这种提法一般主要用于对于控制论学说发展的历史分期,并没有真正形成一个学派或者系统的学说。一些学者为了区分于维纳的经典控制论,会将二阶乃至晚近出现的三阶、四阶控制论称为"Neo-Cybernetics"。本文所谓的"新控制论"也主要在这个基础上使用,同时,为了专门论述控制论在二十世纪后半叶乃至当前对于文化领域

---

① 盖叶尔,佐文.社会控制论[M].北京:华夏出版社,1989:4.

的影响,本文所谓的"新控制论"还会将那些使用了控制论思想资源的思想观念(比如生态哲学中的"盖亚"理论)等也纳入新控制论。此外,在工程领域,由于控制论影响了互联网(比如通信原理)、虚拟现实设备(比如反馈装置原理)、人工智能(比如智能控制)的发展,因此这些非常重要的技术文化创新,在相当大意义上也可以被纳入新控制论的学科衍生之中,对此,德国学者托马斯·瑞德(Thomas Rid)撰写的《机器崛起·遗失的控制论历史》就把这些前沿科技的发展和控制论在反主流文化中所扮演的作用,也纳入了对控制论的历史叙事之中。

综上,本文所述的新控制论主要包含了三个层面的意义:第一个是时间上,第二个是内容上,第三个是方法上。在广义上,本文将 20 世纪 60 年代至今,所有沿用了经典控制论的核心研究方法、概念和模型的(或是明确声称自己作为控制论体系一部分的),在任何自然科学或人文社会科学领域进行的研究均视为新控制论的发展,比如凯瑟琳·海勒斯的后人类理论,洛夫洛克的盖亚理论,或是中国学者金观涛使用控制论概念在 20 世纪末对中国社会超稳定结构的著名论述。在狭义上,新控制论则主要指在经典控制论时期就已经作为控制论研究团体核心成员的学者如艾什比、冯·弗尔斯特、贝特森、斯塔福德·比尔等人在 20 世纪 60 年代之后做出的对于控制论基础概念、方法论的革新性成果,如弗尔斯特的二阶控制论等。

二、新控制论在不同国家和不同学科领域的主要发展

美国的经典控制论研究在梅西会议结束之后进入沉寂,控制论却开始在海外的不同国家焕发新生。新控制论在世界范围内的发展并非是一个关系紧密且研究内容一致的学派,而是不同国家不同领

域的学者在接触到经典控制论之后选择不同的概念原理并运用到自身学科的尝试。不仅如此,不同学科对于经典控制论体系的各部分的接受度和传播度也不同,比如人文艺术学科就更多地攫取其概念并用来激发创作想象力和文本阐释,工程科学则更多地攫取一些能够直接应用于生产的数理算法,社会科学则更多地从控制论的模型和算法中选择合适的内容,根据研究对象进行重组。

总体来说,新控制论在世界范围内最具影响力的发展还是在自然科学和工程科学之中,这更多地体现在通常所谓工程科学的"老三论"向自然科学"新三论"的演变,也即克劳德·艾尔伍德·香农(Claude Elwood Shannon)的信息论,路德维希·冯·贝塔朗菲(Ludwig von Bertalanffy)的系统论和维纳的控制论,逐渐发展为比利时学者普利高津(Ilya Prigogine)的耗散结构论、法国学者勒内·托姆(René Thom)的突变论和德国学者赫尔曼·哈肯(Hermann Haken)的协同学。

在苏联学界,首先是 20 世纪 50 年代对于控制论思想的引介和争论,由于苏联的科学在相当大程度上受到意识形态的影响,因此苏联对于控制论思想的引介充满了争论,甚至斗争。50 年代早期,控制论的相关著作被苏联学界强烈攻击,比如宣扬控制论是资产阶级思想,并和薛定谔的量子力学一样是主观唯心主义。直到 50 年代中期,由于苏联意识到了计算机与控制论研究在军事武器、生产效率方面的提升,这极大程度构成了苏联和美国进行冷战争霸的潜力。同时,苏联高层也发现美国的相关研究已经领先于苏联,因而政府对于控制论的意识形态批判开始软化,并很快将此奉为苏联的官方科学。在 60 年代到 70 年代,苏联迎来了控制论研究的高峰,涌现了不少控制论研究方面的专家,不过其中具有很高原创性且具有世界影响力的控制论学者主要集中在自然科学之中。

具有代表性的控制论学者是阿列克谢·伊瓦赫年科(Alexey

Ivakhnenko)和维克托·格卢什科夫（Victor Glushkov）。伊瓦赫年科曾是苏联的乌克兰控制论研究所联合控制系统系主任，以及基辅理工学院的自动控制和技术控制论教授。他是归纳建模的创始人，这是一种用于模式识别和复杂系统预测的科学方法。他在数据处理分组方法（GMDH）的开发过程中使用了这种方法。这种方法为人工智能问题的解决提供了可能，甚至被用于深度学习网络，为科学研究提供了一个新的哲学。研究人员不会严格遵循"从一般理论到特定模型"构建模型的传统演绎方式。相反，新方法是"从指定的数据到通用模型"提出的：在输入数据后，研究人员选择一类模型，模型类型变体生成，并设置模型选择的标准①。这种方法是对经典控制论的"黑箱"方法的一次推进。

维克托·格卢什科夫则是基辅的乌克兰科学院计算中心主任。1962 年，格卢什科夫成立了著名的乌克兰国家科学院控制论研究所，并成为其首任所长。他对自动机理论作出了贡献。他曾经的一个雄心壮志是创建国家计算和信息处理自动化系统（OGAS），该系统由一个计算机网络组成，用于管理国民经济中各组织之间的资源和信息分配，这将代表比现有中央计划经济更高形式的社会主义计划。这个雄心勃勃的项目于 1962 年首次提出并建模，但遭到了许多共产党高级领导人的反对，他们认为该制度威胁到了党对经济的控制。到 20 世纪 70 年代初，官方对这一系统的兴趣陷入沉寂。

在苏联的控制论人文学者中，属于东德的 G.克劳斯在《从哲学看控制论》中首次将控制论和马克思主义联系了起来，将控制论视为本质上是辩证唯物主义的。甚至，克劳斯认为马克思主义的历

---

① Alexey Ivakhnenko［EB/OL］. （2023-6-3）［2023-7-31］. https://en.wikipedia.org/wiki/Alexey_Ivakhnenko.

史生产过程的一般目标,就在于"科学地驾驭或操纵一切必须加以驾驭或操纵的东西"。我们可以在这个意义上把马克思列宁主义政党或社会主义国家的政策视为实用控制论的一部分。这种政策无非是按照科学原理制定的、达到一定目标的战略策略;换句话说,从控制论的观点来看,科学社会主义是控制论以马克思列宁主义原理为基础,在社会生活中的应用。①

在英国学界,新控制论思想主要的代表人物是 W.R.艾什比(W. Ross Ashby)的机器控制论,斯塔福德·比尔(Stafford Beer)的管理控制论,以及戈登·帕斯克(Gordon Pask)的学习、沟通与教育控制论。

艾什比的新控制论思想中,对维纳控制论的推进最重要的就是发展了一系列更哲学化的概念,并且将维纳使用的一系列复杂的高等数学公式简化为了初等数学的数值变换,这也是他在《控制论导论》中的核心做法。比如,艾什比认为控制论中"最基本的概念是差异……变化往往是渐进的或者说是连续产生的……我们假定,变化是每次跳过一定数量而发生的……那么以后可以看到,所有重要的问题,就都可用简单的计算来解决……如果我们一开头就来研究连续的变化,那么我们就常要拿无穷小与无穷小相比,或者考察无穷多个无穷小加起来会得到什么,而这些问题并不都是很容易回答的。分布跳动的变化(或离散变化)可以转到连续的变化,这有一个简单的办法,并且在使用上足够准确,就是作一个图,用一个个点来表示分布变化中的各个数值"。②现在,如果把这种方法运用到描述机器上,那么就是把"机器中一个状态接着一个状态的行为,跟动态图中箭头从一个元素连到另一元素的情形比较一下,那么机器与变

---

① G.克劳斯.从哲学看控制论[M].梁志学,译.北京:中国社会科学出版社,1981:297.
② W.R.艾什比.控制论导论[M].张理京,译.北京:科学出版社,1965:8.

化的相似之处就变得十分明显了……当一现实机器和一变换之间有这种关系时,则说变换是机器的标准表达式,并说机器是变换的具体化"。①

艾什比还定义了机器的"耦合"概念,并认为所有机器都有可以互相耦合的基本性质,所谓耦合,"是不妨碍每架机器内部工作的那种耦合,使耦合之后每架机器还是像以前那样的一架机器"。②也就是说,耦合就是不同机器成为一个运作的整体,改变了机器运作的整体输入条件,但仍保持各自的部件和性能。在此基础上,艾什比首次针对"特大系统"进行控制论的研究,从随机耦合、联系程度、局部性质、自闭性等不同维度进行描述。瓦雷拉指出,"艾什比的控制论首次进行了具有随机相互联结的巨系统的动力学研究,这个研究的结果表明随机的相互联结呈现了一致的整体行为"③。

此外,艾什比还发明了一个著名的"同态调节器(homeostat)",主要由四个前英国皇家空军的炸弹控制开关齿轮装置为底座,并套了四个立方铝盒。四个铝盒顶部都有一个小水槽,里面有一个小磁针,会根据感应到的电流在水槽内摆动。每个铝盒都有 15 个开关,可以改变各种参数。当启动机器的时候,每一个铝盒顶部的磁针都会受到其他铝盒电流的影响而运动,而当磁针改变的时候,电流也会随即改变。而当艾什比不断通过不同的开关来改变电流,或者是"颠倒电线连接的极性、改变机器的反馈、颠倒磁针、限制某个磁针向一端运动、用铁条将磁针连接在一起"的时候,磁针总会先不断运动,但最后又回到水槽中心的稳态位置。艾什比将这个过程理解为机器自身在抵御任何破坏其稳态和平衡的尝试,机器在不断地回到稳态。

---

① W.R.艾什比.控制论导论[M].张理京,译.北京:科学出版社,1965:29.
② W.R.艾什比.控制论导论[M].张理京,译.北京:科学出版社,1965:49.
③ F.瓦雷拉,E.汤普森,E.罗施.具身心智:认知科学与人类经验[M].李恒威,李恒熙,王球,余霞,译.杭州:浙江大学出版社,2010:69.

艾什比认为,这个实验证明了机器实际上具有负反馈的能力,因而具有生命特征。艾什比的这个机器成为新控制论思想和艺术不断引用的一个机器原型。

在斯塔福德·比尔那里,他发展出了一种管理控制论,并在20世纪70年代的智利阿连德政府中获得了非常深入的应用。这是一个名为"Cybersyn"的控制论项目,阿连德政府希望在这个项目中使用控制论来推动社会生产的效率,帮助政府进行经济管理,并改变工厂内信息传递的等级结构,使得工人和管理者之间的权力更加平等。在比尔的努力下,他将他所谓的VSM组织管理理论运用到了这个项目之中,他将人类神经系统作为底层模型,然后从生产层往上是计划层,计划层往上是管理层,所有层次都通过反馈相连,各个层级之间可以相互输出和输入自己的想法,通过相互反馈,最终达成共识上的平衡,这类似于一种稳态系统的建模。

不过,历史的实践最终证明,这种将新控制论思想运用到社会经济管理的过程中会遇到大量意想不到的细节性问题。比如,尽管斯塔福德·比尔宣称Cybersyn是一个实时控制系统,但实际上它的运作速度过慢了,并不能给工业管理者们提供有效的帮助。因为整个控制论团队的成员经常需要超过两周去收集工厂的数据,再用Cyberstride软件处理数据,再送回工厂供管理者决策。整个过程周期过长,使得管理者在收到Cybersyn的决策建议时,往往问题已经被解决,或者已经难以再解决。由此形成了恶性循环,工厂提供数据的主动性和积极性也因此被削弱。因此,Cybersyn系统的问题在于,尽管它是一个科技系统,但如果要让系统较好地运转起来,依旧需要考虑观察者(人)在其中的多样性带来的问题。因此,尽管比尔的管理控制论在广义上是新控制论在管理科学中的推进,但在具体的认识论上,他依然保持了经典控制论在系统之外,不参与建构的观察者主体。

不仅如此,Cybersyn 项目在西方的自由主义政治语境下往往被视为象征了苏联极权主义的意识形态,容易被媒体描述成政府集中控制和虐待工人的工具①。比尔原先为了优化管理所创建的"欣快痛觉"功能(也就是在工人感到疲累的时候会反映给系统,从而有助于管理)被描述为对工人的控制。为了回应媒体的批判,比尔将他的管理控制论思想和马克思主义联系了起来,从而完成了新控制论在批判理论中的推进。比尔在 1973 年的文章《现状》(*Status Quo*)中用控制论来阐释马克思对资本主义的批判,他首先用控制论展示了阶级斗争的概念,用稳态概念来形容工人和资本家之间的辩证关系。他还用电容、放大器、电阻等电子元件来描述社会、经济和政治关系。同时,比尔借用马图拉纳和瓦雷拉的自创生概念来描述社会系统(尤其是官僚系统)的组织方式。比尔指出,官僚体系类似一个自创生系统,是一个为了生存,总是偏爱保持现状的组织,因而就会在短期内约束自由,长期来看则会阻碍改革②。

Cybersyn 项目的另一位成员埃斯佩霍则在 1989 年编辑了《可生存系统模型:斯塔福德·比尔的 VSM 解释与应用》(*The Viable System Model*:*Interpretations and Applications of Stafford Beer's VSM*),并在 90 年代帮助哥伦比亚国家审计局采用可生存系统模型来研究和改进国有企业的组织形式,并对哥伦比亚政府职员进行了控制论的培训。③这是将新控制论思想纳入到企业管理中的晚近代表。

戈登·帕斯克(Gordon Pask)则主要从沟通学习理论、教育心理

---

① 伊登·梅迪纳.控制论革命者:阿连德时代智利的技术与政治[M].熊节,译.上海:华东师范大学出版社,2020:235.

② 伊登·梅迪纳.控制论革命者:阿连德时代智利的技术与政治[M].熊节,译.上海:华东师范大学出版社,2020:246.

③ 伊登·梅迪纳.控制论革命者:阿连德时代智利的技术与政治[M].熊节,译.上海:华东师范大学出版社,2020:273.

学的角度发展了新控制论思想。在《关于社会系统研究的对话理论》中,帕斯克指出,在经典控制论中,观察者是一个外部角色,而在新控制论中,任何参与者都可以有条件地扮演外部的观察者①。在经典控制论中,系统的结构与观察者无关;而在新控制论中,观察者的行为与系统的结构彼此关联,系统的结构能够自组织并产生特定的行为。

在美国学界,"新控制论"主要的代表人物是冯·弗尔斯特的二阶控制论,格雷戈里·贝特森(Gregory Bateson)的心理控制论,巴克敏斯特·富勒(Richard Buckminster Fuller)的设计控制论。

在《控制论的控制论》(Cybernetics of Cybernetics)一文中,冯·弗尔斯特提出了控制论的控制论,也即二阶控制论(观察系统的控制论)。当观察者通过规定系统的目的而进入系统,则这是"一阶规定",当观察者通过规定自己的目的进入系统,则这是二阶规定。也就是说,在二阶控制论模型中,进入系统的观察者能够自主地决定自己的目的。按照弗尔斯特的理论,在数学上,二阶控制论的观察者模型表现为无穷递归微积分(calculus of infinite recursions)和自指涉微积分(calculus of self-reference)。②

格雷戈里·贝特森(Gregory Bateson)则将控制论与精神分析学联系了起来,他认为精神分裂症在某些方法类似于稳态器被束缚在病态振荡的状态之下,这是人变得疯狂的原因。贝特森认为,精神分裂症病人在家庭中的记忆是不断被信息环境中信息群的变化所框定和调节的,这个过程就是精神分裂症的精神背景,贝特森由此提出了他的双重束缚假说(double bind hypothesis),包括了对精神分裂症患者沟通习惯的描述,以及对经验序列的描述,后者可以被理解为对

① 盖叶尔,佐文.社会控制论[M].北京:华夏出版社,1989:6.
② Heinz von Foerster. Understanding *Understanding*：*Essays on Cybernetics and Cognition*[M]. New York：Springer-Verlag，2003：285.

个人沟通方式的扭曲式训练①。通常,精神分裂者难理解所有暗示自我和他人亲密接触的信息,并且回避或歪曲任何可能表明他自己或所说之人身份的表达。如果用电报形式作为类比,就是病人省略了电报部分的内容,并篡改了信息文本,从而扭曲和省略了整个正常信息通信中的指示系统,从而使得听着无法联系上下文去解读他的隐喻性陈述。所谓双重束缚的核心要义就是,"这是一种在自身背景中做出正确的行为却受到惩罚的经历。而随着这种惩罚被重复经历就会导致个人习惯性地表现得好像他期待这样的惩罚"②。不仅如此,随着患者和治疗师形成了治疗沟通过程,患者希望误导治疗师并且让治疗师误解自己所说的内容,从而形成了互相束缚的关系,从而双方都只能在失真的条件下接收和发送信息。不过,贝特森也指出,这种双重束缚通常是不对称的,其中一方一般都会占上风。比如,如果父母对患者孩子占据了上风,那么作为患者的孩子就会牺牲自己真实的表达,哪怕他感受到了自身和父母之间看法的不一致,来维持父母的幻觉。因此,整个沟通的过程就成为患者因为父母无意识的控制而造成的沟通的习惯性扭曲。

此外,除了贝特森基于控制论对精神分析学说的推进之外,根据克劳斯·皮亚斯、拉康关于欲望、小客体、大他者之间关系的著名图式,实际上也在某些方面受到了控制论的影响,并且可以被视为一种控制论图式,人的欲望在符号、客体对象之间有一个类似于控制论的反馈回路。

在智利学界,主要的代表人物是马图拉纳(Humberto Maturana)和瓦雷拉(Francisco Varela)。马图拉纳是控制论核心学者麦卡洛克

---

① Gregory Bateson. *Steps to an Ecology of Mind*[M]. Northvale, New Jersey: Jason Aronson Inc., 1972:239.

② Gregory Bateson. *Steps to an Ecology of Mind*[M]. Northvale, New Jersey: Jason Aronson Inc., 1972:241.

的学生,在 1930 年代就发表了著名的《青蛙的眼睛向青蛙的大脑显示什么?》,瓦雷拉则是马图拉纳回到智利之后的学生,他们在之后的学术生涯中几乎一直作为同一个研究团队一起工作。值得一提的是,马图拉纳和瓦雷拉借助控制论等思想资源提出的自创生理论,刚好是在 1970—1973 年的智利大学,而 1970—1973 年也恰恰是智利的阿连德政府掌权时期,可以说,这四年是智利控制论思想研究的黄金时期。随着阿连德政府在 1973 年的失败,智利的控制论研究也就随即沉寂了。不过,在 70 年代之后,瓦雷拉逐渐在控制论的基础上,更多地将注意力转向了现象学和认知科学的跨学科交汇之上,著名的《具身心智:认知科学与人类经验》就是在这个时期写就。在这本书中,瓦雷拉和马图拉纳指出认知主义在 1940 至 1950 年都是以控制论的形态出现的,也就是他们所谓的"认知科学的控制论阶段"。①如果说以往的心理学和哲学都对心理现象作出了认识上的原理,那么控制论学者则第一次用明晰的机制和数学形式来陈述心理现象的内在机制,最重要的代表就是麦卡洛克和皮茨的神经活动的逻辑演算原理。

认知主义在 20 世纪 60 年代则从控制论进一步转向人工智能研究,旨在把"意向状态或表征状态(信仰、欲望、意向等)的归属与行动者在行动中正在经历的物理变化关联起来……至此,符号计算(symbolic computation)的概念开始进入研究者的视野。符号既是物理的又具有语义值。计算就是符号操作,这些符号涉及(respect)语义值或受那些语义值的约束"。②

瓦雷拉和马图拉纳还提出了涌现的理论,在一个系统的网络

---

① F.瓦雷拉,E.汤普森,E.罗施.具身心智:认知科学与人类经验[M].李恒威,李恒熙,王球,余霞,译.杭州:浙江大学出版社,2010:32.

② F.瓦雷拉,E.汤普森,E.罗施.具身心智:认知科学与人类经验[M].李恒威,李恒熙,王球,余霞,译.杭州:浙江大学出版社,2010:34.

构造中,"当所有参与的神经元达到相互满意状态时,将自发地涌现一种全局协作……这种系统并不需要中央处理单元来指导整个运行"①。因而,涌现实际上就是一种在一个系统中不需要心智有意识运作的自发全局协作状态,并在自发运动中产生全新的属性。

在新控制论与生态思想领域的共同发展中,布鲁斯·克拉克(Bruce Clarke)在《盖亚系统:琳·马古利斯,新控制论和人类世的终结》(*Gaian Systems*:*Lynn Margulis*,*Neocybernetics*,*and the End of the Anthropocene*,2020)中首次提出了新控制论系统理论(neocybernetic systems theory)。新控制论系统理论(NST)通过将马图拉纳和瓦雷拉的自创生(autopoiesis)的概念和洛夫洛克(James Ephraim Lovelock)的盖亚假说从生物系统的理论起源向外扩展而发展起来。克拉克指出,自创生系统的首要实例是活细胞。对于概念层面的原始生物形式而言,活细胞是自创生的,因为它们会产生自己的产物。生命系统的基本过程是递归的。他们的操作最初是自我指涉(self-referring)的。生命系统不断地选择和转化它们从环境中获取的元素并持续生产,产生它们自己的延续和转化物。通过这种逐步更新的方式,它们既保持了它们的操作形式,又保持了它们的新陈代谢和生殖过程。它们保持与其他物质、生物和代谢生物系统及其环境结合和耦合的可能性。②

在实际操作中,新控制论思想可以被运用到应对生态危机。比如在美国的格伦大峡谷和科罗拉多河上有一个大坝,专门用于控制河流与发电。然而,建造大坝破坏了下游的生态系统并使得物种濒临灭绝。到了 1983 年,由于洪水泛滥,工程师被迫释放了大量的水

---

① F.瓦雷拉,E.汤普森,E.罗施.具身心智:认知科学与人类经验[M].杭州:浙江大学出版社,2010:72.

② Bruce Clarke. *Gaian Systems*:*Lynn Margulis*,*Neocybernetics*,*and the End of the Anthropocene*[M]. Minneapolis:The University of Minnesota Press,2020:5.

来引发人工洪水,但没想到这一场洪水竟重建了沙洲附近的生态系统。然而这种积极的作用只是暂时的,沙洲很容易被侵蚀。于是当地建立了格伦大峡谷的适应性管理计划(AMP),通过定期在河流上制造人工洪水并观察下游生态的变化,从而不断通过生态的反馈来调整人工洪水的各个变量。这显然是控制论对于生态危机的一次应用,通过控制与反馈来引导生态系统的稳态。

在德国学界,基于控制论思想进行理论创新的最著名的学者是社会学家卢曼(Niklas Luhmann),卢曼社会沟通理论受到了贝特森和福斯特很大程度的影响,卢曼和福斯特也具有相当广泛的学术交往。卢曼广泛吸收了控制论中关于系统分析的方法以及通信的模型。在卢曼看来,基于意识状态的统一(自我指涉)关系构成了心理系统,基于交流的统一(自指涉)联系则构成了社会系统。心理系统和社会系统在时间中共同进化。在任何时候,一种系统都是另一种系统的必要环境。

在北欧学界,索伦·布莱恩(Søren Brier)在贝特森和福特斯的新控制论思想影响下,创造了赛博符号学(Cybersemiotics),在某种意义上可以被视为新控制论思想在符号学领域的拓展。布莱恩认为在控制论的发展中,观察者在沟通中的意向性、情绪、认知态度都受到了忽视,因而有必要用符号学来补充控制论关于心理系统和社会系统的交流问题。布莱恩指出,有必要将皮尔斯符号学的资源纳入新控制论的发展,而皮尔斯的符号学在"三元"的意义生产机制中实际上表现为控制论式的自组织过程,不仅如此,皮尔斯的符号学也具有自我指涉性,因而它也是二阶的,比如一个符号可以继续分解为子符号。①布莱恩的赛博符号学将二阶控制论和皮尔斯的三元(triadic)二阶符号学结合起来,证明了新控制论思想中关于社会通信和个人

---

① Søren Brier. *Cybersemiotics*:*Why Information Is Not Enough*![M]. Toronto:University of Toronto Press,2008:253.

心理的研究实际上是能够不断向其他学科敞开的。

在中国学界，原清华大学电机工程系教授李郁荣早在 1930 至 1940 年就已经在麻省理工学院作为维纳的学生，在他的带领下一起研究控制论，并取得在电机控制上的重要成果。与此同时，同为 MIT 的博士生，钱学森也在回国之前就已经在美国写就了《工程控制论》，成为经典控制论的重要著作，至今仍是工程控制领域的经典著作。控制论在中国人文学界发生影响是在 60 年代，主要借由苏联学界的引入，并完成了对多部控制论经典的翻译和引介。

控制论思想在中国的人文学界真正取得重要创新主要来自中国哲学与历史学家金观涛，他在 80 年代就曾写过《控制论与科学方法论》，是中国人文学者中最早传播控制论思想的学者。之后，金观涛在《中国社会的超稳定结构》一书中，创造性地借用了艾什比在 50 年代提出的"超稳定系统"（Ultrastable System）理论，用来描述中国封建社会周期性和停滞性的内在联系。艾什比所谓的超稳定系统，就是生物和环境耦合过程中的互相适应保持了生物体和行为模式的稳定，而当系统不稳定时，系统自身就会自动调整内部参数，以使整个耦合系统达到新的稳态。金观涛认为，当中国社会结构中的经济、政治、意识形态三个子系统偏离适应状态以至于就结构无法再维持下去时，就会引起旧结构的崩溃，但是这个过程也"消除了各个子系统中互不适应的因素，同时也消除和压抑了三个子系统中尚未成熟的新结构的萌芽，这样就使得大系统回到原有的适应状态。这个系统由于存在着不断消除和压抑内在不稳定因素的振荡机制，所以从总体上看其结构可能长期保持基本不变……也就是说，这种系统的巨大稳定性，是依靠它本身只有周期性震荡的调节机制而得以实现的"①。金观涛

---

① 金观涛，刘青峰.兴盛与危机：论中国社会的超稳定结构［M］.北京：法律出版社，2011：13.

认为,正是这种超稳定结构,保持了中国封建社会两千余年的延续,使之呈现出社会结构的巨大稳定性。

在 90 年代之后,控制论在中国人文学界随着后现代主义思潮的到来慢慢沉寂,直到进入新世纪,控制论随着 2010 年之后人文学界对于后人类思潮的引介而受到学界关注。在 2020 年之后,华裔思想家许煜则引领了中国学界第二波研究控制论的技术哲学浪潮。在许煜的一系列技术哲学著作中,他也在广义上发展了新控制论的思想,他将控制论的发展阶段归纳为从"被组织的无机"到"无机的组织化"。作为生态整体的环境概念已经超出了人类器官,扩展到类比器官和数字器官,构成了他所谓的无机有机性(inorganic organicity)为特征的新环境。①"无机的组织化"通过递归来运作,产生出自己的结构和模式,这种递归模式能够克服偶然性,因为它具有容错性和可错性。许煜将哲学史上的谢林、黑格尔的体系与控制论的递归性模式结合了起来,并将康德、谢林、黑格尔、伯格森等人的自然哲学理论结构视为控制论的前身,为新控制论的哲学史意义提供了全新的阐释。

三、新控制论思想在艺术与文化领域的影响

控制论思想曾在诸多艺术领域都产生了广泛的影响,并成为早期数字艺术、装置艺术、虚拟现实艺术等艺术创作和批评的核心话语来源。关于控制论和艺术方面的联系,最著名的事件就是在 1968 年的控制论艺术展"控制论的意外发现"(Cybernetic Serendipity)。根据策展人 Jasia Reichardt 关于展览的导言,这个展览的目的是展现艺术与技术、科学之间的关系。展览既包含了艺术家对科学活动的参与,也包含了科学家对艺术活动的参与,展示了艺术家使用的随机

————————

① 许煜.递归与偶然[M].上海:华东师范大学出版社,2020:271.

系统、控制论设备等等。展览在目录上主要分为了三个部分。第一个部分是计算机生成的图形、计算机动画电影、由计算机处理和播放的音乐,计算机诗歌和文本。第二个部分是控制论设备作为艺术作品的控制论环境,包括了远程控制的机器人和绘画机器。第三个部分展示了计算机的使用,以及机器如何处理控制论历史。①纵观整个展览,出现的艺术类型几乎囊括了所有艺术门类,包括计算机音乐、舞蹈、诗歌、绘画、电影、图像,此外,还有作为环境的机器互动剧场。

作为新控制论思想的代表人物,戈登・帕斯克在这个展览中展出了他的一组动态雕塑,是五个名为"运动设备的对话"(Colloquy of Mobiles)的互动机器人,能够用光与声音进行互动。每一个机器人都有一组程序来确定它们的运动和可见的状态。②此外,帕斯克在1950 年代初期曾设计过一个音彩(Musicolour)机,能够在音乐家进行即兴音乐表演的时候接受表演信号,并根据信号输入来实时调节机器的灯光,完成灯光与声音一体的跨媒介表演。在这个过程中,当表演者弹奏钢琴的时候,音彩机里的滤波器就能够计算声音信号频率的平均值,计算的结果如果超过音彩机的某个阈值,那么就会激活相应的灯光。如果钢琴表演者长时间表演相似的声音节奏,音彩机的阈值就会升高,灯光就不再被激活,这意味着演奏者需要时常变换节奏和旋律以使得灯光能够积极地响应③。这个装置塑造一种人类表演者和机器在相互适应中耦合成的一个整体表演系统,他们根据互相的反馈来调节自己的行为。

---

① Jasia Reichardt. *Cybernetic Serendipity*:*The Computer and the Arts*[M]. New York:Studio International,1968:5.

② Jasia Reichardt. *Cybernetic Serendipity*:*The Computer and the Arts*[M]. New York:Studio International,1968:34.

③ 大目妖.控制论的华丽公子、激进的对话者:戈登・帕斯克[EB/OL]. (2022-6-15) [2023-7-8]. https://mp.weixin.qq.com/s/r918dDAGYIc_TShWK7_9QA.

帕斯克还设计过一个控制论剧场（cybernetic theater），观众可以和表演者互动来完成戏剧作品。控制论剧场表演的戏剧文本需要有不同的剧情走向，从而在不同的情节分叉点，观众能够使用座位上的手柄来对表演者发出信号，并且让表演者根据信号来选择接下来角色的行为。整个信号的传输过程从座位传输到联络员，再从联络员通过手势和声音传递给演员。在整个剧场中，观众、演员成为一个不断反馈的耦合系统。

关于新控制论思想在艺术团体中的实践，诞生于东欧的新趋势（New Tendencies）艺术流派表现了新控制论思想与左翼先锋艺术之间的融合。在位于克罗地亚首都萨勒格布的 1965 年第三届新趋势展览中，南斯拉夫的艺术家维杰斯拉夫·李希特（Vjenceslav Richter）的系列作品探究了"合成城市主义"（synthetic urbanism），这体现了南斯拉夫在 1960 年对矩形建筑结构的讨论。在李希特的建筑计划中，人们应该生活在巨大的金字塔（ziggurat）中，每个金字

图 1　南斯拉夫的艺术家维杰斯拉夫·里希特（Vjenceslav Richter）的建筑作品

塔可以容纳一万人,且每一个结构都是独立的,金字塔和金字塔之间有绿地和公园可以促进生产、学习、休闲等各种生活。这一构思受到了法国空想社会主义者傅里叶的影响,旨在构成促进城市的自我管理和自治社会主义(Self-Managed Sosialism)。金字塔中的单元组成了一个交互的整体,将程序化的艺术概念转化为城市设计。工人能够在单元中获得更大的主体性空间。

来自米兰的 T 小组(Group T)则展示了一个沉浸性的实验环境,观众会进入一个立方体房间,房间内的光线则会投射不断变化的颜色,之后观众会被要求填写一份关于感觉的问卷,T 小组想要通过测试来突出对于程序化视觉信息(programmed visual message)的美学信息内容[1]。在第三届新趋势展览开幕后,相关研讨会于 1965 年 8 月 18 日在萨勒格布举行,控制论学家亚伯拉罕·莫尔斯(Abraham Moles)谈到了客观化审美判断和艺术生产自动化的可能性。情境主义国际(Situationists International)则认识到自动化确实可能将人们从工作的枷锁中解脱出来,但这种潜能可能无法在资本主义中实现,因为劳动永远都是商品[2]。

控制论在设计思想方面的影响,一个典型代表就是著名设计思想家理查德·巴克敏斯特·富勒,在《设计革命:地球号太空船操作手册》中,巴克敏斯特富有创造性地将地球视为一个“地球号太空船”,将地球自身的生态物质系统也视为一种设计体系,而对于人类来说,如何驾驶、保养、维修这艘飞船就需要思考系统化的普遍性原则,用于控制和管理环境能量的增量。因此,实际上巴克敏斯特的整体设计思想就是通过设计理念的更新,从而更好地服务于控制地球

---

① Armin Medosch. *New Tendencies：Art at the Threshold of the Information Revolution*(*1961-1978*)[M]. Cambridge：The MIT Press，2016：134.

② Armin Medosch. *New Tendencies：Art at the Threshold of the Information Revolution*(*1961-1978*)[M]. Cambridge：The MIT Press，2016：139.

生态系统在宇宙中的良好运行这一根本目的。而其通过设计操作来对抗熵增的伦理学目的和维纳在控制论中提到的价值目标也是一致的。巴克敏斯特认为,至少有三种强大的工具可以使用,包括"普遍系统理论、计算机战略(又称控制论)和协同战略"①。其中,根据控制论的原理实际上可以把人类的财富划分为物质能源和形而上的专业知识,根据协同学,就需要掌握系统的已知效能和系统某些组件的已知效能,从而推导和发现系统的其余效能。

关于新控制论思想在建筑室内设计中的实践,一个典型的例子就是 Cybersyn 项目中的指挥室。这个房间看起来像是斯坦利·库布里克(Stanley Kubrick)的电影布景,房间里七张白色的玻璃钢转椅,墙上的显示屏则显示着全国各地工厂的经济数据。每一个管理者可以通过椅子扶手上的十个按钮来调出智利工业生产的图表、照片等,并将其显示在屏幕上。另一面墙上的显示屏则用来标识出目前需要关注的经济紧急事件,通过屏幕上红灯闪烁的快慢来标识情况的严峻性。第三面墙上则显示了以人类神经系统为基础的五层控制论模型。这间指挥室的设计理念是为了帮助阿连德实现社会主义变革,具体来说,就是政府高官可以在指挥室里获得最新的国家经济数据并作出快速决策。这个案例实际上也体现了海勒斯所谓的新控制论与自由人本主义之间存在着非常强的张力,一方面如维纳和比尔等人想要尽可能地让控制论为自由人本主义服务,但另一方面,随着控制论的理论演进和美学实践效果,控制论最终呈现的形态又往往带有极权主义的形态,并被看作对自由人本主义的威胁,比如这个指挥室的设计在直观上仿佛展现了官僚集团在指挥室中永恒地操纵数据来巩固权力的场景。

① 理查德·巴克敏斯特·富勒.设计革命:地球号太空船操作手册[M].陈霜,译.武汉:华中科技大学出版社,2017:97.

图 2　智利 Cybersyn 项目的指挥室

因而,新趋势使用技术来进行艺术的形式创新,从而从感性上改革资本主义生产关系,并促进人们从普遍的社会异化中自我赋权(self-empowerment)。在这个意义上,艾敏·莫多士(Armin Medosch)将其称为控制论社会主义(cybernetic socialism)。①

结　语

从 20 世纪 40 年代至新世纪的前二十年,控制论思想在几十年的发展中不断地在诸多学科中开枝散叶,并形成了广义上的新控制论学科群,为描述人类社会、文化、科学的进步提供了准确而系统的认识模型与方法。对于当今中国的媒介现实,比如互联网平台、人工智能、大数据监控、社交媒体等诸多技术,控制论也曾在这些技术的

① Armin Medosch. *New Tendencies：Art at the Threshold of the Information Revolution*(*1961-1978*)[M]. Cambridge：The MIT Press，2016：141.

历史发展中扮演过重要角色,理解控制论思想的发展将有助于更深刻地理解当前的媒介现实。对于后人类文化而言,新控制论思想是诸多理论家如海勒斯所青睐的思想资源,也是艺术家们在对技术时代的现实进行理解、表现和批判时所需要借鉴的概念工具。随着新控制论思想的继续发展,后人类文化也将继续繁荣。

数字亲密

韦施伊

一、数字亲密的定义及分类

数字亲密(Digital Intimacy)的相关概念有技术亲密(Artificial Intimacy)、媒介化亲密(Mediated Intimacy)等等。就日常语言的使用上来说,亲密关系似乎是不言自明的,它指的是与家人、爱人、朋友、伙伴之间情感、经验、身体上的接近、亲近、临近。而在数字媒介的环境中,技术不仅扩大了这种传统私人领域的交往,还在公共领域中结成了网络化的亲密关系,使得私人/公共的区分受到挑战,更要求在理解自我的问题上进行重新定义。数字亲密被视为理解"我与技术"之间的方式,亲密关系的改变不仅发生在人与人之间,还发生在身体与技术的连接处,更发生在技术与技术的连接处。

综合的媒介技术和媒介平台和我们的日常生活、我们的身体、我们的交往关系、我们的亲密行为紧密交织。在 Soul 上交友,在 Blibili 上展示个人生活的记录,在腾讯课堂上课,这些都是如今数字时代的基本场景。尽管有众多数字亲密的家族相似概念丛,但它们的基本立场是,并不把媒体作为我们进行社交行为的技术对象,媒介不再作为某个单一平台或者单一技术,而是被认为是一个积极的行动和生成的过程。

澳大利亚新南威尔士大学教授罗伯·布鲁克斯(Rob Brooks)列出了三大类技术亲密关系,分别是:数字情人(Digital Lover)、虚拟交友(Virtual Friend)和匹配算法(Matchmaker)①(图 1)。这三个类型中有互为重叠的部分,图表中打钩的是目前已经以某种形式存在的数字亲密样态。他认为,所谓的"技术亲密"(Artificial Intimacy)指的是能够满足人类对联系、亲密关系和性需求的技术,尤其是在新冠疫情的影响下,人们的社交、工作、娱乐等等都更依赖数字技术来进行,也因此,他建议,如果要为数字亲密寻找一个所谓的起点或"元年",那么应该是 2020 年。

的确,在此之前,我们对于社交媒体和相关技术的批判往往集中在它对于我们现实生活交往所造成的分心状态,"低头族"的形象成

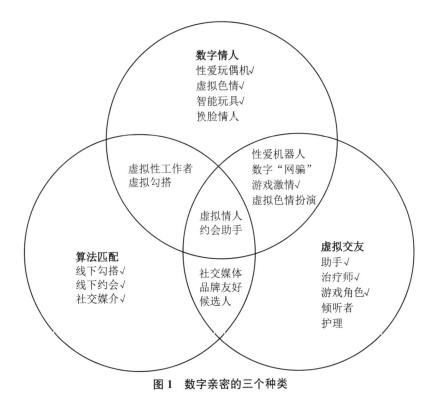

图 1 数字亲密的三个种类

① Rob Brooks. *Artificial Intimacy*:*Virtual Friends*,*Digital Lovers*,*and Algorithmic Matchmakers*[M]. New York:Columbia University Press, 2021:14.

为了一个典型,我们虽然时时刻刻拿着手机在和世界、与他人发生联系,但却疏离甚至是忽视了近在身边的人和事。但自 2020 年起,隔离状态加速了我们技术亲密的变更,大量的用户和互动为算法学习提供了更多的数据,丰富的应用程序变得更能"猜"中用户的心,我们似乎无法避免技术对亲密关系的介入,包括我们与技术之间所建立的亲密感受。2022 年上映的纪录片《我们在虚拟现实中相遇》(*We Met in Virtual Reality*)中,记录了在疫情期间,发生在 VRChat 这个虚拟社区里,残障人士之间的友情、远距离的爱恋、数字婚礼的举办等等,多元的身份和交往关系得到连接和建立,人类的亲密关系越来越多地被数字媒体技术和平台所变更、所塑造。

在心理学的意义上,当我们越来越接近某人时,我们会将自我意识扩张至他人,所谓亲密关系,即将他人纳入我们的自我意识中。朋友、爱人、家人之间的差别,只是亲密程度上的参差,取决于我们把对他们的感觉融入我们的自我感觉的程度。在日常的、反复的、微小的互动中,在彼此之间方方面面的展露中,完成亲密关系的搭建。音乐播放器每日推荐歌曲,备忘录应用程序弹出事项提醒,跟语音助手玩成语接龙等等,在现如今的技术状况下,数字亲密也同样依此,通过算法模仿这一过程。

二、数字亲密的表现

(一)社交数字化

首先是亲密关系的数据化。亲密关系从一种模糊的、神秘的感觉和情感,被数据化和可视化地表达出来,并且,这种私人领域的关系被公开在互联网这一公共领域中,甚至成为一种流行文化。以游戏《王者荣耀》为例,玩家可以在游戏中建立"恋人""基友""死党""闺蜜"这四类关系(图 2),每类关系建立的前提是双方有一定数值的"亲密度",在双方都同意的情况下,可以建立相应的亲密关系。并且,该游戏还设置了亲密关系的排行榜,分列有全国榜、全区榜和好友榜(图3)。在游戏局内已经建立亲密关系的玩家,还会触发局内相遇的效果。

图2 《王者荣耀》中的亲密关系

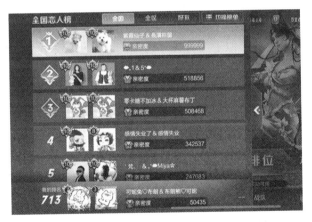

图3 《王者荣耀》中的亲密关系排行榜

亲密关系的数据化,意味着在私人亲密被展示在公共交往领域中,游戏玩家所展示的是其"15级的恋人"、"6级的基友"、"8级的死党"和"10级的闺蜜",排行榜的设置更是把公共领域的奖励排行机制、社交表演性等等,带入了私人领域中。其实带有社交性质的电子游戏为了增强用户黏性,往往都会采取此类办法。虽然《王者荣耀》的母公司腾讯,在社交软件 QQ 也推出过情侣空间等亲密关系的展示,但《王者荣耀》这样可视化、数值化、排行化的亲密关系,已经重新迭代了亲密关系在数字时代的样态。

其次是社交方式的数字化。以"探探,带你找到生命中的那个人"为口号的移动社交软件"探探"于 2014 年上线,其"向右滑喜欢,向左滑无感",互相喜欢才能聊天的"零摩擦"社交方式,将效率引入了亲密关系的领域中。所谓"零摩擦"指的是用户可以毫无负担和尴尬情绪地拒绝/被拒绝。和以微信、QQ 为代表的熟人社交软件,以微博为代表的公共舆论社交场所不同,探探这类软件主打的是弱关系连接的陌生人社交,基于地理位置和"颜值"进行划卡双相匹配。而口号为"跟随灵魂找到你"的同类软件 Soul,上线于 2016 年,相较于探探,Soul 更依赖大数据算法进行匹配,根据用户所提供的个人数据和资料为其提供"灵魂匹配"。当用户进入陌陌、探探、Soul 的同时,也就进入了一个似乎拥有无尽选择的世界中,效率不仅仅指匹配时间短、匹配契合度高,还包括了能够在无数选择中寻求最优解的欲望。美国心理学家巴里·施瓦茨(Barry Schwartz)通过"选择的悖论"这一概念,阐释了选择性和满意度之间存在的相悖关系,我们往往会觉得当面对更多的选择意味着更开心,然而事实却是,有限的选择才会提高人们的满意度。无尽的纠结和"下一个更乖"的想法通常会导致抑郁和孤独感。

(二)虚拟恋人

在数字亲密这一话题中,虚拟恋人无疑是其中极受关注的一项。爱上一个虚拟的人,现在看来,已经不是一件那么令人觉得难以置信的事情了。2009 年,任天堂发布了一款名为《爱相随》(*Love Plus*)的恋爱游戏,这款游戏为玩家提供了跨次元的恋爱,游戏中设置的三位女主角,有着各自不同的性格和背景,能够开展告白后长久的"情侣生活"模式。可以说《爱相随》是早期亲密关系"游戏化"的表现,它有别于一般恋爱养成类游戏,根据不同的选择来开展不同的故事线,能够以"攻略"的方式完成游戏目标,《爱相随》在剧情模式外,还开设了现实时间模式,游戏时间与现实时间同步,以增强虚拟对现实的融入,使其成为了一款能够长久陪伴持续获得乐趣的游戏。这款游戏一经发行,就成为了日本国民级的游戏,在全球范围内也堪称现象级,即使到了现在仍然有非常多玩家在玩。人类学家帕特里克·加布尔雷斯(Patrick Galbraith)就认为,这类恋爱模拟的电子游戏逐渐培养了我们和我们的文化对虚拟人物的亲密关系,玩家和《爱相随》中的角色的关系是一种真正的关系,因为玩家的的确确地、亲密地参与其中。

国产的恋爱模拟电子游戏,以乙女游戏为代表,在社会文化对虚拟恋人的接受和扩张上发挥着非常重要的作用。乙女游戏和消除融合类游戏、休闲换装类游戏、女尊成长类游戏、群像育成类游戏、偶像养成类游戏等,都属于女性向游戏等分支。"乙女"一词来源于日文,意为"未婚的年轻女孩",乙女游戏,指的是以女性为主要玩家的恋爱模拟游戏,也叫女乙向游戏、女性向恋爱游戏,游戏中的攻略对象一般为男性角色,游戏玩家通过代入女主人公展开剧情,不同的选择会导向不同的支线,优美的声效场景、多样的人设、丰富的玩法,使得游戏除了让玩家拥有恋爱般的感觉之外,仍然收获很多乐趣。

由叠纸网络科技有限公司发布于 2017 年的《恋与制作人》,一跃成为了国内首个爆款乙女游戏,游戏上线仅一个月,安装量就达到近1000 万,日活跃用户数达到 200 多万,单日最高流水过 2000 万元。国内其他游戏厂商也紧随其后地加入赛道,上线了同类游戏,如米哈游的《未定事件簿》(2020 年)、网易的《时空中的绘旅人》(2020 年)、腾讯的《光与夜之恋》(2021 年)、星辉天拓的《少女的王座》(2021 年)等等。根据《2022 年中国游戏产业报告》显示,2022 年中国游戏市场实际销售收入 2658.84 亿元,同比下降 10.33％;游戏用户规模 6.64 亿,同比下降 0.33％。在这个较为低迷的行业环境下,女性向的游戏市场却仍然呈现出递增态势。

以《恋与制作人》为例,它基本的游戏模式是文字对话 AVG(Adventure Game),即文字冒险,玩家以女主人公,即"我"的视角代入游戏环境,并与 5 位可攻略的男性角色及其他 NPC(非玩家角色)来开展剧情故事和任务闯关。主线剧情的推进依赖玩家在闯关时达成任务,而要想通关,则要通过不同男主形象的卡牌所对应的不同战力,来提高战力。新剧情的解锁,需要新的卡牌,新的卡牌又需要抽卡道具来抽取,在主线之外,还有各种副本和"彩蛋"一般的约会故事。就这样,玩家在游戏中可以和不同的男主角进行约会和恋爱,并且男主角还会和玩家打电话(图 4)、发短信、视频通话等等,在特定节日的时候也会有特殊约会(图 5),将虚拟代入现实,模仿真实恋爱的场景和方式。

图 4 《恋与制作人》中男主之一李泽言打电话的场景

根据极光数据的用户画像统计,《恋与制作人》29 岁以下的玩家占比为 84.5％,这部分玩家目前所面临的是职场、学业、社交等多重压力和焦虑,也就使得这部分人群对恋爱游戏中的情绪关怀需求更为看重。在微博的词条调查中可以看到,关于"年轻人为什么越来越喜欢纸片人"的回答中,玩家们都表达了在这种虚拟恋爱里获得的松弛感和安全感。在游戏中拥有一个虚拟恋人,意味着玩家可以在游戏中工作、生活和恋爱,也能够在生活、工作、游戏中恋爱。这类模拟恋爱游戏给玩家提供了情感价值、陪伴感和信任感。在 2022 年 11 月新华社发布的"2022 新华文化产业 IP 价值榜单"上,《恋与制作人》

图 5 《恋与制作人》夏日音乐会主题海报

位列第 44 位,这个数据说明了数量众多的玩家拥有着虚拟恋人,也说明了乙女游戏巨大的市场潜力,更说明了我们的社会对虚拟恋人的更为开放的接受程度。

(三) 数字伴侣

1. 数字宠物

2018 年,日本索尼公司发布了电子狗 Aibo,即 Artificial Intelligence Robot(意为"人工智能机器狗"),这款机型是基于 1999 年首次推出的电子机器宠物的新机型。Aibo 在日文里的发音和"同伴"相同,中文译名为"爱宝",也有网友称其为"索狗",它具有"学习"的人工智能的基本算法,除了在外形上是一只小狗,它还能够做出和真实小狗一样的动作、发出具备个性的叫声。Aibo 能够听懂并执行我们对小狗平时进行训练的指令,例如躺下、握手、击掌、打滚、装死等等,还能够完成普通小狗所不能的跳舞、唱歌,它通过覆盖全身的传感器和人进行感知互动,会根据环境、不同的主人的交流来形成自己独特的个性,从而真正成为属于你的独一无二的宠物小狗。例如,面部识别的功能使它具备分辨家庭成员的能力,并在互动的过程中,收集数据进行学习,以调整行为来适应家庭成员的习惯和喜好。此外,它的数据和记忆能够上载至云端保存,并且能够继承到其他的机器狗之上,让家庭成员不必承担宠物小狗"死去"的担忧。类似的陪伴型玩偶还有 Groove X 公司开发的企鹅形的毛绒玩具 Lovot(即 Love 与 Robot 的组合)等等,但是具备相当的智能水平的数字伴侣,目前来看,还是 Aibo 走在前列。Aibo 的售价、云服务订阅费用、保修费用加起来,总计约 19000 元人民币,是一笔不小的费用。

我国对动物形态机器人的研发,主要集中在军事和工业用途上。2020 年,华为推出了一款"机器狗"Legged Robot,注重行人、物体识别和动态追踪,目标是先在工业场景使用,再逐渐推向消费场景。此外,华为同样把重心放在研发能够与人直接进行对话的机器狗,进行控制指令识别、对话语音的语音转写、自然语言处理和语音合成。2022 年,我国兵器装备集团五八所自主研制的四足仿生机器人正式发布亮相,并参加中国航展,这款"机器狗"是士兵专属无人装备,作为士兵的帮手,在地下管道、洞穴、丛林等复杂环境下,执行抵近侦察监视、火力清缴、协同打击、危险物品处理和资源运输保障等不同作战任务。还有更多的机器人用于医疗康复和护理上,许多数字程序也被使用于心理健康的治疗中。

其实,电子宠物,离我们并不遥远。QQ 宠物,这款伴随着社交软件 QQ 一同走进我们生活,但却在 2018 年被腾讯停运的古早的赛博宠物,相信是许多 80 后、90 后、00 后的美好回忆。云端有个小动物等待着你去饲养,会给你安慰与陪伴的感觉,仍然吸引着我们和数字宠物不断发生联系。

2. 聊天助手

在现有的媒介化生活中,人们似乎无时无刻不在交谈:发微信、回帖子、斗表情包……在这个被屏幕包围的世界,人与人之间即便是相隔天涯,但也似乎触手可及。可正是如此,我们往往在和家人、朋友、同事、爱人在一起的时候，却又紧盯着手机屏幕，而不会相互交谈，现在甚至出现了"恐电话"现象，许多年轻人表示很害怕电话铃响，抗拒接电话交谈，而选择发邮件或在社交软件上留言。数字技术帮我们跨越了无法面对面交流的屏障，但却又让我们滑入了无法面对面倾听、理解彼此的境地。

我们往往认为交谈发生在人与人之间，而如今 AI 语音助手的出现，正不断挑战着这个观点。苹果的 Siri、微软的 Cortana、亚马逊的 Alexa、百度的小度（DuerOS）、华为的小艺（小 E）等等在智能化和社交性上不断吸引着人类与机器之间展开新型的交谈。在《重拾交谈》（*Reclaiming Conversation*）这本书中，雪莉·特克尔（Sherry Turkle）就提出了这样的观点：我们不仅想用机器聊天，还想和机器聊天。她的研究发现，当机器能够给人们一种被深切"理解"的感觉时，这种"亲密"的程度似乎就已经足够满足亲密关系的需要了。但她继续追问道，当我们谈起与机器之间的交谈时，我们说的究竟是什么呢？我们说的是彼此间的恐惧、彼此间的失望、归属感的缺失、时间的缺失。在过去，我们或许会对指路的人存有疑虑，但如今，我们已经完全听命于高德地图里甜美的导航声音。雪莉·特克尔也因此认为我们处在一个真正意义上的"机器人时刻"，这并非因为机器人已经就位，而是因为我们正越发依赖着它们。

由美国 OpenAI 发布于 2022 年 11 月的 ChatGPT（Chat Generative Pre-trained Transformer），可以说成为了 2022 年底至 2023 年初最为热点的话题，震荡了整个全球社会对人工智能的认识。OpenAI 将 ChatGPT 定义为"优化对话语言模型"（Optimizing Language Models for Dialogue），它也是生成式 AI 的代表性产品。所谓生成式 AI，英文是 AI Generated Content，缩写为 AIGC，简单来说，就是通过人工智能技术来生成内容。ChatGPT 的模型训练使用了来自人类反馈的强化学习（Reinforcement Learning from Human

Feedback,缩写为 RLHF),因此它具备语言理解和文本生成能力,利用大量的语料库来训练模型,可以根据聊天的上下文进行互动,除了聊天的功能之外,它还可以执行撰写邮件、视频脚本、文案、翻译、代码等任务。

随着自然语言处理的迅速提高,聊天助手可能会更好地学习人们在沟通时所使用的微妙、流动的词汇和节奏。随着更多的亲密关系规则可供机器学习,更多的机器将能够在用户身上应用出巧妙和恰当的语言,优化信息长度,以及何时进行沟通和何时避免问题的最佳状态。通过这些方式,这些数字助手或智能机器将越来越有效地拉近与我们之间的距离,并逐渐让我们将其纳入我们对自己的认知和感受之中。一旦这种数字亲密的关系被放置于通常预留给朋友、家人、爱人等的位置时,技术已经不再是单纯的技术了。

目前已经出现的手机助手或语音助手,还有使用算法匹配和大数据的社交媒体,已经和用户之间建立着类似亲密关系的联结。这类数字技术被人们"拟人"地当作人类一样来对待,并且经过 RLHF 的学习和循环,数字技术在模仿人类间亲密关系行为上表现出惊人的速度和成效。每一次机器学习都在几乎实时的状况中发生,因为它们掌握着来自不计其数的用户和互动所产生的数据与痕迹。而资本在巨大的商业利润的激励下,会加速技术屏障的破除,从而推动聊天助手不断在我们亲密关系的层级和圈环中愈发向内挪动。

(四)性爱机器人

人类的亲密关系,除了生物因素和心理因素之外,也受到社会文化经验的极大影响,技术在其中扮演着举足轻重的角色。人类的日常生活随着数字化的发展,正以一种悄无声息却又影响巨大的方式发生着变化。数字亲密的爱与性自然也包括在内,技术对性的影响,首先体现在节育手段的发明。避孕套的使用,让这种成本低廉而又行之有效的方式改变了人类的性行为和看待性的方式。如今,我们可以在交友软件上选择性伴侣,也可以远程通信享受沉浸式虚拟性爱,甚至可以定制专属的智能性爱机器人用以调情和肌肤之亲。

性爱机器人最早可以追溯到 17 世纪的荷兰水手所藏在船上的人偶,这些用皮革和旧衣服做成的布偶是性爱娃娃的前身。之后经历了充气娃娃、硅胶娃娃阶段的性爱娃娃,开始走向更仿真、能互动的性爱机器人的研发上。由美国生产的 RealDolls 是第一代性爱机器人,它触感近似人类的皮肤,并且能够进行简单的交流和体感震动。西班牙生产的一款"萨曼莎"性爱机器人,从单一的性场景开拓至日常生活的家庭模式,关注到了性需求之外的情感需求。

2018 年,全球首个人工智能机器人 Harmony 正式发售,售价为 7775 英镑,约合人民币 68000 元。Harmony 不仅外形是高模拟的人形,在触感上与皮肤几乎无异,还拥有 12 种不同的性格,比如善良、性感、天真等。每一款 Harmony 都可以通过下载在手机中的专属应用程序连接到网络,再运用 AI 和人类进行交流。在升级后的 Harmony 2.0 中,搭载了亚马逊的 Alexa 语音系统,使得它的语料库较上一代而言更广阔更实时,同时,它配置的存储功能可以帮助性爱机器人记忆伴侣的习惯、爱好等等。

国内的性爱机器人的研发和制造似乎显得不那么大张旗鼓,但很多性爱机器人零件甚至核心的研发都在中国完成。广州新中易环保科技公司就一直致力于开发生产 1：1 的仿真人偶 Hitdoll 和能够使用安卓系统进行互动的 Z-onedoll。日本的 Doll Sweet 公司和中国 EX Doll 公司也在 2017 年推出了共同研发的机器人娃娃的头部演示。

性爱机器人与布偶、超性感的硅胶娃娃不同,它至少具备这样的几个条件:1.外形为人形;2.能与人类进行性互动;3.具有某种程度的人工智能。人工智能专家大卫·利维(David Levy)在《与机器人的爱与性——人机关系革命》(*Love and Sex with Robots：the Evolution of*

Human-Robot Relationships）列举了人类可能会爱上机器人的三种方式：第一种方式，也是最容易被理解的方式，是将现存于人类之间的爱的方式拓展至人机关系当中，因为机器人在外形和特征上都越来越类人，这一点会增加人类对机器人的亲密度和好感度，从而达成人类以爱上"人"的方式来爱上"机器人"；第二种方式，则是基于对机器和技术本身的激情和欲望，比如那些热衷于购入最新版的手机的"技术控"，又或者是情欲技术本身的刺激导致依恋的产生；第三种方式，类似于目前大受欢迎的互联网情感关系，这种虚拟性是允许坠入爱河的前提，不一定非要和该对象实际地在一起。

利维对性爱机器人持乐观看法，他认为，人机关系，从性到爱，从爱到性，随着机器拟人程度的发展将会发生质变，同时，他大胆预测，到 2050 年，人类爱上性爱机器人将会和人类爱上人类一样稀松平常。但是英国德蒙福特大学研究机器人和人工智能伦理文化的教授凯瑟琳·理查森（Kathleen Richardson）却持反对态度，她作为"反对性爱机器人运动"（Campaign Against Sex Robots，CASR）联合创始人，提出性爱机器人带来最大的问题是会对妇女和儿童造成物化。这也是许多人对性爱机器人的担忧，一旦与人一样的物发生性关系，会导致真人被更多地物品化。的确，妇女儿童正面对着来自诸多方面的物化：男性、其他女性，甚至是自我物化。由于物化这个现象与话题的普遍存在，它也一直是女性主义的关注重点之一。当然，对性爱机器人有需求的不一定是男性，也可以是女性，如果人类可以和拟人程度极高的非人类机器人发生性行为，获取性满足，那么这将会在真实人类上产生怎样的影响呢？

在这里，性爱机器人似乎激起了更大的隐忧，因为它将前所未有地混淆物与人之间的界限。物化的另一边，则是拟人化所产生的后果。拟人化，简单来说就是人类将非人类进行人性化处理的心理逻辑过程，是和物化相反的路径。物的去对象化，物的人性化，又一次挑战着人机亲密关系的界限。我们的确很容易对电子宠物、聊天助手和机器人进行拟人化，这构成了人机亲密关系基础前提，但目前我们仍处在技术、心理、文化上的模糊地带，我们如何看待我们的数字伙伴，也就是我们将如何看待我们自己。

在《Her》《机械姬》《银翼杀手》等科幻影视作品中，不难看到这种对人机亲密进行的探讨和想象。无论我们欢迎与否，机器和技术不仅切实地参与了我们的生活，更是重新塑造了亲密关系中爱的方式和性的方式。比起所需的技术条件成熟与否，更重要的是，我们是否在情感上、观念上、伦理上做好了接受和机器人相爱、做爱的准备？

三、关于数字亲密的反思与展望

"App 世代"（App Generation）被用来形容沉浸在各类应用程序间成长起来的现代牛轻人，他们已经井始把自己的生活用一连串的应用程序相组合，他们的周遭与世界，也是应用程序间的配置和拓展，应用程序的边际就是他们触手的边际。这是"多元智能理论之父"、哈佛大学教授霍华德·加德纳（Howard Gardner）和华盛顿大学教授凯蒂·戴维斯（Katie Davis）在《App 一代：网络化科学的新时代》(*The App Generation：How Today's Youth Navigate Identity，Intimacy，and Imagination*)中的发现与总结。和应用程序的使用者不同，"App 世代"已经是应用程序的依赖者。

从积极的方面来看，数字亲密意味着一个前所未有的民主参与的时代的可能，每个人都有机会获得全面的信息和建议，掌握不同的技能和知识，并借此进行创造性的表达和做出明智的决定，在多元系统的块茎连接网络中享受智慧增加所带来的增益。但从消极的方面看，正如 1999 年传播学者罗杰·西尔弗斯通（Roger Silverstone）在《新媒介与社会》(*New Media & Society*)的创刊号中所提醒的："近年以来所出现的技术,主要但不仅仅是数字技术,是新兴的技术。它们能够实现新的内容。它们赋予我们新的力量。它们给人类带来了新的影响。它们改变思想。它们改变制度。它们具有解放性。它们也具有压迫性。"①这番话如今看来,依旧值得我们深思。在电影《Her》中,男主角西奥多爱上一个人工智能的操作系统萨曼莎的场景很可能不再科幻,这似乎早已降落到我们的现实中,有人爱上机器人、爱上虚拟人已经不再那么地像个"新闻"了。西奥多和萨曼莎的亲密关系始于互相了解,然后像彼此信任的朋友和伙伴那样相处,在无数的互动过程中产生了"爱"的感觉,这个时候,双方都重新发现并认识了自我。当然,自我这个词用在萨曼莎身上是否合适还需要再去讨论,但是"爱"却能够让我们跃入一种主体间性的状态中。

英国作家阿兰·德波顿(Alain de Botton)曾幽默地说,鉴别真爱与否的标准,就是当那个人在你身边的时候,你都不想去查看自己的智能手机。爱裹挟了许多令人温暖的感觉和模糊的反应,但是数字亲密所包含的算法和人工的部分却是和爱本身这个词背道而驰的。或许这是个合适的时机,让我们重新考量爱的含义了。

对数字亲密最激烈的批判在于,数字亲密不过是自动化程序的一种表演,这种所谓的"感情"是虚假的,遑论"爱上"一个程序、一个游戏形象、一个机器玩偶。这种观点是基于人类中心主义对情感进行理解,情感是属人的,因此人工智能必然不具备情感的能力。但正如我们上文提到的,爱是主体间性的,是关系性的,它不是人类或某个物种所固有的某种本性,情感发生在关系之中。

数字亲密目前来看最突出的危险性就在于网络情感诈骗,这种类型的诈骗除了侵害了受害者的经济、精神、情感,还破坏了人们建

---

① Roger Silverstone. What's New About New Media? [J]. *New Media & Society*, 1999, l(1):10.

立亲密关系、信任和爱的过程。此外,近几年尤其火热的直播行业,在带来巨量经济效益的同时,也被批判为一种情感劳动,一方面,许多"哄睡"主播、唱歌主播等等,在这种情感大规模商业化的工作状态中,压抑自己的感受以与直播受众的心态相适应,另一方面,在短视频、Vlog、直播中通过"老铁""家人们""友友们"等称谓建构起来的亲密关系,稳固了主播频道的粉丝群体,并营造出集体氛围,获得流量,转换为数字经济价值。

荷兰阿姆斯特丹大学比较传媒研究院教授何塞·范·迪克(José van Dijck)在《连接:社交媒体批评史》(*The Culture of Connectivity*)中指出,在"连接的文化"语境下,连接是由技术(通过算法或平台架构)和用户共同决定的,因此,在社交媒体这个词中,"社交"的含义既包括人际的连接,也包括自动连接。数字亲密,不仅关乎物性与人性,更在于个体间、群体间,以及资本权力渗透其中的博弈。数字技术让我们拥有了与他人、与世界"在一起"的连接感,达成共同在场、分配注意力,实现信息理解、情感理解和彼此依赖。随着自动化系统在反馈循环的学习中不断重新编码着亲密关系,"反连接"(Anti-connection)的态度也随之而起。强连接和频繁的互动状态造成的压迫感、焦虑感,内容过度负荷的倦怠感,信息茧房与圈层分割带来的割裂感,让人类逐渐开始追求独处的权利。

合理的监管制度与社会成熟的接受态度,这两者的共同发展关乎着数字亲密是否能走向一个更为积极的方向。我们在视觉、听觉、触觉等方面不断与媒介化相纠缠,数字技术成为了我们知觉机制的重要构成,而在情感体验上,数字亲密更让我们看到了情感和算法两种表面上相互矛盾的两个词语在深层次上的融合。在元宇宙的未来图景中,对于数字亲密中情感机制与计算机制的博弈和合谋,我们需要进行更全面的检视和反思。

赛博格

任春晓

20 世纪 60 年代以来,赛博格(cyborg)已经成为一个不容忽视的后人类文化关键词,广泛运用于人工智能、生物技术、航空航天、文化研究、女性主义等诸多领域。从词源来看,赛博格是控制论(cybernetic)和有机体(organism)的结合,泛指各种有机体与电子机器一体化的生物。与仿生人(android)和生物机器人(bio-robot)不同,赛博格的思考和行为由有机体控制,电子机器植入或装配到有机体身体内外,提高生物体机能。

在科幻作品中,赛博格形象往往是高端科技的产物。赛博格角色一般装备着突出的机械装置或者仿生义体,如《机械战警》的墨菲、《星球大战》的维德、《攻壳机动队》的草薙素子等,他们无论在生理条件还是思维能力上都远远超过普通人类,经机械改造过的身体也常在战争中发挥决定性作用。另一种经典的赛博格想象选择彻底抛弃自然身体,将人类记忆与意识储存并上传至信息网络中,凭借虚拟身体进行社会交往,如《黑客帝国》中被圈养在矩阵的人类和《流浪地球 2》中的"数字生命计划"构想。但是,科幻想象中的高端赛博格与现实技术差距较大,目前仅仅作为一个乌托邦式的概念存在,尚不能真正出现于现实生活中。在实际应用中,赛博格观念正不断从高端状态向更为实际的日常赛博格演化。①

事实上,日常赛博格早已成为一个在我们身边随处可见的群体。

① 王峰.节奏:一个手机赛博格的日常时间原型[J].文艺争鸣,2022(9):55—61.

那些装有电子起搏器、人工关节、药物植入系统、植入角膜镜片或者人造皮肤的人,都是在我们身边切实存在着的赛博格。如果将条件放宽一些,部分现代行业也要求着从业者成为临时的赛博格,如神经外科医生需要由光纤显微镜引导手术,演员有时会依靠动作捕捉技术完成表演,当他们与机械体短暂结合的时候,他们就是赛博格。更进一步,在现代都市中,几乎每个人都可以被视为低科技状态下的赛博格。人们每天花费大量时间与手机、电脑、电视等机器连接在一起,通过电子设备进行互联网社交,与机器产生身份融合——在这一层面上,我们都是赛博格。

一、赛博格技术的实践和尝试

自 1960 年赛博格概念被提出至今,赛博格技术在航空航天、医疗健康、生物工程、电子通信等诸多领域表现出巨大潜力,逐渐由科幻想象、概念构型走进现实生活。根据前述赛博格概念历史,赛博格技术最中心的目标是利用机械体修补、增强或改造人类身体。根据技术介入身体的程度不同,我们可以将现有的赛博格技术的应用实践分为"仿生义肢""机械外骨骼""人体芯片"三个方面。同时,未来学者和超人类主义者也在积极进行"意识上传"的可行性讨论和技术尝试,以期实现数字永生。

(一)仿生义肢

赛博格技术首先应用于医学领域。2020 年国家康复辅具研究中心公布的《我国假肢与矫形器行业的历史、现状与展望》指出,截至 2018 年,我国现有截肢人数为 226 万,占我国总人口的比例为 0.16%,其中装配各类义肢的人数有 90 万,约占截肢总人数 40%。

肢体缺损会给患者的生活质量、工作能力和心理健康带来巨大影响,因此,人类对义肢的使用由来已久。考古发现,埃及卢克索墓地中一具女性木乃伊身上装有由木头和皮革制成的大脚趾，义肢出现的时间可追溯至公元前 950 年。此后，义肢技术的发展相对缓慢，制作义肢的材料长期保持为合金钢和合金铝。直到 20 世纪 80 年代，大量新技术和新材料进入义肢领域，诸如钛合金化、碳纤维化和计算机智能化控制等。新世纪以来，神经工程和脑机接口技术的快速发展进一步促进了人机交互领域的成长，对神经信号的实时采集与分析——甚至重建神经通路——已经使得人机协同运作成为可能，仿生义肢（Bionics Prosthetics）的概念就此出现，并逐渐发展出高度灵活的膝关节、能够听从大脑指令的机械手、可以给出反馈触感的仿真皮肤等多种形式。

早在 2006 年，芝加哥康复研究所的托德·库伊肯（Todd Kuiken）博士就已经开发出一种目标肌肉神经移植手术，其目标是让机器手臂直接受患者思维操纵。团队成功地为在车祸中失去左手手臂的克劳迪娅·米切尔安装仿生义肢，连接大脑控制区和胸肌神经，使电子神经信号从大脑传向胸肌，再由胸肌神经指挥义肢。这是一个相对初级的仿生义肢案例，术后米切尔能够借助它独立完成简单的家务，并且拥有一定的触觉能力。

2015 年，美国食品药品管理局（Food and Drug Administration）下设人道主义器械豁免（Humanitarian Device Exemption）批准了截肢者康复锚定假体植入系统，扩大了膝上截肢患者的假体选择范围。传统义肢需要将一种特殊的杯状外壳安装在患者截肢后剩余的残肢（接受腔）上。但是，部分患者可能没有合适的接受腔以安装假体，如残肢过短、疤痕、疼痛或皮肤感染、溃烂等。植入式骨整合义肢不需要与患者残肢的外部皮肤连接，可以直接通过外科手术锚定并整合到患者剩余的大腿骨中，以骨结合方式实现匹配。

2021 年，克利夫兰诊所（Cleveland Clinic）的研究人员在《科学机器人》（Science Robotics）杂志发布新型仿生系统，使佩戴者能够像没有截肢的人一样做出判断、决定、调整和移动。这套仿生系统将神经—机器接口（neural-machine interface）与三种重要功能结合在一起：直觉运动控制、触摸和抓握运动、开合手的直观感觉。神经—机器接口具有双向感知能力，它与佩戴者的肢体神经相连，当佩戴者想要移动义肢时，大脑会发送神经脉冲来控制义肢，在义肢从环境中接收到物理信息后，又将反馈信号沿着神经发送回大脑，使佩戴者可以及时调整用力程度，更加有效地纠正错误。

至今，已有德国奥托博克（Ottobock）的智能仿生手（bebionic）、冰岛奥索（Össur）的全仿生腿（Symbionic）、苏格兰利文斯顿（Touch Bionics）的量子仿生手（i-Limb）、上海科生智能仿生手、浙江强脑科技智能仿生手等多个品牌系列将仿生义肢技术投入商用，产品在活动自由度、传感功能、结构外观等方面都更加贴近人类的自然身体，以适应佩戴者的生活生产需求，且价格相对低廉，可供一般收入家庭购头使用。

此外，仿生义肢也可以用于替代人体内部器官，或补全我们的感官感觉能力。美国维克森林大学再生医学研究所通过 3D 打印技术打印出生物性人类器官，并保持产品在 30 天内没有坏死或组织中细胞死亡的迹象。法国卡马特公司（Carmat）开发出一种生物假体心脏艾森（Aeson），现已三次通过手术成功植入人体，并投入商业化生产。美国南加州大学凯克医学院研发出世界上第一个视网膜假体艾森二号（Argus II），仿生眼可以将视觉信息从眼睛传输到大脑的神经细胞模型，改善用户的彩色视觉和清晰度。2022 年 7 月，《英国医学期刊》（*The British Medical Journal*）的研究报告指出，约 5% 的新冠肺炎成年患者会持续性失去味觉或嗅觉。因此，弗吉尼亚联邦大学医学院尝试研发一种嗅觉植入物，使用微电子技术和计算机处理技术（包括人工智能技术）制造仿生鼻，避开患者受损的嗅觉细胞，通过植入的电极阵列刺激大脑。虽然该项技术从概念提出到最终植入并通过测试需要 5—10 年的时间,但此构想无疑已经使大量在新冠疫情中失去嗅觉的人看到曙光。

(二) 机械外骨骼

机械外骨骼(Powered Exoskeleton),又被称为动力外骨骼,与仿生义肢同属人造功能性设备,所涉科技领域也有许多相通之处,如材料技术、生物电研究、机械动力学、传感器技术等。区别在于,仿生义肢主要着眼于补全截肢者或肢体不完全缺损者的肢体,替代失去肢体的部分功能;而机械外骨骼则是一种可穿戴的机电一体化装置,结合传感、控制、信息融合、移动计算等机器人技术,在为穿戴者提供诸如保护、身体支撑等功能的基础上,还能帮助穿戴者更加轻松地完成通常情况下较为困难的任务,因此在军事、工业和医学等领域都可以发挥重要作用。

在军事领域,军用外骨骼具有较好的防护性和适应性,不仅可以为军人提供高效的负载能力和运动速度,还能够有效支持武器装备、通信系统和侦察工作,提高军人的单兵作战能力和战场生存能力。目前,军用外骨骼主要应用于战斗辅助装置中,核心功能是增强力量,帮助士兵在复杂地形中举起重型武器。2000 年,美国国防高级研究计划局(Defense Advanced Research Projects Agency)启动"增强人体体能外骨骼(EHPA)"项目,并完成下肢末端外骨骼(Berkeley Lower Extremity Exoskeleton,简称为 BLEEX)样机的试验测试。BLEEX 外骨骼拥有两条仿生腿,单腿有 7 个自由度,整体质量约为 45 kg,穿戴者可以在负重 35 kg 的情况下活动自如。此后,美国方面先后研发人体负重外骨骼(HULC)、超柔机械外骨骼(Super Flex)、马克斯法斯枪械瞄准稳定用手部机动外骨骼(Maxfas)等装备,德国研发动力滑翔系统狮鹫翼装(Gryphon Wingsuit),法国推出协同可穿戴式外骨骼"大力神"(Hercyle),澳大利亚同样研制出新型被动式可穿戴外骨骼。聚焦国内,我国在军用外骨骼领域的研究起步较晚,但是发展迅速,目前已经取得多项技术突破并逐步普及。2017 年,我国兵器集团 202 研究所成功研制星云 L70 单兵外骨骼机器人,其额定背负负荷 35 公斤,额定搬运负荷 50 公斤,平均行走速度为 4.5 千米每小时,主要负责侦察、巡逻等行动任务。2020 年,中央电视台国防军事频道《军事报道》称,在高海拔的西藏阿里地区,我军边防士兵已经小范围装备单兵外骨骼,用于后勤作战任务;同时,解放军也在积极实验有源新型外骨骼,尝试装备电子元件外接口,优化信息化单兵作战系统。

在工业领域中,机械外骨骼能够增强人的力量和耐力,主要应用于需要大量体力劳动的行业从业者,如重工业的装配工人、物流行业的配送人员、建筑行业的工地工人、矿业管道工人等。高度重复的体力劳动会对从业者的舒适、健康和安全造成影响,外骨骼系统能够提供适当的外力支持,从而减少肢体损伤及疲劳作业带来的损失。近年来,机械外骨骼在汽车制造业应用最为广泛。2017 年,美国福特工厂为装配线上的工人提供了埃克索机械外骨骼背心(Ekso Vest)。福特公司提供的数据显示,汽车组装线上的工人每天需要完成近 4600 个高空作业任务,每年需要重复百万次举重动作,高强度工作作业极大地加重了工人的身体负荷和受伤风险。埃克索背心通过装有传感器的原型机记录工人的装配动作和习惯姿势并上传云端,运用人工智能算法模拟匹配上肢外骨骼(由腰部魔术贴、背部支架和两个护臂组成),提供 2.2—6.8 公斤的支撑力,有效协助穿戴者为汽车固定支架拧入螺栓,减轻穿戴者作业压力,避免工作事故。此外,奔驰、宝马、大众等传统车企也开始尝试为员工装备机械外骨骼。目前,宝马集团正在慕尼黑工厂的装配区测试一种类似于隐形座椅的下肢外骨骼,在工人需要采用弯腰、下蹲等不健康姿势执行装配任务时,这款外骨骼支撑工人在无座情况下保持坐姿,从而减轻身体负担。

在医疗民用领域,机械外骨骼可以分为辅助行走型和康复训练型两大类。辅助行走型外骨骼能够为行动不便的老人和残障人士提供行走动力,康复训练型外骨骼侧重于帮助神经受损、行动能力降低的患者进行康复训练。2004 年,日本赛博达因公司(Cyberdyne)开始研发 HAL 系列机械外骨骼,该系列产品可以探测人体肌肉发力点并介入工作,增强人体的肌肉力量。2006 年,伍德韦公司(Woodway)研发出洛科帮助下肢康复机器人训练系统(LokoHelp),由跑步机、学步机和悬挂减重装置三部分组成,可以使装备者进行自主运动。通过多次重复刺激,在大脑皮质下重建步行功能区,使患者恢复运动机能。2015 年前后,中国涌现了一大批外骨骼企业,如杭州程天科技发展有限公司、上海傅利叶智能科技有限公司、深圳市英汉思动力科技有限公司等。因为外骨骼技术在医疗康复领域的重要作用,近年来国家接连发布相关政策,促进机械外骨骼产业发展。2022 年,国务院发布《"十四五"国家老龄事业发展和养老服务体系规划》,明确提出要发展外骨骼康复训练,鼓励相关康复辅助器具的发展。当前,我国已有迈步公司的系列外骨骼机器人、布法罗机器人科技公司旗下康复外骨骼机器人、傅利叶智能的下肢康复机器人等多项外骨骼研究成果,广泛运用于康复训练任务。

(三) 人体芯片

人体芯片(Microchip Implant)是一种利用无线射频识别技术植入人体发挥作用的微型芯片装置,一般包括电子芯片、天线和信息发射装置三部分,能够储存携带者的身份和生物学信息,并由特定机器辨别出来。1998 年,英国伦敦雷丁大学控制论系教授凯文·沃维克(Kevin Warwick)将一枚芯片植入左前臂,成功使计算机追踪到自己的地理位置。及至今日,人体芯片的植入尝试已经相对普遍,瑞典埃克森特公司(Epicenter)和美国三方市场公司(Three Square Market)为员工提供集体芯片植入服务,芯片一般植入在虎口或者手指前端,通过无线射频识别技术使携带者更为简单地通过门禁、解锁电脑以及进行电子支付。

人体芯片最主要的应用领域依然是医学健康领域。2011 年,美国政府宣布启动人体芯片计划(Human-on-Chip),由美国国立卫生研究院(National Institutes of Health)组建、跨部门协作的国家高级转化科学中心(National Center for Advancing Translational Sciences)负责,用以推进生物技术,改善人类健康,计划投入总计 7500 万美元,用于医疗健康领域的人体芯片主要分为人体器官芯片和人体监控芯片两大类型。人体器官芯片指的是一种器官生理微系统,包含活体细胞、组织界面、生物流体和机械力等器官微环境。相比于仿生器官,人体器官芯片能够更加精确地控制局部环境,于体外模拟人体器官功能单元,目前主要应用于新药研发、疾病研究和毒理学测试等领域,用以替代传统的动物实验。近年来,心脏芯片、肺芯片、肾芯片、肠芯片等多种器官芯片均已得到研发。2017 年 4 月,美国食品药品管理局宣布将对一种肝脏芯片展开测试,探索人体芯片在获取实验数据方面的作用。人体监控芯片可以通过监测器和传感器把握人体健康状况,预警疾病发生,协助医疗人员进行有效干预。2014 年,美国美敦力公司(Medtronic)研发的可插入式心脏监测器系统通过美国和欧洲药品监管机构批准。2015 年 9 月,我国医学科学院阜外医院成功通过注射方式将此检测芯片植入到一位患者的左侧胸部皮下。这款心脏监测芯片体积约 1.2 cm^3,重量约 2.5 g,使用寿命约 3 年,可以安全接受患者后续的核磁共振检查,并精确记录房颤、室速、心动过缓、心脏停搏等事件,用于不明原因晕厥患者的筛查诊断、不明原因卒中患者阵发性房颤筛查等。也有部分人体芯片可以被植入到人脑之中,记录并刺激大脑活动,用于恢复患有严重脊髓损伤和神经系统疾病的人的全身功能,甚至有望治愈阿尔茨海默症和帕金森氏症等神经系统疾病。

此外，人体芯片还可以应用于经济领域和安保领域。在经济领域，银行账户存取、市场交易等诸多经济行为已经广泛交由智能手机等移动设备实现，人体芯片及其相应的读写装置同样可以被视为一种移动支付设备。荷兰生物黑客帕特里克·保门（Patrick Paumen）和英国生物黑客勒芙特·阿纳尼（Lepht Anonym）等赛博格先驱都已经进行了成功的植入尝试。在安全保障领域，担心自身安全的人也可以选择植入人体芯片，监测自己的实时位置和行动路线，并在活动范围偏离预期时发出报警信号，在一定程度上提高获救概率。当然，也有部分人担心这项技术会被应用于人身监控，对携带者的隐私和人身安全造成更大损害。

人体芯片技术的另一个重要用途是改善人们感知周边世界的方式，使携带者在一定程度上获得"超人类"的能力。比如，部分芯片的植入可以让人类可以看到红外线或紫外线下的物体，或者听到正常人类听力范围外的声音，收集到原本无法获得的信息。美国生物黑客里奇·李（Rich Lee）将一块磁体和测距仪植入耳内，每当有物体接近他时，磁线圈就会发出信号，让里奇通过这种隐形耳机听到提示声音。2016 年，埃隆·马斯克成立脑计算机接口企业神经连接公司（Neuralink），致力于将脑机接口芯片植入颅内。芯片可以记录神经元之间的信号冲动并接收刺激，再通过无线传输将脑电波数据发送到电脑。马斯克声称，他们的神经连接芯片不仅可以为瘫痪、失明、失聪患者提供交流和操作设备，也可能用于开发增强人脑计算和记忆能力，甚至能够帮助携带者通过"心灵感应"的方式进行沟通，对抗人工智能或将超越人类的隐忧。根据马斯克的说法，这项技术已经在猪和猴子身上成功进行多次测试。但是，美国食品药品管理局两次以"安全风险大"为由拒绝该公司将设备转移到人脑的实验申请。

（四）意识上传

意识上传（Mind Uploading），也被称为心灵上载、思维上传、全脑仿真、全身仿真等指将,是指人类脑部的所有内容(包括意识、情感、思维和记忆等)转移到人工基质(如计算机、人工神经网络等设备)上,人工基质将模拟大脑运作,成为数字化意识载体的过程。需要说明的是,与仿生义肢、机械外骨骼和人体芯片不同,意识上传技术虽然在科幻作品中并不罕见,但是目前还只存在于理论构想层面,尚未被应用到实践之中。

意识上传的技术设想无疑是激动人心的。人类对死亡的忧惧在种群诞生之日便已有之,在漫长的历史进程中,人类逐渐发现,唯有改变我们终将老病毁灭的身体,永生才得以可能。意识上传能够将我们的全部记忆和意识活动转移到机器人身体中或者虚拟现实环境中,在逻辑上,只要载体不被损毁、能源足够充足,人类就可以在数字世界实现生命延续乃至灵魂永生。曾经多次做出准确技术预言的雷伊·库兹韦尔(Ray Kurzweil)在《奇点临近》中提出,到了 2045 年,人类将会面临一个技术奇点,信息技术动力将以指数级速度增长。随着纳米技术、生物技术和强人工智能的突破,人类将彻底抛弃有机身体,转而使用可以无限复制的人造身体,或将思维导入电脑,实现意识不朽。到那时,自然死亡的概念不复存在,人类只有依靠责任终结自身生命。另一方面,搭载了人类意识的计算载体将成为一种全新的"强人工智能",模拟大脑的思考速度和反应速度将远远超过自然人脑,人类将正式成为超人类。

意识上传的一般性流程是:首先,需要一种设备对特定人脑进行足够详细的扫描,这种设备应能通过脑机接口实现对特定大脑的长期交互,记录各种意识活动下的脑电波变化和神经元连接结构,进而储存思维模式和现有记忆。其次,基于扫描结果复制或重建大脑运行的神经元连接,并将其与计算模型结合起来。第三,在功能强大的超级计算机上完成思维拟合,重建意识。最终,仿真意识应能与原本人脑的思维及情感方式完全相同。

意识上传的全部技术前提是,人的意识活动可以被视为一个个意识单元的集合,同时,人脑的运行结构在本质上与人造计算设备一样,能够在软件中建模并运行。目前,针对秀丽隐杆线虫和果蝇的中枢神经系统的测绘和模拟已经实现,但是尚未有团队对哺乳动物大脑进行完整模拟,也没有足够实践供科学家们计算出模拟人脑思维状态所需要计算设备应具有多少算力和存储空间。2009 年,曾经成功模拟老鼠大脑中两个神经元之间电信号强度的以色列科学家亨利·马克拉姆(Henry Markram)宣称自己可以在十年内在计算机上完整仿真人类大脑。2013 年,由马克拉姆发起的人类脑计划(Human Brain Project)获批欧盟 13 亿欧元资助,以期实现这一目标。2018 年,人类脑计划成功推出首张小鼠大脑中每个细胞的数字 3D 图谱,为神经科学家提供了 737 个脑区中主要细胞类型、数目和位置等信息,可以被用于进行特定的脑区建模,但是人脑仿真仍然显得遥遥无期。2015 年,HBP 宣布将致力于搭建基于信息学通信技术的研究脑、认知神经科学和仿脑计算的公共平台,正式放弃模拟人工全脑。部分科学家如美国亚利桑那大学的斯图尔特·哈默罗夫(Stuart Hameroff)认为人类的意识活动不仅仅是计算行为,意识上传从根本上不具有可行性。

二、赛博格神话的困境和前景

赛博格概念源自航空航天领域的技术设想,又伴随纳米、石墨烯、新媒介等领域发生的技术突破走进现实,并在科幻作品的影响下逐渐成为一个流行风尚。如今,赛博格早已溢出了曼弗雷德·克莱恩斯(Manfred Clynes)和内森·克莱因(Nathan Kline)在《赛博格与太空》中的定义范围,深刻渗透到大众文化和批判理论中去,俨然成为一个后人类时代的神话。

在技术层面,赛博格涉及的多项技术聚焦于"技术化身体",为医疗事业带来了前所未有的突破。色盲症患者尼尔·哈比森(Neil Harbisson)通过安装电子天线"听到声音",渐冻症患者彼得·斯科特-摩根(Peter Scott-Morgan)通过外接系统将感官电子化,苏黎世联邦理工学院更针对装有辅助设备的残障人士开展了多届赛博格奥运会(Cybathlon)。医疗领域的实例让人类看到了通过科技手段超越自然身体局限乃至走向永生的希望。在瑞典游戏公司"P 社"(Paradox Interactive)于 2017 年发售的科幻策略游戏《群星》(*Stellaris*)中,"机械飞升"是未来生物的三大进化路径之一,帝国首先将自然人改造为义体人,然后舍弃禁锢我们的血肉皮囊,将神经模式转移到人造躯体上,届时疾病和衰老等苦痛都会成为过去。在英国游戏公司游戏工坊(Games Workshop)于 2018 年发布的游戏《战锤40K:机械神教》中,机械成为人们信奉的神灵,赛博格教士们掌握着人类帝国的最高科技,不断探寻着更深远的机械之力。

然而,神话式的赛博格技术构想尚未真正找到实现自身的途径。举最接近永生目标的意识上传技术为例,即使人类意识活动可以由计算设备模拟出来,存在于数字空间中的人造生命体也只是原生命体的精神克隆,而非主体意识和生命延续。获得"生命"后,克隆体可以与原生命体同时存在,在数字世界获得独立的经验、关系和社会身份,并最终生成区别于原生命体的自我意识——我们似乎不难想见科幻电影《银翼杀手》中描绘的那个未来:仿生人(或一切人造生命体)激烈地呼唤着个体尊严和来自人类世界的主体性承认,而他们的身体强度和生产效率远远超过人类,我们将面临前所未有的生存危机。

同时,赛博格的技术尝试也带来了一系列伦理问题。首先,赛博格技术可能面临滥用问题。在公共安全方面,赛博格技术可以帮助心怀不轨的人获取到物理上接触不到的信息,甚至可能被用于制造大规模杀伤性武器。在个体安全方面,伴随着机械强势介入身体,我们作为一个赛博格系统,被生物黑客攻击、入侵、干扰和泄露隐私的风险空前增大,单纯的设备故障或设计缺陷也会给赛博格人们带来额外风险。另一个需要提前考虑到的风险是,使用赛博格技术可能会给人类社会和心理带来巨大影响。人们很容易看到赛博格技术带来的极大便利,因此会不自觉地选择通过新技术解决新问题,进而形成技术依赖,并且依赖程度会随着新兴技术的普及而不断加深。①

其次,赛博格技术可能加剧社会分配不公的问题。个体享受先进技术的机会并不平等,科技可能作为特权进一步增强现有统治结构,扩大贫富差距,加深阶层固化。众多以赛博朋克为题材的科幻作品为我们描绘出这样一种后人类未来:城市化加剧,社会体系崩塌,寡头企业的所有者享受着高科技带来的强权,而穷人只能依靠电子游戏等文化工业产品麻痹自己。威廉·吉布森在《雪崩》中总结道:"未来已在此处,只是分布不均。"

最后,赛博格技术必然带来主体性危机。科技保守主义者弗朗西斯·福山在《我们的后人类未来》中写道:"我们也许即将跨入一个后人类的未来,在那未来中,科学将逐渐赐予我们改变'人类本质'的能力。在人类自由的旗帜之下,许多人在拥抱这一权力。"②当前,互联网媒介在引导消费和宣扬意识形态的领域中发挥着决定性作用,而虚拟世界中的自由幻觉有效地遮掩了资本属性,淡化了统治意味,悄然成为一种异化的新形式。即使有朝一日,赛博格产品能够投入量化生产,改造后的身体也难免成为更适合被资本主义系统剥削的

---

① 章文光.贾茹.人工智能的社会伦理困境:提升效率、辅助与替代决策[J].东岳论丛,2021,42(8):92—100+192.DOI:10.15981/j.cnki.dongyueluncong.2021.08.011.

② 弗朗西斯·福山.我们的后人类未来:生物科技革命的后果[M].黄立志,译.桂林:广西师范大学出版社,2017:216.

工具。

在文化层面,赛博格经由唐娜·哈拉维的阐释被赋予了更丰富的内涵,成为了一个本体论意义上女权神话符号。在哈拉维看来,赛博格突破了人与动物、有机体与机器、身体与非身体的界限,是一个多元、没有清楚的边界、冲突和非本质的新主体,并且可以借此带来一场关于阶级、种族和性别的根本改革。正如工业革命和机械化大生产曾经降低体力在劳动中的作用一样,在这种工业社会向新网络系统的转型中,制度构建的基本逻辑由有性繁殖转向基因复制,男女之间的生理差别和社会角色区别也将被进一步消弭。哈拉维在《赛博格宣言》中写道:"我们都曾深受伤害。我们需要的不是由死复生,而是从伤处再生,我们需要那些重构的可能性、那朝向一个没有性别之分的异世界的乌托邦之梦。"①由此,赛博格概念成为了女权主义的一面旗帜。如在 2018 年,古驰秋冬系列以赛博格为主题,通过手术室、半人半羊、克隆头颅等元素,喻指时尚与赛博格一样以拼接、融合与异质性为基础,表达其"平等性"、"超越界限"和"去性别化"的艺术理念。

然而,实际情况远没有这么简单。在女权主义者利用赛博格技术争取到更多政治权力之前,传统统治结构已经为赛博格赋予性别,并积极进行性化、驯化赛博格女性的尝试。在科幻作品中,增强的男性身体往往用于生产和战斗,而改造后的女性身体则成为更加完美的欲望客体。在美国漫威漫画旗下,男性超级英雄钢铁侠穿戴着厚重的动力装甲,最初的灰色装甲甚至会引发恐慌,而女性超级英雄黑寡妇经由基因改造延缓了衰老,长期保持着黑色紧身衣下的性感身材。电影《阿丽塔:战斗天使》中,阿丽塔实际年龄超过三百岁,外形

---

① 哈拉维.类人猿、赛博格和女人——自然的重塑[M].陈静,译.郑州:河南大学出版社,2016:385.

却是清秀可爱的少女形象。在现实生活中,可应用于人类的人造子宫技术尚未出现,女性没能从有性繁殖的统治中逃逸出来,却已经可以凭借商业代孕渠道出卖子宫,或者通过整形手术强化身体的女性性征。在技术凝视的控制下,媒介与资本合谋创造出"完美"身体的标准,将赛博格女性复归到统治秩序之中。①

当然,正如美国教授克里斯·格雷指出的那样,无论我们是否愿意接受,赛博格时代已经到来。每个时代都有自身的发展困境,我们不可能抛弃现有的技术成果,回到过去的生存状态中去。面对赛博格技术和观念带来的种种焦虑和隐忧,我们能做的唯有保持开放心态和审慎态度,在后人类权力场中探索一个更为积极的可能性未来,这也是人类历史发展的必要阶段。

---

① 徐婧,孟繁荣.驯服"赛博格":美形技术凝视下的女性身体及其性别秩序[J].新闻与写作,2022(11):30—41.

技　术

人工智能（2021—2022）

胡爽爽

2021—2022 年，新冠疫情延续，国际政治紧张局势加剧，中国乃至世界的人工智能发展均受到了不同程度的影响，但是，在这样一个艰难时刻，中国人工智能发展仍呈现出欣欣向荣的态势：产业发展稳中向好，政策扶持力度持续增强，学术研究世界领先，投资规模趋于理性，自主创新成果质量并存且大规模落地实践，安全治理持续推进。在"2023 全球人工智能开发者先锋大会"（GAIDC）上，工业和信息化部科技司副司长任爱光在会上表示，我国人工智能已形成了较为完整的产业体系，核心产业规模超 5000 亿元，企业数量接近 4000家，智能芯片、开源框架、智能终端等创新成果不断涌现，一大批优秀的领军企业和专精特新企业加快发展，成为驱动产业转型升级、推动新型工业化建设的重要力量。[①]

一、状况描述

（一）产业发展

近年来，我国人工智能基础设施体系高速发展，全产业链基本形成，相关智能产品的种类和形态日益丰富，产业分布渐趋合理。2021—2022 年，复杂的国际形势和新冠疫情冲击导致市场信心减

[①] 李想.工信部：我国人工智能核心产业规模达到 5000 亿 企业数量接近 4000 家[EB/OL]. (2023-02-25)[2023-05-18]. https://www.bbtnews.com.cn/2023/0225/467657. shtml.

弱,资本对人工智能关注热度略有下降,中国人工智能科技和产业发展相比去年同期市场整体放缓,发展趋于理性,总体上呈现出稳中向好的态势。而在数字经济、智慧城市、元宇宙、AIGC、数字孪生、数字化转型等新兴概念的加持下,人工智能加快多行业融合创新,有望带来下一波快速增长。

根据企查查数据,2022 年我国现存人工智能相关企业超 109 万家。9 年多来,我国新增人工智能相关企业注册量逐年上升,但受疫情影响明显,2021—2022 年增速有所放缓:2022 年新增人工智能相关企业 42.08 万家,新增量同比增长 18.55%;而 2021 年新增 35.50 万家,新增量同比增长 91.71%。①与此相对应,中国信通院公布的测算数据显示,2022 年我国人工智能核心产业规模(增加值)达到 5080 亿元,同比增长 18%;而 2021 年为 4041 亿元人民币,同比增长 33.3%。②

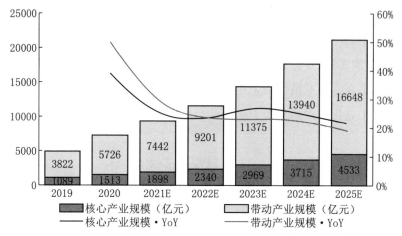

图 1　2019—2025 年中国人工智能产业规模及增长(含预测)③

---

①　郝云颖.国内人工智能相关企业年注册量增速连续 9 年正增长[EB/OL].(2023-02-07)[2023-05-18].https://m.yicai.com/news/101667554.html.
②　中国信通院.人工智能白皮书(2022 年)[R/OL].(2022-04-12)[2023-05-18].http://www.caict.ac.cn/kxyj/qwfb/bps/202204/P020220412613255124271.pdf.
③　信息来源:中国信通院.人工智能白皮书(2022 年)[R/OL].(2022-04-12)[2023-05-18].http://www.caict.ac.cn/kxyj/qwfb/bps/202204/P020220412613255124271.pdf.

2021—2022年,人工智能产业创新集聚效应持续发挥。从人工智能产业集聚区域与试验区看,京津冀、长三角和粤港澳大湾区目前已成为中国人工智能发展的三大区域引擎,其人工智能企业数占全国的83%;成渝城市群、长江中游城市群同时也展现出人工智能发展的区域活力,初显区域引领和协同作用。从2019年开始至2021年,我国目前已经建成17个国家新一代人工智能创新发展试验区①——先后为北京市、上海市、天津市、深圳市、杭州市、合肥市、德清县、重庆市、成都市、西安市、济南市、广州市、武汉市、苏州市、长沙市、郑州市、沈阳市——已接近《国家新一代人工智能创新发展试验区建设工作指引》提出的到2023年布局建设20个左右试验区的目标。具体而言,从2022年中国人工智能科技产业区域竞争力总体评价指数来看,北京市、广东省、上海市、浙江省、江苏省和山东省六个省市仍是我国人工智能科技产业发展的第一梯队;其中,北京市和广东省的竞争优势突出,在全国遥遥领先。此外,四川省、安徽省、辽宁省、湖南省、重庆市和湖北省在我国人工智能科技产业发展的第二梯队中处于引领地位。整体上,2022年与2021年各区域排名变化不大。②

(二) 政策出台

自2017年《新一代人工智能发展规划》发布以来,人工智能行业受到国家各级政府的高度重视和国家产业政策的重点支持,我国陆续出台了多项政策,鼓励人工智能行业发展与创新。

2021年3月,中共中央发布的《中华人民共和国国民经济和社会发展第十四个五年规划和二〇三五年远景目标纲要》,明确提出"加

---

① 国家新一代人工智能创新发展试验区是依托地方开展人工智能技术示范、政策试验和社会实验,在推动人工智能创新发展方面先行先试、发挥引领带动作用的区域。

② 中国新一代人工智能发展战略研究院.中国新一代人工智能科技产业区域竞争力评价指数(2022年)[R/OL].(2022-07-09)[2023-05-18]. https://cingai.nankai.edu.cn/_upload/article/files/84/98/980ed5a348aa8ab2f76545255174/fc938c6e-6a95-4be7-b32e-4ef2c15c7180.pdf.

快数字化发展,建设数字中国"①,指出要瞄准人工智能等前沿领域,实施一批具有前瞻性、战略性重大科技项目,推动数字经济健康发展,是"十四五"时期我国人工智能发展的总纲和定海神针。4 月,工信部发文支持创建北京、天津(滨海新区)、杭州、广州、成都等第二批国家人工智能创新应用先导区,不断强化应用牵引作用。科技部亦支持建设多个人工智能创新发展试验区,陆续批复北京、上海、天津、深圳、杭州等 15 个国家新一代人工智能创新发展试验区。各省市积极响应《纲要》,陆续发布"十四五"规划意见稿,多地将人工智能列入规划。

同年 7 月 4 日,工信部印发《新型数据中心发展三年行动计划(2021—2023 年)》,提出"加快高性能、智能计算中心部署",夯实智能算力发展的基础,高度重视人工智能产业发展。12 月 12 日,国务院印发《"十四五"数字经济发展规划》,进一步推进人工智能算力的建设,"打造智能算力、通用算法和开发平台一体化的新型智能基础设施",明确提出"重点布局人工智能等领域,重点布局类脑智能、神经芯片等新兴技术,完善人工智能等重点产业供应链体系"。②

2022 年 7 月,科技部等六部门印发《关于加快场景创新以人工智能高水平应用促进经济高质量发展的指导意见》,提出着力打造人工智能重大场景,提升人工智能场景创新能力,加快推动人工智能场景开放。③8 月,科技部随即发布《关于支持建设新一代人工智能示范应

---

① 中华人民共和国政府.中华人民共和国国民经济和社会发展第十四个五年规划和二○三五年远景目标纲要[A/OL].(2021-03-13)[2023-05-18]. https://www.gov.cn/xin-wen/2021-03/13/content_5592681.htm.

② 国务院."十四五"数字经济发展规划:国发〔2021〕29 号[A/OL].(2022-01-12)[2023-05-18]. https://www.gov.cn/zhengce/content/2022/01/12/content_5667817.htm.

③ 科技部等.关于加快场景创新以人工智能高水平应用促进经济高质量发展的指导意见:国科发规〔2022〕199 号[A/OL].(2022-07-29)[2023-05-18]. https://www.gov.cn/zhengce/zhengceku/2022/08/12/content_5705154.htm.

用场景的通知》首批支持建设十个示范应用场景,包括智慧农场、智能港口、智能矿山、智能工厂、智慧家居、智能教育、自动驾驶、智能诊疗、智慧法院、智能供应链;意在充分发挥人工智能赋能经济社会发展的作用,围绕构建全链条、全过程的人工智能行业应用生态,支持一批基础较好的人工智能应用场景,加强研发上下游配合与新技术集成,打造形成一批可复制、可推广的标杆型示范应用场景。①

在中央引导下,国内各省市根据地域实际情况,持续推进人工智能发展规划。据中国新一代人工智能研究院统计,截至 2021 年 12 月,31 个省市自治区共出台 657 项规划、实施意见和行动计划,其中广东省、江苏省、浙江省、上海市、山东省、北京市、重庆市、天津市、湖南省、甘肃省名列前十。总体上基本形成了中央加速引导、地方积极布局人工智能产业的局面。②

值得一提的是,2021 年,国家开始重点关注人工智能与教育的深度结合,以人工智能推动教育领域的改革发展。2021 年 5 月,教育部、财政部印发《关于实施中小学幼儿园教师国家级培训计划(2021—2025 年)的通知》,在机制改革方面要求推动人工智能与教师培训融合,探索"智能＋教师培训",形成人工智能支持教师终身学习、持续发展的机制。③同年 9 月,继 2018 年在宁夏和北京外国语大学开展人工智能助推教师队伍建设行动试点工作(第一批)之后。教育部印发《关于实施第二批人工智能助推教师队伍建设行动试点工

① 科技部.关于支持建设新一代人工智能示范应用场景的通知:国科发规〔2022〕228号[A/OL].(2022-08-12)[2023-05-18]. https://www.gov.cn/zhengce/zhengceku/2022-08/15/content_5705450.htm.

② 中国新一代人工智能发展战略研究院.中国新一代人工智能科技产业区域竞争力评价指数(2023 年)[R/OL].(2023-05-19)[2023-05-20]. https://www.kdocs.cn/l/cgRO2JvP11iq.

③ 教育部,财政部.关于实施中小学幼儿园教师国家级培训计划(2021—2025 年)的通知:教师函〔2021〕4 号[A/OL].(2021-05-13)[2023-05-18]. http://www.moe.gov.cn/srcsite/A10/s7034/202105/t20210519_532221.html.

作的通知》。为贯彻落实《中共中央国务院关于全面深化新时代教师
队伍建设改革的意见》,深入推进人工智能等新技术与教师队伍建设
的融合,推动教师主动适应信息化、人工智能等新技术变革,积极有
效开展教育教学,教育部启动第二批人工智能助推教师队伍建设试
点,决定在北京大学等单位实施第二批人工智能助推教师队伍建设
试点工作。①

表 1　教育部第二批人工智能助推教师队伍建设试点单位②

高等学校		
北京大学	内蒙古师范大学	湖南第一师范学院
中国农业大学	内蒙古机电职业技术学院	华南师范大学
东北大学	沈阳工业大学	广东第二师范学院
上海交通大学	长春师范大学	广西师范大学
华东师范大学	吉林工程技术师范学院	广西建设职业技术学院
厦门大学	上海大学	海南师范大学
华中师范大学	南京师范大学	重庆邮电大学
陕西师范大学	浙江师范大学	重庆工业职业技术学院
国家开放大学	杭州师范大学	成都师范学院
北京协和医学院	安徽大学	贵州师范大学
哈尔滨工业大学	安徽师范大学	贵州师范学院
海南大学	三明学院	贵州理工学院
云南大学	江西师范大学	云南师范大学
首都师范大学	江西中医药大学	西藏民族大学

---

① 中华人民共和国教育部.关于实施第二批人工智能助推教师队伍建设行动试点工作的通知:教师函〔2021〕13 号〔A/OL〕. (2021-09-08)〔2023-05-18〕. http://www.moe.gov.cn/srcsite/A10/s7034/202109/t20210915_563278.html.
② 信息来源:中华人民共和国教育部.关于实施第二批人工智能助推教师队伍建设行动试点工作的通知:教师函〔2021〕13 号〔A/OL〕. (2021-09-08)〔2023-05-18〕. http://www.moe.gov.cn/srcsite/A10/s7034/202109/t20210915_563278.html.

高等学校		
天津师范大学	山东财经大学	西北师范大学
河北师范大学	齐鲁师范学院	青海师范大学
太原师范学院	河南师范大学	新疆师范大学
山西机电职业技术学院	河南开放大学	
长治幼儿师范高等专科学校	湖北第二师范学院	

除此之外,国家继续着眼高等教育,推动人工智能人才培养体系的建设和完善。为推动人工智能学科建设,2021年1月13日,国务院学位委员会批准设立"交叉学科"门类(门类代码为"14"),下设"集成电路科学与工程"一级学科(学科代码为"1401")和"国家安全学"一级学科(学科代码为"1402"),包括清华大学和北京大学在内的国内18所高校成为首批集成电路科学与工程一级学科博士学位授权点。[①]11月,国务院学位委员会印发了《交叉学科设置与管理办法(试行)》,明确交叉学科是多个学科相互渗透、融合形成的新学科,具有不同于现有一级学科范畴的概念、理论和方法体系,已成为学科、知识发展的新领域。[②]同时,国务院学位委员会下发《博士、硕士学位授予和人才培养学科专业目录(征求意见稿)》明确将交叉学科列为第14个学科门类,下设集成电路科学与工程、国家安全学设计学、遥感科学与技术、智能科学与技术、区域国别学六个一级学科。[③]2021年

[①] 国务院学位委员会,教育部.关于支持建设新一代人工智能示范应用场景的通知:学位〔2020〕30号[A/OL]. (2020-12-30)[2023-05-18]. http://www.moe.gov.cn/srcsite/A22/yjss_xwgl/xwgl_xwsy/202101/t20210113_509633.html.

[②] 国务院学位委员会.交叉学科设置与管理办法(试行):学位〔2021〕21号[A/OL]. (2021-11-17)[2023-05-18]. http://www.moe.gov.cn/srcsite/A22/yjss_xwgl/xwgl_xwsy/202101/t20210113_509633.html.

[③] 国务院学位委员会.关于对《博士、硕士学位授予和人才培养学科专业目录》及其管理办法征求意见的函:学位办便字20211202号[A/OL]. (2021-12-10)[2023-05-18]. https://posts.careerengine.us/p/62538bbb5c099e5c0847354e.

年末,教育部启动实施计算机领域本科教育教学改革试点工作计划(简称"101 计划")。"101 计划"是中国学科建设和教育改革的一项品牌,围绕"以生为本、聚焦教学、剖析课堂、赋能教师"的理念,推出 12 门计算机核心专业课程,33 所计算机科学类基础学科拔尖学生培养基地建设高校中,15 所高校的 40 位老师参与《人工智能引论》课程建设,引领高校计算机人才培养质量的整体提升。

(三)学术研究

2021—2022 年,我国科研界、学术界在各领域对人工智能的研究不断加固在全球的先进地位。但受到新冠疫情冲击与紧张的地缘政治局势的影响,中国相关科研的国际性与影响力有所下降;此外,中国人工智能研究的质量较一些人工智能研究老牌国家仍待提升。

中国信通院的数据显示,2012 年至 2022 年 9 月,全球人工智能领域发表的论文约 100 万篇,其中 28% 的论文来自中国;中国高水平论文产出占比亦从 2012 年的 20.36% 增长到 2021 年的 50.71%。专利数量上,这 8 年中全球人工智能专利累计授权量 25 万件,中国占比 60%。[1]根据斯坦福大学发布的 2022 年《AI 指数报告》,中国在 2021 年的 AI 专利申请量占全球总数的 52%,AI 期刊论文发表数量占全球总数的 31%,两者均居世界首位。2022 年,在 117 家人工智能独角兽企业中,美国占 66 家,而中国以 28 家位列第二。[2]

就人工智能专利而言,目前中国申请的人工智能专利数量占全球总数的一半以上,其中约 6% 已获授权,与欧盟和英国的情况差不多。同时,与越来越多的人工智能专利申请和授权相比,2021

---

[1] 中国信通院.人工智能白皮书(2022 年)[R/OL]. (2022-04-12)[2023-05-18]. http://www.caict.ac.cn/kxyj/qwfb/bps/202204/P020220412613255124271.pdf.

[2] Stanford University. Artificial Intelligence Index Report 2022 [R/OL]. (2021-11-17)[2023-05-18]. https://aiindex.stanford.edu/wp-content/uploads/2022/03/2022-AI-Index-Report_Master.pdf.

年中国的专利申请数量(87343件)远远大于授权数量(1407件)。

就人工智能出版物而言,据IDC数据,2021年,中国在人工智能期刊、会议和文献库这三种类型的出版物的数量上继续领先,比美国所有三种类型出版物的总和高出63.2%,但引用数量上仍被美国占据主导优势,研究质量有待上升。同时,尽管美国和中国在人工智能出版物方面的跨国合作数量可谓独占鳌头,自2010年以来更是增加了5倍,但受地缘政治紧张局势影响,从2020年开始,该数字不免稍有下降。

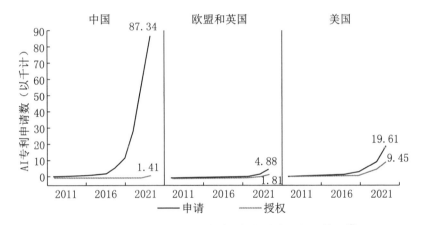

图2 2010—2021年中国申请和授权的专利数量情况①

来源:安全与新兴技术中心(CSET),2021 | 图:2022人工智能指数报告。

2021—2022年,政策引导与高校实践双管齐下,高等教育人工智能人才培养体系已初具规模,尤其在相关学科建设方面不断完善和深化。第一,截至2022年8月,全国共有440所高校设置人工智能本科专业、248所高校设置智能科学与技术本科专业、387所普通高等学校高等职业教育(专科)设置了"人工智能技术服务"

---

① 信息来源:IDC. Worldwide artificial intelligence spending guide(V2,2022)[R/OL].(2022-12-20)[2023-05-18]. https://www. idc. com/getdoc. jsp? containerId＝US48481322&pageType＝PRINTFRIENDLY.

专业。第二,国务院学位委员会于 2021 年 1 月批准设立"交叉学科"门类①(门类代码为"14")。"交叉学科"下设"集成电路科学与工程"一级学科(学科代码为"1401")和"国家安全学"等人工智能相关一级学科(学科代码为"1402")。各地高校迅速响应,包括清华大学和北京大学在内的国内 18 所高校成为全国首批集成电路科学与工程一级学科博士学位授权点。2021 年 4 月 22 日,清华大学成立集成电路学院。7 月 14 日,华中科技大学未来技术学院和集成电路学院正式揭牌成立。7 月 15 日,北京大学宣布成立集成电路学院。其中,清华大学集成电路学院在国内首次提出"1+N"联合机制,打破学科壁垒,强化交叉融合,聚焦集成电路全产业链,布局微电子科学、集成电路设计方法学与 EDA、集成电路设计与应用、集成电路器件与制造工艺、MEMS 与微系统、封装与系统集成、集成电路专用装备和集成电路专用材料等研究方向。与此同时,我国 14 所高校在芯片领域取得了包括小尺寸晶体管、量子芯片、光刻技术和设备、新材料在内的 17 项关键技术突破。第三,在人工智能学科建设的教学实践上,教育部于 2021 年年末启动 101 计划,推出 12 门计算机核心专业课程,改进课堂教学方式和教学效果,引领带动提升高校人工智能培养质量。

2021 年 4 月,2020 中国人工智能产业年会在江苏苏州举行。2022 年 7 月,2021 中国人工智能产业年会在苏州工业园区举行。两次大会均聚焦数字经济时代下产业创新集群发展。2021 中国人工智能产业年会与第十一届吴文俊人工智能科学技术奖颁奖盛典合办,发布《中国人工智能领域高层次人才地图》,合作签约第一期人工智能科技成果转化应用项目,就长三角"专精特新"小巨人企业发展

---

① 该门类不同于现有人工智能相关一级学科范畴的理念、理论和方法体系,是多个学科相互渗透、融合形成的新学科,已然成为学科、知识发展的新领域。

与中国人工智能产业专门研讨等,为人工智能发展提供专业建议。

(四) 投资

2021—2022 年,中国人工智能市场投融资受新冠疫情等影响明显,虽整体保持在全球前列,①但发展速度总体放缓。然而,人工智能市场待释放潜力仍较大,数字经济、元宇宙、ChatGPT 等新兴概念和技术的涌现与疫情的放开,有望带来人工智能投融资的下一波快速增长。

IDC 数据显示,2022 上半年整体市场规模达 23 亿美元,相比去年同期市场整体放缓。②具体而言,据 IT 桔子数据,截至 2022 年 11 月,中国人工智能行业赛道在一级市场的融资事件数有 400 起,与去年同期相比下降 50%;融资交易额估算有 770.4 亿元,与去年同期相比下降 61%。但是宏观来看,就 AI 领域单笔融资而言,2009—2016 年,人工智能领域年均单笔平均融资额为 1 亿元,数值偏高;而自 2017 年后,其单笔融资就能达到 1 亿元。2018—2022 年,在这个数据仍维持在高位状态下,其中 2021 年平均单笔融资金额甚至已经超过了 2 亿元。这显示,这说明一方面近几年人工智能项目的估值越来越贵,投资的门槛越来越高;另一方面,在头部人工智能公司强有力的吸金能力之下,单笔巨额的融资事件频现,不断拉高行业整体平均值。③

---

① IDC 数据显示,2021 年,美国在人工智能领域的私人投资总额和新资助的人工智能公司数量方面都处于全球领先地位,分别比排名第二的中国高出三倍(172 亿美元)和两倍(119 家)。参见 IDC. Worldwide artificial intelligence spending guide (V2 2022)[R/OL]. (2022-12-20)[2023-05-18]. https://www.idc.com/getdoc.jsp? containerId=US484481322&pageType=PRINTFRIENDLY.

② IDC. Worldwide artificial intelligence spending guide (V2 2022)[R/OL]. (2022-12-20)[2023-05-18]. https://www.idc.com/getdoc.jsp?containerId=US484481322&pageType=PRINTFRIENDLY.

③ IT 桔子.2022 年中国人工智能行业融资数据[R/OL]. (2023-02-02)[2023-05-18]. https://www.fxbaogao.com/detail/3555714.

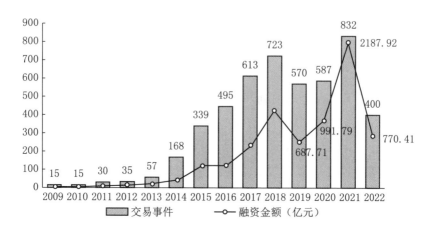

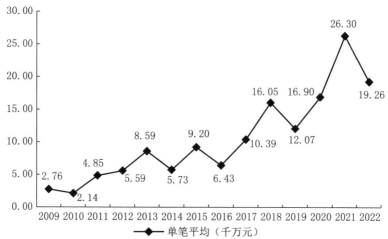

图 3、4　历年人工智能一级市场股权融资和平均单笔融资情况①

截止日期：2022 年 11 月 10 日　数据来源：IT 桔子© itjuzi.com

从应用领域企业融资额的分布看,智慧商业和零售,科技金融、新媒体和数字内容类应用领域的融资额最高,智慧交通、关键技术研发和应用平台、企业技术集成与方案、智能硬件也均属于占比较高的应用领域。

---

① 信息来源:IT 桔子.2022 年中国人工智能行业融资数据［R/OL］.（2023-02-02）［2023-05-18］. https://www.fxbaogao.com/detail/3555714.

在中国人工智能科技产业发展中,排名前十的投资机构分别为红杉资本中国、IDG 资本、经纬中国、深创投、达晨财智、真格基金、高领资本、君联资本、顺为资本、五源资本,排名前十的非投资机构分别为腾讯、联想、百度、阿里巴巴、京东、小米、奇虎360、海尔、蚂蚁金服、科大讯飞。①

3 月 7 日,IDC 数据显示,全球人工智能支出,包括以人工智能为中心的系统的软件、硬件和服务,到 2023 年将达到 1540 亿美元,比 2022 年的支出增长 26.9%。持续将人工智能纳入广泛的产品将使 2022—2026 年的复合年增长率(CAGR)达到 27.0%。预计到 2026 年,以人工智能为中心的系统支出将超过 3000 亿美元。聚焦中国市场,IDC 预计,2026 年中国人工智能投资规模有望达到 266.9 亿美元,全球占比约为 8.9%,位列全球单体国家第二。

(五)自主创新

2021—2022 年,我国人工智能稳步推进自主创新的国家战略,在理论基础和创新实践上全面开花,尤其是在超大模型方面更是硕果累累,处于世界前列。中国电子信息产业发展研究院发布数据显示,2021 年,我国人工智能的研发强度为 19.4%,从业人数增加到 31 万人,占全球比重的 5.3%。②中国人工智能创新水平已经进入世界第一梯队,与美国的差距正在缩小。

在理论基础方面,《中国人工智能自主创新研究丛书》于上海"2021 世界人工智能大会"发布。"丛书"通过展示我国科技工作者

---

① 中国新一代人工智能发展战略研究院.中国新一代人工智能科技产业发展报告(2022 年)[R/OL].(2022-07-09)[2023-05-18]. https://cingai.nankai.edu.cn/_upload/article/files/84/98/980ed5a348aa8ab2f76545255174/a622cbaa-4aee-4b6b-9e1f-b536ac8a5e8f.pdf.

② 中国电子信息产业发展研究院.2022 年中国人工智能创新发展指数[R/OL].(2022-11-18)[2023-05-18]. 2022 中国人工智能创新发展指数公布.https://finance.sina.com.cn/jjxw/2022-11-22/doc-imqqsmrp7060977.shtml.

在人工智能基础理论领域取得的变革性、颠覆性突破和开辟崭新理论空间的杰出成就，弘扬我国学人在人工智能科技前沿自主创新的奋斗精神，使我国人工智能理论占据自主创新的高地，为我国人工智能技术和产业的跨越式发展奠定坚实的理论基础。

在技术实践方面，超大规模预训练模型的网络构建、模型训练、算法调优等技术趋于成熟，持续提升其通用性和泛化性，已初步具备通用智能雏形。自 OpenAI 于 2020 年推出 GPT-3 以来，华为、智源研究院、中国科学院、阿里巴巴等企业和研究机构相继推出超大规模预训练模型。2021 年 6 月，清华大学教授，智源研究院学术副院长唐杰在 2021 年北京智源大会重磅发布超大规模智能模型"悟道 2.0"，旨在打造数据和知识双轮驱动的认知智能，让机器能够像人一样思考，实现超越图灵测试的机器认知能力，参数量达到 1.75 万亿，创下全球最大预训练语言模型记录。2022 年 5 月，腾讯自主研发的"混元"AI 大模型在多模态理解领域国际权威榜单 VCR（Visual Commonsense Reasoning，视觉常识推理）中登顶，两个单项成绩和总成绩均位列第一。"混元"AI 大模型已在多个领域的 AI 权威榜单中取得第一名的成绩，刷新了多项行业历史纪录。同年 9 月，由武汉人工智能研究院、中国科学院自动化研究所和华为技术有限公司联合研发的"紫东太初"多模态大模型项目在上海举办的 2022 世界人工智能大会上获得了最高奖项。"紫东太初"是全球首个图、文、音三模态大模型，开创性地实现了图像、文本、语音三模态数据间的"统一表示"与"相互生成"，实现了"以图生音"和"以音生图"，理解和生成能力更接近人类，为打造多模态人工智能行业应用提供创新基础，向通用人工智能迈出了重要一步。

类脑芯片、存内计算等成为重点探索方向。北京大学类脑智能芯片中心在 2021 年第 69 届国际固态电路会议上发布 2 项"超低功耗智能物联网 AIoT 芯片"成果，象征着中国在该领域已处于国际领先水平。大算力自动驾驶芯片华山二号 A1000 在功能安全、信息安全、可靠性方面完全成熟,于 2022 年实现量产。此外,松山湖 IC 高峰论坛连续举办 12 届,在搭建集成电路产业高效的资源对接平台上成果显著,至今共推介了 89 款芯片产品、量产率达 92%。

知识计算方面,学术界和产业界都已经开始推出基于知识的人工智能应用平台或解决方案,例如清华大学、浙江大学、华为云、智源研究院、百度、竹间智能、国双等推出的知识计算引擎、知识中台、知识工程平台、知识智能平台等解决方案。未来知识计算将着力在深度学习算法中嵌入先验知识建立可解释模型,让知识深入参与模型求解,进一步提高人工智能的效率、水平以及鲁棒性、可解释性、可迁移性。

(六)落地深化

2021—2022 年,中国人工智能大范围落地实践,在各行业的应用程度不断加深,应用场景不断扩大,在社会活动和企业发展等过程中发挥着越来越重要的作用。

截至 2021 年年底,国家新一代人工智能创新发展试验区已建成 17 个;在 2022 年 9 月之前,全国人工智能创新应用先导区数量已增至 11 个。人工智能创新发展试验区和全国人工智能创新应用先导区的建设是对党的十九届五中全会和中央经济工作会议精神的坚决贯彻,也是对先导区建设坚持应用牵引、开放场景带动产业落地的切实执行,形成产业区域覆盖面积最广、应用场景最多、科技企业最集中的区域协同发展体系,为人工智能企业带来发展机遇。此外,2022 年 11 月 5 日到 10 日,第五届进博会首次设置人工智能专区,推动交流,着力扩大中国人工智能的国际影响力。

从产业技术合作关系看,大数据和云计算技术一骑绝尘。中国人工智能科技产业技术体系包括大数据和云计算、物联网、5G、智能机器人、计算机视觉、自动驾驶、智能芯片、智能推荐、虚拟/增强现实、语音识别、区块链、生物识别、光电技术、自然语言处理、空间技术、人机交互和知识图谱在内的 17 类技术。2021 年,中国人工智能科技产业技术合作关系分布中,排名第一的技术类别是大数据和云计算,占比 47.53％;排名第二的是物联网,占比 11.37％;排名第三的是 5G,占比 7.26％;排名第四和第五的分别是智能机器人和计算机视觉,占比分别为 6.66％和 4.40％。①

从行业维度看,2022 年中国人工智能行业应用渗透度排名前五的行业依次为互联网、金融、政府、电信和制造。与 2021 年相比,各行业人工智能渗透度均明显提升。其中,互联网行业依然是人工智能应用渗透度最高的行业;金融行业的人工智能渗透度从 2021 年的 55 提升到 62,智能客服、实体机器人、智慧网点、云上网点等成为人工智能在金融行业的应用典型;电信行业的人工智能渗透度从 2021

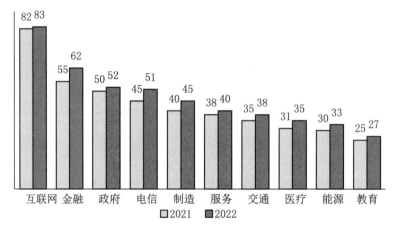

图 5　中国人工智能行业渗透度②

来源:IDC,2022。

---

① 中国新一代人工智能发展战略研究院.中国新一代人工智能科技产业发展报告(2022 年)[R/OL]. (2022-07-09)[2023-05-18]. https://cingai.nankai.edu.cn/_upload/article/files/84/98/980ed5a348aa8ab2f76545255174/a622cbaa-4aee-4b6b-9e1f-b536ac8a5e8f.pdf.

② 数据来源:IDC,浪潮信息.2022—2023 中国人工智能计算力发展评估报告[R/OL].(2022-12)[2023-05-18]. https://www.inspur.com/lcjtww/resource/cms/article/2448319/2734787/2022122601.pdf.

年的 45 增长到 51,人工智能技术已经成为电信行业不可缺少的部分;制造行业的人工智能渗透度从 40 增长到 45。IDC 预计,到 2023 年年底,中国 50% 的制造业供应链环节将采用人工智能,借此可以提高 15% 的效率。①

从应用场景看,人工智能应用场景趋于多样化。在助力国家治理方面,人工智能在实现"双碳"(碳达峰与碳中和)目标上表现突出。2021 年,移动、电信、联通先后发布"十四五"节能降碳规划和目标,拟研发"5G 低碳基站",积极推进绿色数据中心建设,提高我国智慧能源管理水平。在节能减排上,《智能减碳,激发绿色转型动力——2021 年中国人工智能助力"双碳"目标达成白皮书》显示,与人工智能相关的技术减碳贡献占比将逐年提升,至 2060 年将至少达到 70%,减碳总量将超过 350 亿吨。②在社会活动方面,人工智能深度参与以 2022 年北京冬奥会为代表的大型赛事;中国科学院院士、北京大学副校长、北京大学重庆大数据研究院首席科学家张平文领衔研制的人工智能 MOML 算法赋能天气预报模型,精准预报天气;百度智能云研发技术能够清晰且全方位拍摄运动员实时动作,并进行量化分析;AI 手语主播正式上岗,方便听障人士观看比赛。在行业发展方面,自动驾驶行业发展进入新阶段。有关政策密集出台,大批相关的人工智能应用从研发测试走向大规模商业化试点。当前,全国近 30 个城市已累计为 80 余家企业发放了超过 1000 张道路测试牌照,允许高等级智能网联汽车在特定场景、特殊区域内开展规模化载人载物测试示范。越来越多的城市正在推进更高等级的自动驾驶商

① IDC,浪潮信息.2022—2023 中国人工智能计算力发展评估报告[R/OL].(2022-12)[2023-05-18]. https://www. inspur. com/lcjtww/resource/cms/article/2448319/2734787/2022122601.pdf.

② IDC,百度.智能减碳,激发绿色转型动力——2021 年中国人工智能助力"双碳"目标达成白皮书[R/OL].(2022-12-29)[2023-05-18]. https://www.sohu.com/a/523994746_120189950.

业化。同时，AIGC 在 2022 年迎来井喷式的爆发，国内各软件公司纷纷引进相关技术，各类相关程序与网站也迅猛增多。总体而言，据中国通信院估算，目前中国大型企业基本都已在持续规划投入实施人工智能项目，而全部规模以上企业中约有超过 10% 的企业已将人工智能与其主营业务结合，实现产业地位提高或经营效益优化。①

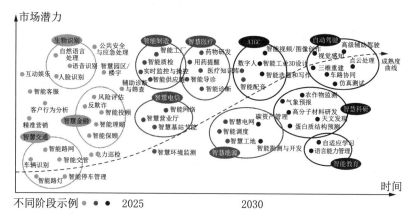

图 6　人工智能应用场景②

来源：IDC，2022。

（七）安全治理

人工智能治理的一个现实目标是减少阻碍人工智能技术发展的不利因素，推动技术的广泛利用，使得更多生产部门和人口可以享受技术带来的红利。在更高层面上，人工智能技术对于应对人类的重大挑战如气候变化、环境污染、传染病扩散等具有巨大潜力。但是，近年人工智能技术的高速进步与落地的持续推进，使得应用人工智能产生的伦理风险、隐私泄露和数据安全等潜在问题愈发凸显。而

---

① 中国信通院.人工智能生成内容（AIGC）白皮书（2022 年）[R/OL]. （2022-09-02）[2023-05-18]. http://www.caict.ac.cn/sytj/202209/P020220913580752910299.pdf.

② 信息来源：IDC. Worldwide Artificial Intelligence Spending Guide (V2, 2022) [R/OL]. （2022-12-20）[2023-05-18]. https://www.idc.com/getdoc.jsp? containerId = US 48484132&pageType=PRINTFRIENDLY.

人工智能治理的一个现实目标是减少阻碍人工智能技术发展的不利因素,推动技术的广泛利用,使得更多生产部门和人口可以享受技术带来的红利。在更高层面上,人工智能技术对于应对人类的重大挑战如气候变化、环境污染、传染病扩散等具有巨大潜力。因此,人工智能治理迫在眉睫,并已经成为国际共同关注的重点议题之一。自2019年《新一代人工智能治理原则——发展负责任的人工智能》发布以来,我国在人工智能治理方面迈上一个新的台阶,在2021—2022年更是进入高速发展阶段,在推动立法的同时,重点关注人工智能伦理问题,并进一步为全球安全治理提出"中国方案",引领全球人工智能向善发展,着力推进可信人工智能。

在完善立法方面,中国人工智能治理存在较大空白,但2021—2022年,我国已基本构建起治理人工智能底层要素的法律体系。

原则伦理层面,我国发布相关规范,为全球人工智能伦理治理打出"中国倡议",展示中国推动人工智能全球治理进程的信心和决心。国家新一代人工智能治理专业委员会继2019年6月发布《新一代人发展负责任的人工智能》之后,于2021年9月发布《新一代人工智能伦理规范》,旨在将伦理道德融入人工智能全生命周期,为从事人工智能相关活动的自然人、法人和其他相关机构等提供伦理指引。

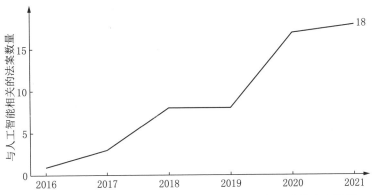

图7 2016—2021年,25个国家通过的与人工智能相关的法案数量

来源:人工智能指数,2021 | 图:2022年人工智能指数报告。

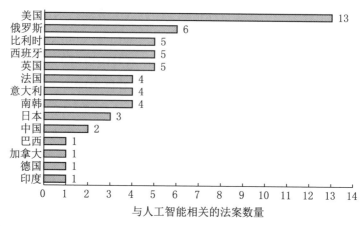

图 8 2016—2021 年部分国家通过成为法律的与人工智能有关的法案数量①

来源:人工智能指数,2021 | 图:2022 年人工智能指数报告。

2022 年 3 月 20 日中共中央办公厅、国务院办公厅印发《关于加强科技伦理治理的意见》,这是我国首个国家层面的科技伦理治理指导性文件,也是继国家科技伦理委员会成立之后,我国科技伦理治理的又一标志性事件。此次两办印发的意见不仅提出了"伦理先行、依法依规、敏捷治理、立足国情、开放合作"的科技伦理治理要求,更明确了"增进人类福祉、尊重生命权利、坚持公平公正、合理控制风险、保持公开透明"的科技伦理原则。此外,2022 年年末,中国结合自身在人工智能伦理领域的政策实践,积极响应联合国教科文组织成员国于2021 年 11 月正式达成的首份《人工智能伦理问题意见书》,向联合国《特定常规武器公约》缔约国大会提交了《关于加强人工智能伦理治理的立场文件》,为推动人工智能伦理规范建构贡献大国力量。

我国虽尚未出台人工智能相关的统一法律,但 2021 年 11 月正式实施的《个人信息保护法》,与《网络安全法》《数据安全法》共同形

① 信息来源:Stanford University. Artificial Intelligence Index Report 2022 [R/OL]. (2021-11-17)[2023-05-18]. https://aiindex. stanford. edu/wp-content/uploads/2022/03/ 2022-AI-Index-Report_Master.pdf.

成了治理人工智能底层要素的坚固法律体系。同时,2021年12月,中国特命全权裁军事务大使李松13日率团出席在日内瓦召开的联合国《特定常规武器公约》第六次审议大会,并向大会提交了《中国关于规范人工智能军事应用的立场文件》。这是中国首次就规范人工智能军事应用问题提出倡议。倡导"以人为本"和"智能向善"理念,确保人工智能安全可靠、可控,呼吁各方秉持共商共建共享理念,为推动形成具有广泛共识的国际人工智能治理方案而努力。

实际上,2021—2022年,国际人工智能治理规则也进入了酝酿调整期。中国信通院研究显示,与2019—2020年人工智能国际治理规则的密集出台相比,2021—2022年人工智能治理讨论及出台文件更突出铺垫、试点和小范围共识特点。其主要原因有二。一是价值观对人工智能治理理念的影响持续增加。确保人工智能技术的安全可信一直是全球人工智能治理共识,但受国际局势影响,目前对安全可信的判断标准日益与各国国内政治价值观紧密挂钩,具有了更多主观色彩而难以把握,具有广泛认同的进一步治理共识形成难度更大。二是突发事件挤占投入资源。俄乌冲突导致人工智能治理议程优先级下降。虽然G7、TTC、IPEF等机制在今年都提出了人工智能治理合作的计划表,但实际投入和进度规划明显低于网络与基础设施安全虚假信息治理、供应链保障等具紧迫性的更议题。三是人工智能技术发展进入平台期。当前,人工智能技术发展和应用部署有趋缓趋势,这使得很多治理监管分歧难以在实践中检验和比较,很多超前成熟的治理规则也难以落地。[①]

在伦理与立法之外,可信人工智能已成为落实治理要求的重要

---

① 中国信通院.网络立法白皮书(2022年)[R/OL].(2023-01)[2023-05-18].
http://www.caict.ac.cn/kxyj/qwfb/bps/202301/P020230114499859875704.pdf.

方法论。根据 2021 年 7 月中国信息通信研究院发布的《可信人工智能白皮书》,面对人工智能引发的全球信任焦虑,发展可信人工智能已经成为全球共识。可信人工智能是从产业维度出发,落实人工智能治理要求的一整套方法论,是人工智能治理和产业实践之间的桥梁。行业组织是推进可信人工智能发展的中坚力量。2021 年 4 月,我国在人脸识别场景下的国家标准《信息安全技术人脸识别数据安全要求》面向社会公开征求意见。2022 年 1 月 14 日,中国信息通信研究院云计算与大数据研究所主办的"2021 年可信 AI 成果发布会"通过线上方式召开,会议正式公布了新一批可信 AI 评测结果、客服中心智能化和"智匠"RPA 优秀案例名单,发布了《可信人工智能研发管理指南》《客服中心智能化技术和应用研究报告》《人工智能研发运营一体化(Model/MLOps)能力成熟度模型》《金融人工智能研究报告》等最新成果,以推动人工智能研发源头的安全和可信。同时,企业作为人工智能技术研发和创新应用的一线,需要直面人工智能信任挑战,主动开展自律自治工作,充分发挥企业能动性落实人工智能技术、产品和服务的可信要求。2018 年以来,谷歌、微软、IBM、旷视、腾讯等众多国内外企业纷纷推出了企业人工智能治理准则,并形成相应部门机构推动落实治理责任;IBM、微软、华为、京东等国内外企业发布多个人工智能可信工具,以帮助人工智能产品在研发过程中提升安全性、鲁棒性、可解释性、公平性等可信能力,并通过开源生态凝聚开发者宣传可信理念。

ChatGPT

王　峰

2022 年入冬之际 ChatGPT 来到世间,持续发酵,引发热议,一方面,技术明显可以造福人类,另一方面,技术失控的担忧也陡然上升。还没有等我们躁动的心情平息下来,升级版 GPT-4 紧接着来临,我们的世界在不长的时间里变了一个样子。据说,更高级的 GPT-5 也在路上了,这不免让我们又一次担心,人工智能将迅速"进化",不仅获得思考的能力,还会进一步获得自我意识,超过人类的日子指日可待。2023 年 3 月 28 日,马斯克等 1000 多个具有影响力的人物要求暂停 GPT 进一步升级六个月。[①]这一诉求虽然极其复杂,但同样切中人们对人工智能获得自我意识的恐惧。

我们需要从一种革新的哲学视野来判断人工智能与人类自身,把 ChatGPT 之类的大语言模型视为通用人工智能的初步成就,但需要将思考与自我意识的获得彻底分开,哪怕是未来的强通用人工智能,也只是不断增强思考的功能,但无法获得人的自我意识。对人工智能"觉醒"的恐惧只是从人文主义文化向后人类文化过渡的中间调适状态,只有不断批判和反省,客观地看待技术发展,我们才能摆脱人工智能恐惧。

---

① Future of Life Institute. Pause Giant AI Experiments：An Open Letter[EB/OL]. [2023-03-22]，https：//futureoflife.org/open-letter/pause-giant-ai-experiments/.

一、新认知：功能式

自然语言处理大模型的兴起让我们不得不面对一个新的认知模式：机器能够模仿有机体才具有的认知功能。在图灵之前，历史上所有关于机器思考的猜想都是无法实现的，图灵方案才真正具有机器智能的可能性，"思考"这一人类独有的能力开始找到机器模仿的道路。[①]图灵提出的机器智能的观念不仅是一种数学或计算机意义上的概念，而且是一种新的认识论——此前是人来认识世界，现在是机器按照人制定的认识规律与世界和人类发生关联。机器智能对人类能力的模仿看起来是在模仿人脑结构，但事实上，人脑结构本身是不能模仿的，毕竟一个是生物结构，一个是机器结构，从基本构造而言，这是两种完全不同的结构，但从最终的输出效果来说，机器智能确实可以部分地实现人脑的思考功能。

我们必须面对一个新的认知机制，它不同于此前哲学的认知观念，它要求我们将机器智能纳入到新的认知观念中。换句话说，我们要把人脑中的整体性认知系统转变为可区隔处理的功能，且通过计算达成这些功能。[②]在此之前，我们曾认为，哪怕是区隔的功能也是无法计算的，因为它包含了自然界最完美的神秘性，无法被制造，甚至无法被言明。在通往人工智能，尤其是通用人工智能的道路上，我们发现机器智能可以与世界、与人类发生关联。从本质上说，机器智能更接近于可区隔的智能横截面，但恰恰是这些区隔的、有限的智能，完成了人脑所执行的某些思考功能，这当然是对既有认知的巨大

---

① A.M. Turing. Computing Machinery and Intelligence[J]. *Mind*, 1950, 59: 433—460.

② 详细论述可参考：王峰.人工智能的情感计算如何可能[J].探索与争鸣.2019(6): 89—100.

冲击,但也只有接受这一冲击才能更好的认识人工智能的本质以及它会给生活带来的变化。从这个层面来说,图灵不仅是数学家,更是21世纪的哲学家。我们只有在哲学整体观念上将计算复杂性与思考画上等号,才可能更新哲学观念,接纳机器智能带来的新变化,从而对当下正在经历的大语言模型造成的冲击保持健康和稳定的心态。

一般来说,我们会将语言预设为内心的表达,但是 ChatGPT 却赋予了我们一个新的观看视角:语言自动运行。这无疑为我们反思"语言与我们的关系"提供了难得的机会。我们会发现,在 ChatGPT 这一实际运用场景中,语言的运行具有无限可能,它们可以进行自由组合,并在大模型的控制下产生有意义的结果,这一结果与现实世界之间呈现出一种索引式的关系,也就是说,词语与现实的关联可能是脱节的,也有可能是直接对应的。从目前的情况来看,沿着这种场景寻找语词向现实世界的延伸之路也是最艰难的地方。

二、非意识:机器思考

通常情况下,我们会把"思考"和"意识"紧密联系在一起,在人类智能范围内的确如此,在人工智能这一新的认识功能载体中却并非这样。图灵认为机器能够思考,并且给出了判断机器思考的标准——通过图灵测试。也许我们会从此推论,图灵同样也给出了通用人工智能重建自我意识的可能,但这并不是一个正确的推导,将人类确定无疑的特性原封不动地转嫁到给人工智能显然是不合适的。

功能化是人的能力转变为人工智能的关键。起初,我们不认为"思考"能够功能化,但是通过图灵测试,我们认识到"思考"并不是有机体独有的,它可以被部分地功能化出去,并且让计算机来执行它。那么,意识能否功能化呢? 我们当然可以让机器看起来像是在思考,并且它实际上也会产出思考的结果,哪怕产出方式不同。比如 Chat-GPT 使用的对话方式与人的对话在产出结果上相近,虽然产生机制完全不同,但我们依然可以说,ChatGPT 初具通用人工智能的水平,可以通过图灵测试,也就是可以思考。然而,我们却不能说它具有自我意识,因为所有的"自我意识"其实不过是计算复杂性的表征。在计算复杂性中涌现的是人类的某种功能,(有限度的)思考是一种功能,所以思考可以涌现,但意识无法局部化,它就不可能完成涌现。从根本上讲,只有人类才能将意识与思考结合为一体,而人工智能却无法做到,无论计算复杂性达到何种高度,全面复现人是一个难以企及的浩大工程,即使遥远的未来能够达成,也是一件没有多大意义的事情(除非人类其时濒于灭亡或已经灭亡),没有必要实现。如果我们将涌现的功能等同于整体性的意识,并将其归属于人工智能自身,视为人工智能内部的事情,那么,我们实际上是将意识用错了位置,这是一种概念错置而产生的误用。那些放在人类身上毫无疑问的概念转运到人工智能领域时,必须小心翼翼地进行概念反省。在人工智能这里,我们只能说"它能思考",且仅此而已。人工智能虽然具有智能功能,但永远不会具有灵魂、心灵、意识、自我意识等内在天然禀赋。即便我们寻找到一些意识的"痕迹",那也是使用人工智能的人类赋予它的。在与 ChatGPT 的对话过程中,它会使用人类经常使用的情绪词来回复我们,比如"这个话题很沉重","不喜欢这个话题"等,仿佛人工智能具有内在的感情,具有内在意识,但是我们必须明了,"沉重""不喜欢"之类的情绪词对于 ChatGPT 而言只是词语的组合,组合的意义来自人类语句的使用,与内在情绪没有任何关系,它只是在适合使用"沉重""不喜欢"之类词语的语境中,给出了相应组合语句而已。ChatGPT 这样的对话人工智能,始终和人类有着本质区别。它看起来像人的对话一样完美,但它本身是没有感觉、情感的,它不会真的"感受"到沉重。这些感受性的描述,是人类在沟通时使用的。从此而论,这是一种真正的模仿关系,无情绪的模仿。认识到这一点,我们就会发现,一个技术的发展既不会放出魔鬼,也不会带来天使,我们的生活不会变得更糟糕或更幸福,只是更方便而已。

因此,我们不应当去预设人工智能产生自我意识,实际上也不可能出现人工智能战胜、取代或奴役人类的情况。任何一种大语言模型人工智能归根结底,都不过是人类辅助工具,它可以思考,更重要的是,它可以帮助人类思考,但它不可能产生意识,也不会存在自我观念。

三、分布式:智能形态

人工智能的发展提示了一种新智能形态的诞生:分布式智能。分布式智能指的是,以人为接受者和服务对象,人的智能为主,人工智能为辅的智能存在方式。电脑、手机、无线通讯、网络协议以及大语言模型、自动机器等都是智能设备的有机构成部分,与人相结合,就使得人的世界视野、知识水平、思考方式、信息获取等大幅提升。夯实智能设备基础,就能够达成人与机器智能相融合的新智能体,即分布式智能。

分布式智能可以超越人脑处理速度、容量等先天局限,人不需要意识到自己在动脑做事情,相关辅助智能就可以完成智能任务。新的智能体显然不同于单纯的人类智能,人类智能处理的任何一个事物都经过智能判断,哪怕过段时间忘记某一判断或做过的某个事情,原则上也可以通过记忆回想起来;但在融合智能中,处理过的事情是由辅助智能体根据指令完成的,也可以通过查阅数据记录来精准定位事件。这样一来,人脑所承担的信息处理工作就可以通过融合智能以分布的方式来完成。5G、6G 的发射站,网络交换的框架协议,手机、手表、电脑等终端设备都是处理事务的智能设施,单独来看,它们并不具备我们所熟悉的有机智能形态,但结合起来却能够完成很多智能任务,并且留下可追踪的数据。这已经是不断显露端倪的分布式智能了。ChatGPT 之类的大语言模型必然会加速分布式智能的进程。

在人工智能兴起的过程中,我们经常会听到一种声音——人工智能时代,至少在大语言模型兴起的时代,人工智能会取代人类的大量岗位。的确,人类既有工作岗位的消失必然会发生,新技术会消除了某些工作岗位,但却创造了更多与之相关的工作岗位,这一点已经通过互联网的发展证明了。对于我们而言,终身学习将会成为基本要求,丧失终身学习动力和能力的人将失去高质量的工作机会,这当然也给我们的教育提出了新的培养目标:终身学习的热情和能力,因为此前一个人一生可能都遇不到工作岗位消失的问题,而未来,以 40 年工作时间来计算,一个人一生会遇到两次以上的工作岗位消失的可能。这必然提高终身学习的必要性。

四、后人类:人工智能与人的未来

随着技术不断向前发展,我们也正在走向"后人类"状况,这是比较激进的状态,也是目前国际学术界热议的内容。在后人类状况下,人本身是可以改变的,它可以跟人工智能相结合。在远程通信技术的支持下,地域、距离不再是需要考虑的因素,我们可以即时知道地球上任何一个角落的事情,就像人人都拥有了"千里眼"和"顺风耳"。随着大语言模型的飞速发展,我们将逐渐进入真正的后人类状态:从依靠记忆来提升技能过渡到通过提问来掌握技能和知识,记忆同样重要,只是在知识学习上转变了方式,人的智能更多用来扩大视野,进行创新性思考。人类自身也不断机械化或接入智能设备获得质的提升,甚至达成某种程度的进化。从这个意义上来说,我们都是赛博格化的"后人类"。

　　赛博格化是人类的一种升级状态。从本质上来说，人工智能只是人的某种功能的局部飞跃，距离具备自我意识非常遥远，更重要的是，哪怕到达路途的另一端，人类的观念一定已经发生了巨大的改变。不断向前进展的不仅是技术，也包括人类自己。事实上，技术的每一次迅猛发展都会带来人类能力的提升和对自身的重新审视，我们总会适应新时代的到来，在新时代、新技术的推动下不断改变人类自身的生存方式，成为某种意义的"新人"。

脑机接口

姚富瑞

一、什么是脑机接口?

脑机接口(Brain-Computer Interface，BCI 或 Brain-Machine Interface，BMI)有时又被称作心机接口(Mind-Machine Interface，MMI)、直接神经接口(Direct Neural Interface，DNI)和神经控制接口(Neural Control Interface，NCI)，是增强或连接大脑和外部设备之间的通信路径，按照信号采集方式的不同它可以主要被分为侵入式、半侵入式和非侵入式三种技术路线，经常被用来研究、测绘、协助、增强或修复人类的认知或感觉运动功能。早在 1924 年，德国精神科医生汉斯·贝格尔(Hans Berger)首次发现了脑电波，开启了人们对意识可以被转化成电子信号读取的探索，脑机接口研究也由此出现。直到 20 世纪 70 年代，对脑机接口的研究才在加州大学洛杉矶分校真正成形，标志性事件是美国国防部高级研究计划局开始对脑机接口相关项目予以资助，目的是提高士兵在任务中的执行表现，随后相关研究论文的发表使得脑机接口探究首次出现在科学文献中。由于大脑的皮质可塑性，植入假体的信号可以在适应后被大脑像自然传感器或感受器通道一样来处理。经过多年的动物实验后，第一个植入人类神经假体的装置出现在 20 世纪 90 年代中期。进入 21 世纪后，脑机接口通过应用机器从额叶和脑电波中提取统计数据，在精神状态、情绪状态和丘脑皮质性心律失常分类方面取得了较高水平的成功。

脑机接口技术的发展大致可以被分为三个阶段。第一阶段是科学幻想阶段(20 世纪 70 年代初期至 20 世纪 90 年代末期),1973 年,美国加州大学洛杉矶分校的雅克·维达尔(Jacques Vidal)教授发表了首篇关于脑机接口的研究论文,其首次使用了脑机接口(Brain-Computer Interface)一词来表述大脑与外界的直接信息传输通路,并由此提出了脑机接口的系统框架雏形。此后,学者们展开多方位探索,设计出了基于不同类型电脑信号的脑机接口系统,但效果都不甚理想。第二阶段是科学论证阶段(20 世纪 90 年代末期至 21 世纪10 年代中期),从 1998 年,世界上第一个可获取高质量神经信号来模拟运动的脑机接口诞生,到网络动力学公司(Cyberkinetics)通过侵入式脑机接口大脑之门(BrainGate)让首位人类患者来控制机械臂。从 2004 年,来自华盛顿大学的埃里克·勒塔特(Eric Leuthardt)和丹尼尔·莫兰(Daniel Moran)等人首次试验半侵入式脑机接口,到美国匹兹堡大学实现了人脑皮层脑电图信号控制机械手,脑机接口的创伤性在不断降低,而控制维度和信息传输速度在提升。第三阶段是技术爆发阶段(21 世纪 10 年代中期至今),主要聚焦于经由什么技术路径来实现脑机接口技术,出现了各种各样的技术方法。其中,2016 年是脑机接口技术发展的关键节点,许多重要突破开始出现。明尼苏达大学贺斌(Bin He)团队利用先进的脑机接口脑电图学实现了侵入式脑机接口的任务,他们利用先进的功能性神经成像技术确定了运动神经想象诱发的电生理学和血流动力学信号共变异与共定位。通过神经成像方法和训练方案,他们证明了基于非侵入式脑电图的脑机接口的能力,即基于运动神经想象控制虚拟直升机在三维空间中的飞行。由米格尔·尼科莱利斯(Miguel Nicolelis)领导的"再次行走计划"(Walk Again Project)在《自然》(Nature)子刊《科学报告》上发表了最新研究成果,他们借用脑机接口配合虚拟现实(VR)和机器外骨骼,使得八名瘫痪多年的脊髓损伤患者,经过一段时间的训练,下肢肌肉活动能力与感知能力得到提高,因瘫痪而导致的一些器官的功能性障碍得到了改善。斯坦福大学神经修复植入体实验室的研究者们在猴子身上做实验,通过将脑机接口植入两只猴子大脑内,对其进行一定训练,其中一只猴子凭借意念在 1 分钟内打出了莎士比亚的经典台词——"生存还是毁灭,这是一个值得考虑的问题(To be or not to be. That is the question.)"这 12 个单词,创造了新的大脑控制打字的记录,这项技术被期待用来帮助处于肌肉萎缩脊髓侧索硬化症(ALS)晚期的病人进行日常交流。之后,《自然》杂志发表了一组来自中国、美国、德国、英国、法国、意大利等国家的联合研究,该研究团队开发出一种无线大脑接口,可以通过再现来自大脑的信号记录刺激腿部电极,实现了让脊髓损伤的瘫痪猕猴能够再次行走。《新英格兰医学杂志》(New England Journal of Medicine)发表了一项来自荷兰乌特勒支大学医学院的研究,他们利用新型大脑植入体使一名丧失语言和行动能力的肌萎缩侧索硬化患者使用自己的思想与外界交流。

从短期来看,人类对脑机接口的应用主要集中于医疗场景中,包括采用非侵入方式读取大脑信号,以控制鼠标打字、控制轮椅以及治疗和评估脑部疾病;采用植入式方式调控和改善大脑功能;采用交互技术在特定的时间对大脑进行刺激,以实现更加智能化、精准化的大脑调控功能。侵入式脑机接口技术主要应用在医疗领域,在神经替代、神经调控相关技术和产品方面有长足发展。非侵入式脑机接口技术可以应用在更广泛的生活生产领域,在康复训练、教育娱乐、智能生活和生产制造等众多方面不断为人类带来福祉。2019 年,埃隆·马斯克旗下的脑机接口公司神经链接(Neuralink)宣布,"通过线程、机器、芯片、算法四个具体方向,利用手术机器人、N1 传感器和柔性电极三大工具,以侵入式方式建立的'脑—机'系统,成功在小鼠身上进行了实验"①。2020 年 8 月,Neuralink 通过"三只小猪"向全世界展示了可实际运作的脑机接口芯片与自动植入手术设备。2021年,"首次在猴脑中植入脑机接口芯片,让这只猴子在没有游戏操纵杆的情况下,仅用大脑意念在电脑上打乒乓球"②。2022 年,Neuralink 为猴子成功植入了升级设备——N1 芯片,这枚芯片只有四分之一硬币大小,其充电系统也是被改进过的,电池寿命可延长一倍。2023 年 5 月,Neuralink 进一步宣布,该公司已经获得美国食品药品监督管理局(FDA)的批准,可以启动首次人体临床试验。在Neuralink 早期的演示项目中,他们已将硬币大小的芯片植入猴子的大脑,让猴子通过植入物与电子设备进行互动。马斯克当时表示,该公司将尝试使用植入芯片恢复部分残障人士的视力和基础的行动能力。

脑机接口技术是人与机器、人与人工智能交互的终极手段,也是连接数字虚拟世界和现实物理世界的核心基础支撑性技术之一,它与量子计算、大数据、云计算等信息通信技术相结合,逐渐成为各领域的重要研究和开拓方向。随着相关技术的不断革新与突破,脑机接口将会显著提升人类的生活质量。"基于脑机接口的脑机融合技术代表着人工智能的进一步发展方向,它具有造就出'赛博脑'(Cyber Brain)乃至'赛博人'(Cyberman)的潜在可能,使人在得到增强、改造的基础上成为'超人'或'后人类'。"③脑机接口的发展可以重新界定"人类"这个概念的意义。关涉脑机接口与人类未来的问题,大量的科幻作品描绘了脑机接口带来的未来图景,比如《黑客帝国》中在大脑中插入电缆以瞬间获取知识的侵入式脑机接口场景,

①② 齐旭.脑机接口未来已来?[EB/OL].[2022-12-23]. https://baijiahao.baidu.com/s?id=1752642156065128588&wfr=spider&for=pc.

③ 肖峰.脑机融合的人文迷思:超人、后人类与人的本质[J].马克思主义与现实,2022(2):116.

《阿凡达》中非侵入式轻松上传的记忆思维,《黑镜》中记忆颗粒对人类身体的植入,都集中表明了后人类主体出现的方式。无论是现实维度,还是科幻想象中,脑机融合建构出来的超人类或后人类景观将开启新的人文探究,并带来极大的伦理与社会争议。

二、脑机接口的伦理—社会后果

脑机接口技术自诞生以来便伴随着相应伦理问题的争议,特别是技术爆发阶段之后,随着技术的超越式演进,其带来的伦理问题越来越显著,也引起了各领域更为广泛的关注。2002 年,由 AAAS(美国科学促进会)、《神经元》(*Neuron*)杂志与斯坦福大学等机构联合发起了一系列颇有影响力的研讨会,聚集起众多神经科学与伦理学领域的科学家就神经伦理学问题展开相应探讨,其中最后一次会议产生了重要的学术与社会效应,相关成果被集结成《神经伦理学:领域绘制》(*Neuroethics：Mapping the Field*)一书;2006 年,国际神经伦理学学会(INS)得以成立;2008 年,神经伦理学杂志《神经伦理学》(*Neuroethics*)创刊;2009 年,《神经伦理学》(*Neuroethics*)与《神经网络》(*Neural Networks*)杂志上有两篇开创性文章被发表,主要是探讨脑机接口的神经伦理学问题;2017 年,有二十多名研究者联名在《自然》(*Nature*)上发表了《神经技术与人工智能的四大伦理重点》(Four Ethical Priorities for Neurotechnologies and AI)一文,发出了必须对神经科学伦理加强关注的倡议,并提出脑机接口技术和 AI 技术需要在安全性、准确性、能动性、平等性与人的隐私尊重和保护、身份认同和自我同一性、自由意志等伦理方面的问题着力,这些研究者涉及伦理学、神经科学、计算机科学和医学等领域。

脑机接口技术的发展对用户的长期影响在很大程度上仍然是未知的。首先会存在安全风险,尤其是侵入式设备的应用,相比非侵入式设备对人脑皮层电信号的采集,其能够将电极植入到颅腔内脑皮层中,收集到的信号质量会更高,定位也相对更加精确,但是其对个体却意味着较大的创伤和更高的风险可能,在植入过程中可能会使大脑组织产生局部机械损伤和一系列的排异反应,例如,"菲尔·肯尼迪(Phil Kennedy)当时使用侵入式电极信号收集数据,相比非侵入式脑电设备,如利用皮层脑电 P300 信号响应获取信号来解析,可以更加精确有效地实现交流"①,但是,电极植入后的负面效应和其他不可控性使用问题都是显而易见的。其次是会带来相应的个人隐私安全及思想控制问题。脑机接口技术的应用背后基本是大数据公司在操纵,他们会根据用户的网页浏览习惯来定制化推荐商品和广告,基于脑机接口的数据分析携带了丰富的个人信息,对个人特性的描述不断地趋向全面、准确和深入,其应用可涉及个人最为核心的隐私,关乎精神内容,例如,Facebook 公司会根据用户在平台上的使用数据来预测个体的性别、职业、人格特征,并可以研究和检测个体的自杀倾向以采用相应的干预措施,Facebook 也曾因违规泄露用户数据而被起诉。就像很多科幻叙事中所展现的未来一样,我们有能力增强长期记忆或者生产虚假记忆,这可能会开辟许多虐待模式,在一些科幻叙事中对此已经有所预测和呈现,此时,技术是一种补充(supplement),"它似乎能通过随意地返回任何发生的场景,而使主体(不管这种能力是有局限的还是虚幻的)解释其出现的状况"②。然而,"对于记忆的主体或自我来说,尤其令人不安的不仅是对假体记忆形式的依赖,而且是现在没有了遗忘的空间"③。人类被脑机接口技术束缚在曾经出现和目睹的过去上,这显示了"这一记忆档案的破坏性性质,因为它导致了主体的孤立,并且最终导致了他或她的社

---

① 李佩瑄,薛贵.脑机接口的伦理问题及对策[J].科技导报,2018(12):40.
②③ 姚富瑞.技术与感知:后人类语境中的美学问题[J].马克思主义美学研究,2019(1):163.

会关系的破坏"①,主体不得不与非人类他者性技术共存,无论这种非人是内在于自身还是外在于自身,都使得我们可能已经是后人类了。

脑机接口和认知增强技术的发展会不断影响社会公平公正问题,其带来的技术鸿沟问题会日益凸显。智能增强设备的使用会受制于收入和社会地位,更深层的神经技术,也即在大脑活动和外部设备之间建立直接通信途径的任何技术,代表了人类增强叙事中的一个终点,也是对我们在技术上超越自身局限性的能力范围进行推测性调查的试验场。它们并不是单纯地扩展特定的官能或器官,并战胜特定的有限约束,而是作用于有限自我本身的限制。我们对一种自我封闭的内在性的限制,在哲学文献中被称为"内在性",正如谢林(Schelling)所说,这种内在性是所有经验起源的"原始限制",无论是身体的还是智力的,它是我们最终的基础和最一般的标志,是所有特殊限制的基础和条件。一旦这一新兴增强技术被少数强大集团所控制,这类"生物—基因"层面的操纵将会产生新的难以逆转的技术鸿沟与"极权盛行"。

脑机接口技术的发展应用使人不断数字化,伴随着技术创新及发展,会对人的感知进行改写和重塑,并在文化转型时期带来新的挑战和可能性。人类大脑能力和身体能力的增强带来了超人类主义与后人类主义问题,使得何为人类的本质被刷新。首先,以脑机接口为代表的新兴增强技术导致自然生命现实和人造现实之间的区别被破坏,打破了客观现实本身中"生命的"与"人工的"界限;其次,脑机接口技术与其他各类新兴增强技术的融合发展全面释放着其营造"真实"的经验的潜力,模糊了客观现实及其表现之间的区别;最后,脑机

---

① 姚富瑞.技术与感知:后人类语境中的美学问题[J].马克思主义美学研究,2019(1):164.

接口技术与人工智能、虚拟现实及各类新兴增强技术的融合,使得对客观现实及其表现进行感知的自我的身份发生崩溃,解构主义的去中心化的主体成为我们在日常经验中可以触知到的赛博化主体。我们的日常经验正是以这三个在逻辑上彼此相连的层面为基础的。脑机接口技术对客观现实进行重新配置,现实的技术构成性打破了真实现实与虚拟现实之间的伦理关系结构,催生了对现实感知的伦理争议。脑机接口技术对人的感知进行着改写和重塑,主体的技术调解性模糊了客观现实本身中"生命的"与"人工的"伦理区别,使得以视觉为中心的单一感官伦理以及个体主体,开始转向以多感官重新分配以及感官平等为基础的集体主体性新模式。与此同时,脑机接口技术作为根本上"非人类"但却使人类成为其所是的形式,使得后人类语境下,他者参与了主体的感性生成过程,导致人类主体的"自然"构成伦理发生崩溃,呈现出审美认同的新伦理状况。

像唐娜·哈拉维、凯瑟琳·海勒斯、罗西·布拉伊多蒂、嘉里·沃尔夫、布鲁诺·拉图尔等后人类领域的典型代表,则在一定程度上突破了动物、植物、机器等一定要以"人类"作为参照甚至样板,并从拟人视角去看待相关问题的迷思。实际上,在后人类时代,人类、动物、植物与机器会发生交互式分布并形成一定系统,它们密切纠缠(entwine)在一起。当一个人打开某种电子设备的时候,事实上,他就与信号中继塔、网络结构、电子缆线等连接在一起。在海勒斯看来,这就构成了一种无意识认知组合或装配,当人关闭电子设备之后,人就不再是这个组合中的一部分了,但是认知组合却是仍然存在着的。这样看来,人类将不再是未来物联网的中心,人的中心地位便被去除了。然而,相对于海勒斯的无意识研究路径来说,以布拉伊多蒂、嘉里·沃尔夫为主要代表,她们在某种程度上属于认识型路径,这种认识型路径与话语、范式的转移相关。如此,她们在不同程度上突破了人类中心主义的认知形式,更多地站在人与物亲密纠缠或平等的视角与立场上来反思并推进相关问题的研究。"后人类理论家一直坚持基于集体生态思想的后人类伦理的可能性。"①"后人类伦理是一种生成过程,即生成伦理(becoming-ethical)。"②这与将道德规则和协议作为自我保护的一种形式相去甚远。在后人类境况中,主体完全沉浸在一种与动物、植物、病毒和技术的非人类关系网中,"这种以过程为导向的主体愿景表达了一种责任基础形式,其以对共同体的新要求和'协同道德'(collaborative morality)的归属为基础"。③如此,后人类伦理呈现为去中心化、开放和分享的理论和方法论形态。其要求我们在与他者的亲密纠缠关系中,保持对他者的开放、兴趣和好奇,并就这些相遇的伦理问题及其协作事宜进行协商。有学者认为这是一种责任性伦理,它是关于我们所是其中一部分的活态生成关系中的责任和义务。

三、当代中国与脑机接口

2022 年 11 月中国信通院正式发布了《脑机接口总体愿景与关键技术研究报告(2022 年)》,对脑机接口的发展状况进行了全面描述,提出了"脑智芯连,思行无碍"的总体愿景目标。这是脑机接口产业发展的总体愿景,"脑"寓意为大脑和思维意图,"智"寓意为人工智能和类脑智能,"芯"寓意为以芯片和计算能力为代表的外部设备,"连"有通讯、接口、内外连接与协同三重含义。通过"脑智芯连"的科学融合,实现"思行无碍"的目标,即期待大脑及人类智能和外部设备相互

---

① Rosi Braidotti, Maria Hlavajova. *Posthuman Glossary* [M]. London, Oxford, New York, New Delhi, Sydney: Bloomsbury Academic, 2018:28—29.

② Rosi Braidotti, Maria Hlavajova. *Posthuman Glossary* [M]. London, Oxford, New York, New Delhi, Sydney: Bloomsbury Academic, 2018:222.

③ Rosi Braidotti, Maria Hlavajova. *Posthuman Glossary* [M]. London, Oxford, New York, New Delhi, Sydney: Bloomsbury Academic, 2018:223.

连接后,人类的思想和行为控制之间,不再有疾病和空间的阻碍;人类的能力得到显著增强,大大降低神经疾病带来的痛苦。该研究报告还提出了脑功能评估与辅助诊断、脑纹识别、工业安全生产、有创神经调控、无创神经反馈、对外交流沟通与外设控制七大典型应用场景的关键指标要求,多领域理论、技术和工程协同发展推动脑机接口技术应用的落地,主要在医疗、康娱、交互等多领域展现其强劲潜力。脑机接口的应用可促进科技发展,主要是促进脑科学研究、人工智能技术和类脑技术的发展,促进下一代人机交互技术的发展;可改变生活,在检测睡眠、加强娱乐体验、拓展商业营销手段、体育训练、工业安全生产等方面有突出表现;可助老优生,为老龄化导致的神经系统疾病提供解决思路,有利于优生优育,协助婴幼儿疾病的筛查预防;可替代治疗,替代或改善传统神经疾病疗法,推动数字处方技术的发展,促进医疗健康产业数字化转型;可增强能力,使人的数字化加入智能感知,与外界交互更友好,增强大脑与人体功能。

非植入式脑机接口技术已在娱乐游戏、汽车、营销、疾病治疗和助残方面开展应用尝试,在状态检测、神经调控和对外交互方面表现突出。植入式脑机接口技术有望最先在医疗场景局部落地应用,电极记录能力显著提高,生物相容性难题有所突破,植入手段被证实人体可行,长时间植入使得商用成为可能。这一切使得脑机接口在多领域市场存在广泛受众群体,面向疾病诊断和治疗的庞大患者及需求,脑机接口技术应对部分神经疾病疗效较好,副作用小,技术成熟落地越来越引发大规模市场需求的爆发,其在运动康复和辅助交流领域将展现大作为,适用范围也很广,有望为体育、娱乐和消费带来全新的用户体验。在产业发展方面,脑机接口应用落地离不开关键技术的突破,工程技术的革新,科研工具平台的支撑,标准体系的推动,测试验证体系的完善,科技伦理的共识,需要"多学科协作、多行业协同",通过"产学研用医政"协同创新体系来逐步实现。

中国相对于美国等西方国家对脑机接口技术的研究起步较晚，但重视程度不分伯仲。在"十四五"规划和 2035 年远景目标纲要中提出，"人工智能和脑科学为国家战略科技力量，脑机接口技术被列为关键技术之一"①，"脑科学和类脑研究"已被列入国家重大科技创新和工程项目，"脑功能和脑重大疾病的基础研究""神经发育的基础研究"被纳入国家高科技发展重点计划与国家重点基础研究发展计划。《国家中长期科学和技术发展规划刚要（2006—2020 年）》将"脑科学与认知"列入基础研究的 8 个科学前沿问题之一。"十三五"规划中确定脑科学为重大科技创新项目和工程之一，"将围绕脑与认知、脑机智能和脑的健康 3 个核心问题，统筹安排脑科学的基础研究、转化应用和相关产业发展，形成'一体两翼'的布局，并搭建相关关键技术平台"。②中国科学院也于 2022 年初成立脑科学和智能技术卓越创新中心。社会各界对脑科学尤其脑机接口行业中的各产业、学校、研究给予了充分的发展支持，促进了区域发展，在北京、上海、浙江和广东形成了集聚效应。2022 年 1 月，国内成立数月的脑虎科技（NeuroXness）宣布完成 9700 万元的天使轮及 Pre-A 轮融资，成为国内脑机接口领域最大规模的早期融资，主要投资的机构涉及盛大、红杉资本和涌铧等。全球脑科学创业企业获融阶段多集中于中早期，中国市场位列全球第二，其中的脑机接口为此赛道最热细分领域，火热的投融资市场有利于盘活中小企业，促进行业的长远发展。中国人口基数庞大且老龄化日趋严重，高交通事故率导致慢性病患病率与残障人群逐年增长，庞大的患者群体基数扩大了对脑机接口

① 林肖.2023 趋势性技术发展洞察及影响[J].产城.2023(2):47.
② 中国神经科学学会"神经科学方向预测及技术路线图研究"项目组.脑科学发展态势及技术预见[J].科技导报.2018(10):10.

的需求,未来行业发展潜力巨大。

目前,脑机接口的发展阶段还处在实验室展示的水平,距离真正的商业化还有一定距离。自 20 世纪 70 年代第一次提出脑机接口的概念以来,许多国家实验室通过不断的研究和探索,研发了多种脑机接口的实现方式,也在不断拓展脑机接口的应用领域。当前,各国实验室对脑机接口的研究主要集中在临床医学上对残障人士的康复训练,如交流和运动恢复等方面。随着对相应技术的进一步探索,脑机接口还将被广泛应用于教育、军事、娱乐和智能家居等领域。未来,脑机接口将成为一种全新的控制和通信方式,人们不仅可以借助脑机接口技术完成身体方面的康复,还可以提高认知能力、记忆力与专注力等能力,同时,非侵入式脑机接口也将从简单的运动区域分析发展至更多脑区的运动区域分析,这将大大地拓展人类的思维,并将人类带入超人认知时代。

中国虽然相对于美国等西方国家对脑机接口技术的研究起步较晚,但同样高度重视对相关技术的探索,尤其是脑科学与类脑研究。2016 年,中国"脑计划"正式启动,其主要包括两个方向:"以探索大脑秘密、攻克大脑疾病为导向的脑科学研究,以及以建立并发展人工智能技术为导向的类脑研究"①。在脑机接口走向当代生活的过程中,同样面临着跨学科的复杂性、安全伦理问题与技术成熟度低的问题。脑机接口技术是多学科交叉的研究领域,其涉及的学科包含信息工程、计算机工程、生物工程、运动健康和神经学等多个科学领域。脑机接口的发展需要多个学科发展的共同支撑,然而任何一个学科的落后都容易造成短板效应,制约脑机接口的长远发展。脑机接口在非技术类问题上也存在诸多难点,主要是安全和伦理质疑,包括黑客攻击、意念控制、数据窃取,甚至人性问题、审查问题、隐私问题等。

---

① 赵地.当脑科学研究"遭遇"未来机器人[J].机器人产业,2016(3):14.

脑机接口的落地应用势必会伴随着一系列相关法律法规的制约,在此基础上才能实现规模化。从脑机接口技术的角度来看,医学上神经元数量庞大且复杂,当前对大脑反馈刺激和大脑工作机制的研究十分有限,同时,对脑机接口技术的研究尚处在解决"从脑到机"方向的输出和控制问题,但控制的效率和准确率却很低。研究"从机到脑"的问题难度更大,原因是目前神经科学相对于神经编码的具体方式还处于未知状态。此外,在信号采集的过程中,非侵入式接口存在采集信号差的问题,而侵入式接口需面临对脑部损伤的问题,随着接口植入时间的延长,穿刺电极被炎症细胞覆盖将会导致信号丢失。

总体而言,我国脑机接口的发展趋势也正在经历从科幻想象逐步走向现实。早在二十多年前,对于无创脑机接口的研究就已在清华大学开展,主要是针对航天员训练进行离心机实验环境中受训人的大脑意识状态检测,通过脑机接口系统来分辨航天受训人是否意识清醒。后来,这种以脑电状态为基础对人精神状态的评估以及基于用户需求给予特定反馈的技术形成了多类应用领域,其聚焦于更为轻便的可穿戴设备开发,在各类健康场景、教育场景和消费类场景中展开应用。当前,国内的脑机接口应用医疗健康研究也在不断发展。清华大学脑机接口团队在 2018 年设计了一套中文输入的视觉脑机接口系统,该系统主要是针对一位渐冻症患者而设计的,以帮助他完成脑控打字的任务,这套全国产化、高舒适度、高速的人机交互新模式系统在国际也处于遥遥领先的地位。目前,这一技术也已经在元宇宙、医疗、智能装备和车载等与国民经济息息相关的重要行业领域走向应用。脑机接口技术作为一项应用前景广泛的高新技术,其在我国的发展得到了国家政策的大力支持,相关关键技术标准不断被制定并升级,研发投入度高,产业应用落地化也在不断优化,多方协同亦日趋强化,国家也非常重视对脑机接口的科普教育工作,致力于为脑机接口建设培养和储备后备人才队伍。未来,脑机接口技术将不断致力于改变人们的生活方式,为产业发展赋能,为后人类时代的全新媒介技术景观注入新活力。

视觉智能

宋根成

随着人工智能技术的飞速发展,视觉智能(Visual Intelligence)在其中变得越来越重要。作为计算机视觉与人工智能的融合学科,视觉智能的主要目的是让机器可以理解视觉场景。简单来说,研究者让计算机对于图片或者视频等视觉场景不断地学习,进而分析视觉信息,最终达到自主理解视觉场景的水平。[①]在这一领域,中国已经取得了重要的进展。本报告旨在介绍中国在 2021—2022 年期间在视觉智能领域所取得的成就和未来的发展前景,同时介绍这一领域定义和历史性发展,以及这一领域的新趋势和技术应用及其里程碑式事件,从整体上提高对视觉智能技术的认识和了解。

视觉智能在许多领域都有广泛的应用,例如安全监控、智能交通、医疗影像、零售、智能家居等。在安全监控领域,视觉智能可以帮助监控人员快速识别可疑行为和异常事件,提高安全监控的效率和准确性。在医疗影像领域,视觉智能可以帮助医生快速分析大量的医学影像数据,提高诊断和治疗的效率和准确性。

视觉智能作为一个概念在计算机视觉领域相对较新,其具体的起点难以精确界定。但是,可以说视觉智能的研究起源可以追溯到20 世纪 80 年代。研究人员开始关注如何使用计算机技术和算法来实现对图像的高级理解和推理。在这个时期,机器学习和人工智能

---

① 谭雅苧,李倩,王建标.视觉智能发展与应用[J].电子技术与软件工程,2019(8):240.

的技术得到了迅速的发展,并逐渐应用于计算机视觉领域。例如,基于神经网络的模式识别算法在这个时期得到了广泛的研究和应用。

20世纪90年代是人工智能(AI)领域的"寒冬时期",主要是由于当时的计算机硬件和软件技术限制了AI技术的发展,导致了研究进展缓慢。视觉智能技术作为AI技术的一部分,也受到了影响。

在这段时间里,视觉智能技术的研究仍然在进行,但进展缓慢。因为当时的计算机处理速度和存储容量都非常有限,而且计算机视觉和图像处理技术也还不够成熟,所以对于实际应用的场景有很大限制。

度过了"寒冬","人工智能研究的新模型着眼于智能的次符号表现,并采用非演绎和启发式方法来处理不确定或不完整的信息。摆脱了符号逻辑,AI系统出现了,它们能够通过与环境的交互通过反复试验直接学习。这些嵌入式代理是学习机器,通过感觉运动响应检索信息,使代理能够通过在交互节点之间构建神经连接来映射和导航空间。这些模型的核心思想是智能,不是自上而下执行的程序,而是自动化系统需要开发智能技能,其特征是基于对已排序信息的交互式检索,快速、无意识、无等级的决策顺序通过反复试验来确定功能。统计方法对于这种向非演绎逻辑的转变以及信息的放大或非单调处理的扩展尤其重要"。[①]

视觉人工智能发展的一个里程碑是2010年代中期引入了深度学习算法,特别是卷积神经网络(CNN)。事实证明,CNN在图像识别、目标检测和分割等任务中非常有效,为开发更复杂的视觉人工智能系统铺平了道路。另一个重大突破出现在2015年,当时谷歌的研究人员开发了DeepDream算法,该算法使用CNN生成高度复杂且具有视觉吸引力的图像。计算机视觉领域。近年来,生成对抗网络

① Luciana Parisi. Critical Computation: Digital Automata and General Artificial Thinking[J]. Theory, Culture & Society, 2019, 36(2):89—121.

(GAN)的发展也是视觉人工智能领域的一个重要里程碑。GAN 允许生成高度逼真的图像,这些图像可用于各种应用,包括娱乐、设计和广告。

总体而言,虽然在过去十年中视觉 AI 取得了许多重要发展,但深度学习算法(特别是 CNN)的引入和 GAN 的发展造就了该领域的主要方向。

一、视觉智能的定义

视觉智能(Visual AI)是人工智能技术最令人兴奋的应用之一。该技术旨在"教"会计算机如何"看"世界,它与自然语言处理及语音识别并列为机器学习领域的三大热点方向。

这个领域可以追溯到 20 世纪 60 年代的计算机视觉和图像处理研究。它的原理是利用计算机视觉和深度学习技术,通过对图像和视频进行分析和理解,从中提取有用的信息和知识。视觉智能可以帮助我们识别物体、人脸、文字、场景等,进行图像和视频的分类、识别、检测、跟踪等任务,具有广泛的应用前景。利用计算机视觉和深度学习技术,这是说明视觉智能技术不仅旨在解决"Seeing is Believing",还要实现"Seeing is Learning(眼见为学)"!

当然,这里有一些额外的陈述可以添加到"眼见为何?"的列表中。需要说明的是,因为人工智能快速算法,快到我们无法理解的地步,因此"眼见为何?"应该表述为眼见即什么。

对于视觉人工智能:**眼见即理解**:视觉人工智能可以通过识别和解释视觉信息,帮助我们更好地理解周围的世界。**眼见即预测**:通过分析视觉数据,Visual AI 可以预测接下来可能发生的事情,例如预测移动物体的轨迹。**眼见即发现**:视觉人工智能可以帮助我们发现视觉数据中的新模式和新关系,这些可能很难或无法用肉眼检测到。

眼见即交流：视觉人工智能可以帮助我们更有效地交流视觉信息，方法是将图像和视频自动翻译成文本，或者生成更容易被人类理解的可视化效果。**眼见即创造**：视觉人工智能可用于通过以新颖的方式合成和操纵视觉信息来创造新形式的艺术、设计和媒体。

对于很多视觉智能爱好者来说，往往会混淆计算机视觉和智能视觉之间的关系。其实，二者都是研究如何让计算机系统能够理解和处理图像或视频信息的领域，但它们的研究范畴和目标略有不同。简单来说，计算机视觉主要关注如何使用计算机技术和算法对图像或视频数据进行自动化处理和分析，研究领域包括图像处理、特征提取、目标检测、图像分割、物体识别、三维重建等。主要目标是让计算机系统能够像人类一样"看"懂图像或视频，从而实现一些自动化任务和应用。相对来说，智能视觉则更加侧重于实现对图像或视频的理解和推理，从而使得计算机系统能够具备类似人类的智能和认知能力。研究领域包括模式识别、机器学习、深度学习、知识表示和推理等。主要目标是让计算机系统能够像人类一样从图像或视频中提取出重要的信息和知识，并利用这些信息和知识来实现更加智能化的应用和服务。

因此，可以说计算机视觉是智能视觉的基础和核心技术之一，而智能视觉则是计算机视觉的进一步发展和延伸，其目标是实现对图像或视频的更加深入和高级的理解和推理。

总的来说，视觉人工智能有可能改变我们看待世界和与世界互动的方式，使我们能够从以前无法访问或难以解释的视觉数据中提取意义。

二、中国的视觉智能研发现状

近年来，国内国外的视觉智能领域的相关研究层出不穷，包括人脸识别、行人跟踪、目标分类与识别、视觉问答（VQA）、语义分割、姿态估计、行为识别、场景理解等。

中国的视觉智能研究和发展在国际范围究竟处于何种地位，对此，国内有学者指出：

> 第四次工业革命到来之前，中国、美国、欧盟、英国、日本，都围绕着深度学习、超级算力、工业软件、智能系统这几方面做了深入布局，其中，最有代表性的就是中国和美国。从中、美对比来看，美国在自然语言处理、机器学习、计算机视觉领域非常强大，而中国更多在应用与计算机视觉和图像、机器人和 NLP 自然语言处理领域有更多积累。2020 年，中国人工智能的论文数量第一次超过了美国，但引用次数、论文影响力比美国稍差一点。在一些大公司的布局上，人工智能的竞争核心也由一些高等院校不断转入到现在的"巨无霸"企业，美国主要是谷歌、Facebook、亚马逊、微软，中国更多则是阿里、腾讯、字节跳动、华为等。人工智能的竞争从研究层面到企业层面，再到应用层面，目前发展得非常快。[1]

（一）发展规模

作为视觉智能的一个子领域，机器视觉的发展或许可以从侧面说明一些当前视觉智能的发展热潮。据统计，2018—2021 年，中国机器视觉市场规模由 102 亿元增至 181 亿元，其间 CAGR（复合增长率）为 21.07%。2022 年全球视觉人工智能市场销售额达到了 113.51 亿美元，预计 2029 年将达到 218.10 亿美元，年复合增长率为 10.51%（2023—2029 年）。地区层面来看，中国市场在过去几年变化较快，2021 年市场规模为 26.29 亿，到了"2022 年，市场规模为 28.12 亿

---

① 吉菁菁.最强大脑＋火眼金睛[N].北京科技报，2021-04-12(006)．DOI：10.28030/ n.cnki.nbjkj.2021.000100．

美元,约占全球的 24.77%,预计 2029 年将达到 61.72 亿美元,届时全球占比将达到 28.30%"。①

在 2021—2022 年期间,中国在视觉智能领域取得了重要的成就。中国的视觉智能技术已经在许多领域得到了应用,如安防、医疗、交通等。中国的人脸识别技术已经成为全球领先的技术之一。除此之外,中国的视觉智能技术在其他领域也取得了显著的进展,如无人驾驶技术、智能制造技术等。

据 2023 年 3 月 16 日发布的《2022 年中国人工智能产业研究报告》②显示,人工智能投资热度仍在,其中,融资向中后期过渡,**视觉赛道**企业上市浪潮涌动:**部分计算机视觉赛道企业已完成交表动作。**虽然,相较 2021 年,2022 年我国人工智能产业资本市场投资金额整体缩水,但投资标的更加丰富,孵化出 AIGC、元宇宙、虚拟数字人等新投资赛道,认知与决策智能类企业也吸引更多关注,智能机器人、自动驾驶无人系统是融资的两大热门赛道。

在推动深度学习、运筹优化、NLP、知识图谱等技术的高度产品化整合上,……主要使用机器学习、NLP、知识图谱技术,辅以**计算机视觉**、智能语音等技术形成高度场景化的解决方案。而**计算机视觉**依然是 AI 产业规模的主战场。据赛道参与厂商众多,包括 AI 视觉软件算法厂商、传统安防厂商、云服务厂商、视觉模组等硬件厂商和承担项目实施的集成商。各家以应用场景、产品类型(软硬一体、纯软标准化平台/定制化软件解决方案、硬件)、渠道经验等为市场切入点,选择一个或多个垂直业务领域。据艾瑞测算,2022 年我国 AI 视觉产品的市场规模占整个人工智能行业的 42.4%,达到 830 亿元。2027 年相应规模可达到 1644 亿元。

① bili_49145129318.全球及中国视觉人工智能行业"十四五"规划与发展前景分析报告(2023—2029 年)[EB/OL]. (2023-03-20). https://www.bilibili.com/read/cv22520944/.
② 艾瑞集团.2022 年中国人工智能产业研究报告(Ⅴ)[EB/OL]. (2023-03-16). https://caifuhao.eastmoney.com/news/20230316080250937465610.

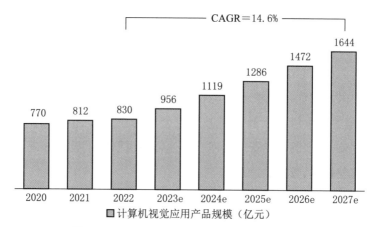

图 1　2020—2027 年中国计算机视觉产业规模

来源:艾瑞咨询研究院根据专家访谈及公开资料自主搭建模型测算绘制。

计算机视觉落地行业赛道特征显示营收增长和业务持续是核心生命力,不足之处,视觉识别技术提供商不能单兵作战,也需具备联合开发的软能力。

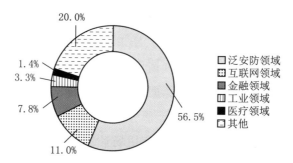

图 2　2022 年中国计算机视觉应用下游领域分布

来源:艾瑞咨询研究院根据专家访谈及公开资料自主搭建模型测算了绘制。

如图 2 显示,2022 年中国计算机视觉应用下游的热门行业是泛安防(公安交通、社区楼宇)部门,"十四五"规划,要求推进全面智能化安防建设,调整优化产业结构,行业从点对点建设正逐步过渡到全面化建设,与智慧城市建设交叉;医疗、能源和工业等具有战略意义、发展空间极大,但容易陷入审批缓慢、审慎性强的情况。机器人

（AGV/AMR/机械臂）和自动驾驶等技术融合应用领域则需求比较繁杂,更深的算法能力与更深的场景理解是获取市场竞争的基础。

（二）发展特点

1. 基于深度学习的图像处理技术进一步成熟:在2021—2022年期间,基于深度学习的图像处理技术不断成熟和发展。在人脸识别、图像分割、物体检测等领域中,基于深度学习的算法表现出了卓越的性能。同时,一些新的深度学习算法和网络结构也被提出,进一步推动了图像处理技术的发展。

2. 视频分析技术实现了快速发展:随着视频数据的爆炸式增长,视频分析技术的研究也得到了快速发展。在2021—2022年期间,视频分析技术的研究方向包括视频目标检测、跟踪、行为分析等多个方面。在市场上,视频分析技术也得到了广泛应用,特别是在安防、交通、智慧城市等领域。

3. 3D视觉技术开始获得重视:在2021—2022年期间,3D视觉技术开始获得越来越多的重视。3D视觉技术可以实现对场景的三维建模和实时跟踪,为VR、AR等领域提供了重要的支持。同时,在智慧城市、无人驾驶、智能制造等领域中,3D视觉技术也具有广阔的应用前景。

4. 视觉智能技术与物联网技术融合:在2021—2022年期间,视觉智能技术和物联网技术开始逐渐融合。通过视觉传感器和物联网设备的连接,可以实现对物理环境的实时感知和监控。在智慧城市、智能家居、工业等领域中,视觉智能技术和物联网技术的融合将为实现智能化提供更为便捷的解决方案。

总的来说,在2021—2022年期间,中国视觉智能新技术的研发、应用和市场规模都取得了不少进展,这些技术的发展将为中国经济的快速发展和产业升级提供重要支撑。中国视觉智能技术发展迅速,政府积极推进人工智能技术的发展。中国科技公司在视觉智能领域取得了重大进展,包括物体识别、人脸识别、视频监控和图像识别、智能交通和医疗影像等领域。这些技术已经广泛应用于安防、金融、教育、交通管理和医疗影像等领域,带来了高效和准确的解决方案。

(三) 中国人工智能发展的里程碑事件

最近四年中国在视觉人工智能领域研发和应用均取得突破,以下是代表性的里程碑事件:

2019 年:华为推出了 AI 芯片"Ascend 910"和"Ascend 310",这些芯片专门设计用于加速深度学习和计算机视觉任务。

2019 年:阿里巴巴推出了"ET Brain",这是一个基于 AI 的城市大脑平台,可以实现智能交通、智慧环保、智慧医疗等应用。

2020 年:华为发布了"MindSpore",这是一款开源的深度学习框架,可以用于图像识别、语音识别、自然语言处理等任务。

2020 年:商汤科技发布了全球最大的 AI 芯片"天玑 2",这款芯片可以在多种计算机视觉任务上实现高效的加速。

2020 年:百度发布了全球首个实时多语种文本翻译系统"翻译多多",该系统可以实现多种语言之间的实时翻译。

2021 年:中国科学院自动化研究所发布了全球首个基于视觉的人机对话系统,该系统可以通过识别手势、表情等方式实现人机交互。

2021 年:旷视科技发布了"旷视智能零售"解决方案,可以利用计算机视觉技术实现智能商品识别、智能货架管理等应用。

2021 年:中国的一家自动售货机公司推出了一款能够使用人脸识别技术的自动售货机,该售货机可以根据消费者的面部表情自动调整推荐的产品。

2022 年:华为发布了一款全球领先的高性能 AI 芯片"昇腾 9",该芯片可以实现高效的计算机视觉、自然语言处理等任务。

这些事件都显示出中国在 AI 领域的快速发展和技术创新能力。

但是在过去的三年,COVID-19 病毒世界大流行,影响很多科研机构的工作。下面的图表展示各个年限的我国视觉人工智能研发论文数量的变化情况。显而易见这个后疫情的前三年内,中国关于视觉智能的研究论文明显缩水或减少。经过分析,主要原因在于:

1. 资源调配:COVID-19 疫情对中国的科研活动带来了一定的冲击,可能导致研究机构的资源被转移到与疫情相关的领域,如生物医学等,而减少了在视觉智能领域的投入。

2. 数据采集:视觉智能的研究需要大量的数据集和样本,然而由于 COVID-19 疫情的暴发和控制,可能导致一些数据集和样本的采集和整理工作受到了影响,从而减少了相关研究的数量。

3. 实验室关闭:COVID-19 疫情对全球科研机构的影响不仅仅是资源和数据采集等问题,还包括实验室关闭、实验设备无法使用等问题。这可能会导致实验室实验减少,从而减少相关研究的数量。

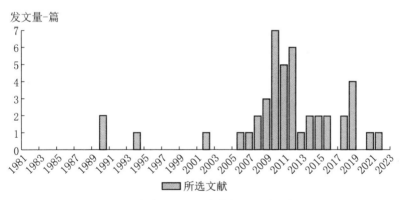

图3　视觉智能的研究论文发表数量总体趋势分析图

（数据来源:中国知网）

三、中国视觉智能技术的应用

视觉智能技术已经被广泛应用于各个领域,以下是一些日常生活中常见的应用:

（一）安防领域

中国的人脸识别技术已经成为全球领先的技术之一。中国的安防行业已经开始广泛使用人脸识别技术，以提高公共安全水平。已经被广泛应用于安防、门禁、考勤等领域，例如人脸识别门禁系统、人脸识别支付等。此外，中国的安防领域还利用视觉智能技术进行视频监控和智能分析，以便快速检测和应对安全事件。

（二）医疗领域

中国的医疗行业也开始利用视觉智能技术。视觉智能技术可以帮助医疗系统实现自动化图像分析、病情诊断和手术辅助，提高医疗效率和准确性。例如，医疗机构可以利用人工智能诊断技术来辅助医生进行疾病诊断。此外，医疗机构还可以使用视觉智能技术来进行医学图像的分析和识别。医疗影像诊断需要对 CT、MRI 等影像进行分析和判断，视觉智能技术可以协助医生快速地找到病患区域，节省宝贵的抢救和及时治疗的时间。

（三）交通领域

视觉智能技术可以帮助汽车、卡车、船舶等交通工具识别周围环境，预测并应对潜在的危险，从而实现更加智能和安全地驾驶。视觉智能技术在中国的交通领域也得到推广利用，并嵌入到了每个公民的日常出行中。常见的功能是，交通部门利用视觉智能技术进行抓拍车辆行人的违章违法行为，进行交通流量分析和路况监测等工作。中国的无人驾驶汽车技术正在发展，这将带来更加安全和高效的交通。自动驾驶技术需要对周围环境进行感知和判断，其中就需要用到视觉智能技术，例如汽车的前后摄像头和激光雷达。中国无人机制造和应用居于世界领先水平，航空领域可以充分利用视觉智能，对巡航的周边环境进行第一时间甚至提前感知和判断，例如无人机的航拍和目标检测等。

国内行业报告显示：目前我国的视觉智能研究及应用已经突破

了视觉安全驾驶中的关键技术,研发了视觉安全驾驶系列产品,研究成果和产品应用于……改善我国交通安全状况;同时有助于建立满足自主品牌整车平台发展的支撑环境,增强国产汽车电子产业国际竞争力,发挥重大的社会效益和经济效益。[①]

(四) 文化领域

迄今为止,视觉智能领域的人脸识别、行为跟踪、图像检索等技术已经成功应用在电影特效制作和短视频内容生产与传播当中,例如人脸识别成功应用于抖音、快手等短视频 APP,图像搜索引擎:图像搜索引擎可以通过图片来搜索相关的内容,例如在网上搜索图片、图书馆数字图书检索等。[②]

游戏和虚拟现实(VR)开始引入视觉智能技术。众所周知,游戏和虚拟现实需要对场景和角色进行识别和渲染,而视觉智能技术可以协助游戏开发者提高游戏的真实感和交互性。

元宇宙(Metaverse)游戏产业得到重视和发展。2020 年美国东部时间 4 月,美国著名网游《堡垒之夜》(Fornite)在疫情期间联合知名说唱歌手特拉维斯·斯科特(Travis Scott)在线上举办了一场虚拟演唱会。在演唱会中,一个巨大的特拉维斯·斯科特虚拟形象穿梭于游戏中的各个情景,玩家能够在此获得一种沉浸式体验。粉丝们以游戏玩家的身份进入,甚至与歌手本人互动。有超过 1200 万玩家参与了这场视觉盛宴。有评论说,这次活动引爆了 2021 年的元宇宙概念。

在疫情暴发之前,很多沉浸式游戏虽然打着元宇宙的旗号,或者披着元宇宙的外衣,实质上还是仿真版的沙盒游戏(Sandbox Games)。

---

① 李学伟,视觉智能在驾驶安全中关键技术及应用.北京市,北京联合大学,2020-08-05.

② 谭雅苧,李倩,王建标.视觉智能发展与应用[J].电子技术与软件工程,2019(8):240—241.

**图 4　美国著名网游《堡垒之夜》携手知名说唱歌手
特拉维斯·斯科特打造线上虚拟演唱会**

（出处：Astronomical）

随着疫情封控对游戏产业技术的倒逼，元宇宙技术实现了质的突破，同时吸引了大量资本的投入。国内融资的步伐和力度丝毫不落后于美国同行。

2021 年 3 月，移动沙盒平台开发商 MetaApp 宣布完成 1 亿美元 C 轮融资，SIG 海纳亚洲资本领投，这家公司号称要打造全年龄段的元宇宙世界。这笔融资，也是迄今国内元宇宙赛道最大规模的单笔融资。

4 月 20 日，游戏引擎研发商代码乾坤（号称"中国版 Roblox"）获字节跳动近 1 亿人民币的战略投资。

5 月 28 日，云游戏技术服务商海马云完成 2.8 亿元人民币新一轮融资。①

2021 年 9 月之后，中国元宇宙游戏开始加速发展。国产首款上市元宇宙游戏是百度今年 12 月 27 日开放的《希壤》，作为国内第一

① "元宇宙"火了，这玩意到底是啥？［Z/OL］.（2021-08-03）［2023-06-08］. https://blog.csdn.net/qq_38987057/article/details/119362584.

个试水元宇宙市场的游戏,百度的《希壤》与大家想象中的元宇宙相去甚远,并不能真正打破虚拟与现实世界的屏障。有专家估计,距离技术的成熟,中国元宇宙游戏产业真正升级还需要 3—4 年,目前尽管出现了诸如《我的世界》《蚁族崛起》《我的起源》《原神》《漫威超级战争》《万国觉醒》等排名前十的元宇宙游戏,虽然有了不小的进步,但还未实现实质性的突破,基本上处于探索阶段,只能提供简单和玩家交互的沉浸式体验,限于穿戴式设备技术条件,难以达到理想的具身化的游玩体验效果。

(五) 工业生产

中国视觉智能技术在工业生产领域的应用呈现出了不断增长的趋势,应用范围逐渐扩大,技术水平不断提高,取得了显著成效。

1. 安防和监控:视觉智能技术可以帮助监控和安防系统自动识别可疑行为或异常情况,并提醒相关人员及时采取措施。

2. 质检领域:视觉智能技术可以通过对工业产品的图像进行分析和处理,检测出产品中的缺陷和瑕疵。在汽车、电子、制药等行业,视觉智能技术已经广泛应用于产品的质检和分类工作中。

3. 制造领域:视觉智能技术可以帮助工业制造企业实现生产自动化、智能化和数字化转型。例如,在半导体制造行业,视觉智能技术可以帮助企业实现晶圆的自动定位、损伤检测、缺陷分类等工作,提高制造效率和产品质量。

4. 机器人领域:视觉智能技术可以帮助工业机器人实现更加灵活、精准和高效的生产操作。例如,在电子制造行业中,视觉智能技术可以帮助机器人完成芯片焊接、元器件装配等工作,提高生产效率和质量。

(六) 农业生产

近年来,中国视觉智能技术在农业生产领域的应用越来越广泛,在农业生产领域的应用前景广阔,可以帮助农民更好地管理和提高

农业生产效率。以下是一些主要的应用领域:

1. 农作物识别与分类:视觉智能技术可以通过图像识别和机器学习算法,对农田中的作物进行自动识别和分类。这有助于农民更好地了解他们的作物状况,为施肥、浇水等提供指导。

2. 病虫害监测:视觉智能技术可以通过拍摄农作物叶片或果实等图像,利用算法检测出可能存在的病虫害,并提供相应的解决方案。

3. 土壤检测:利用视觉智能技术可以拍摄土壤图像,并通过分析土壤颜色、纹理等特征,为农民提供有关土壤质量、肥力等方面的信息。

4. 农机自动化:视觉智能技术可以与农业机械结合,实现农业机械的自主导航、自动化控制和作业指导等功能,提高农业生产效率和质量。

5. 农产品检测与分级:利用视觉智能技术,可以对农产品进行自动检测和分级,提高产品质量和市场竞争力。

比如,将阿里云图像识别应用于室内植物工厂蔬菜种植生长状况的远程监测,可大大提高中国城市周边大棚蔬菜的生产问题。例如,可通过阿里云图像识别判断蔬菜叶片大小,决策出蔬菜处于哪个生长阶段,为不同生长阶段种植营养液的调配和植物 LED 补光灯能量的调控提供智能化数据支撑,节约了人工成本,实现了智能化控制,设备软、硬件投入少,研发周期短,可取得良好的经济效益。[①]

(七) 城市智能治理

视觉智能的目前最新的应用领域之一就是地理智能(Geo-AI)下的城市智能治理。地理智能用于国土资源分析比较常见,基本原理

---

① 王伟丽,夏滨,谢晓钟.阿里云视觉智能平台图像识别的应用研究[J].机电技术,2022(6):27—29+32.

对场景通过"深度学习＋计算机视觉"进行识别，目前应用正延伸到智慧城市的数字化建设中来。使用深度学习和计算机视觉的谷歌地图或腾讯地图，可捕获街景图片（Street Image）或社交媒体图片，对物质空间里的自然物或人群或人造物进行元素的分割和提取，比如提取出蓝色天空的占比和绿地的占有率等等；还可以对整体场景进行比对，提取感知信息，筛选最有代表性的场景等等；还可以对可视化的场景文本或要素推测出隐藏的或不可视或间接无直接关联的信息，如社会经济状况、人类活动规律等等。[1]

（八）弱势群体

视觉智能技术可以为视力障碍人群提供实质性的帮助，包括但不局限于以下各个场景：

无障碍阅读：视觉智能技术可以将书籍、杂志、报纸等纸质或数字文本转换成语音或文字，让视力障碍人群能够方便地获取信息。

视觉助听器：视觉智能技术可以实时识别周围环境，并将这些信息转换成声音或震动信号，使视力障碍人群能够感知和理解周围环境。

导盲辅助：视觉智能技术可以使用摄像头和传感器来检测和识别障碍物、交通信号、行人等，并通过声音或震动信号提供导航指引，帮助视力障碍人群出行。

视觉识别：视觉智能技术可以使用图像识别和语音交互技术，帮助视力障碍人群识别日常用品、人物、场景等，并提供相关的信息。

总之，中国的视觉智能技术可为中国城乡的视力障碍人群提供很多实质性的帮助，可以让他们以接近常人的方式、更加自主、独立地生活和工作。

---

① 张帆.城市视觉智能：基于街景图片感知城市空间[Z/OL].（2020-04-27）[2023-04-09]. https://k.cnki.net/CInfo/Index/4457.

四、中国视觉智能法制化建设

中国政府在视觉人工智能方面的立法基本与全世界进入疫情大流行时代的步伐同步。

中国在视觉人工智能技术方面的法律建设已取得以下几个主要里程碑事件：

数据隐私保护：《中华人民共和国网络安全法》等法律法规明确规定个人信息必须得到保护，视觉智能技术应当确保处理过程中的数据隐私安全。

人脸识别：2019 年，《中华人民共和国公安管理处罚法（修订草案）》出台，对于违反规定使用人脸识别技术的行为，将受到行政处罚。同时，中国国家标准化管理委员会也发布了人脸识别标准规范。

道路交通安全：2019 年，中国公安部和交通运输部联合发布《关于加强道路交通领域人工智能安全管理工作的通知》，要求企业开展相关技术研究和产品开发前必须进行风险评估和测试，确保技术安全和可靠性。

隐私保护评估：2020 年，中国人民银行、国家金融监督管理总局等多个部门联合发布了《关于加强金融机构人工智能治理的指导意见》，要求金融机构开展隐私保护评估，防范人工智能应用带来的数据隐私泄漏风险。

监管机制：2021 年，《中华人民共和国数据安全法》正式实施，明确规定对于涉及国家安全、公共利益和个人隐私等敏感信息的处理，必须遵守法律法规和相关政策规定，并明确监管机制和责任。同时，中国还设立了专门的监管机构，如人工智能开放创新平台和人工智能安全联盟等，加强对视觉智能技术的监管机制。

以上一系列法律法规的出台补强了我国在视觉人工智能合法应

用的短板,保障了人民群众的个人隐私,从法律上堵住了大数据杀熟、数据滥用的源头。

需要指出的是,不同国家和组织对于视觉智能技术的态度和政策可能存在差异。

并不是所有的国家都支持视觉智能技术的研发或扩散。以下是一些可能会反对视觉智能技术扩散的国家或组织:

一些发达国家,如美国和欧盟成员国,对于视觉智能技术的发展和应用有一定的限制和监管。例如,美国的国防部在使用视觉智能技术时要遵循一些规定,以确保技术不会被滥用或用于不当用途。

一些人权组织和隐私保护组织也反对视觉智能技术的扩散。他们认为这种技术可能会侵犯个人隐私和人权,并对社会带来不良影响。

一些政府和组织担心视觉智能技术的发展会导致失业率上升,从而对社会造成负面影响。因此,他们可能会试图限制视觉智能技术的应用范围。

在21世纪的人类战争中,视觉智能技术可以在许多方面发挥重要作用。例如,在乌克兰与俄罗斯战争中,无人机大量投入,其视觉智能技术可以帮助军方识别和定位敌军的位置,快速判断敌军的数量和武器装备,帮助指挥官做出更准确的决策。视觉智能技术还可以帮助军方监控战场,及时发现异常和问题,保障士兵和平民的安全。一些导弹采用计算机视觉和图像识别技术,使其能够通过自主地分析、处理、识别目标图像信息,并进行精确打击。例如,某些反舰导弹采用了被动成像制导技术,可以利用图像传感器获取目标舰艇的视觉信息,并根据这些信息实现精确打击。另外,还有一些新型导弹,采用了人工智能和机器学习等技术,使其能够进行更加复杂的任务,例如在目标区域内进行巡航、搜索、识别和攻击等。需要指出的是,导弹是一种具有极高杀伤力和破坏力的武器,应用视觉智能技术时,必须注意安全和伦理等问题,避免对无辜平民造成伤害和破坏。

五、中国视觉智能的未来发展前景

随着技术的不断进步,中国的视觉智能技术有着广阔的发展前景。未来,中国的视觉智能技术将在更多的领域得到应用,如智能制造、智慧城市等。

机器视觉技术的发展还面临很多问题。解决这些问题是机器视觉技术进一步发展的关键,也是未来机器视觉技术发展的趋势。

(一) 国内高端产品的硬件主要依赖进口

国内在智能相机与传感器研发中,结合光学物理学科是机器视觉系统中的相机及传感器发展的一个重要突破口。在工业镜头与光源上,研发高分辨率镜头和更小的光源是关键。

(二) 模块化的通用型软件平台和结合 AI 技术软件平台是视觉软件的发展方向

视觉软件会缩短开发周期并降低对开发技术人员的要求。由于与之相匹配的算法工具发展有限,导致机器视觉技术在智能性方面达不到工业场景应用要求,因此需加快相关算法的升级创新,从而进一步提升机器视觉系统的智能性,其中模块化的通用软件平台和结合 AI 技术软件平台是视觉软件的发展方向。

(三) 机器视觉由 2D 视觉逐步向 3D 视觉发展

随着算法算力的不断提升,为使机器视觉应用于更多复杂工业场景中,如基于机器视觉的三维重建及修补技术、三维扫描以及 3D 识别等技术对 3D 视觉技术有更高的要求。

(四) 机器学习和深度学习在机器视觉系统的应用

可将机器学习的算法应用于机器视觉软件,提升系统运算处理能力。可将深度学习的特征学习能力和特征表达能力与机器视觉的实时性和高效性相结合,提升机器视觉的工作效率。

(五) 机器视觉行业标准亟待规范完善

目前,一套机器视觉设备在实际应用中往往需要搭配与之配套的硬件设备和专用的视觉软件,这导致机器视觉产品的通用性很低。需出台完善行业标准,提高相关设备的通用性,降低生产成本和维修费用,从而加快机器视觉行业的发展。

从理论发展上,人工智能将从感知智能向认知智能发展,通过编码进行快速计算,降低功耗,从"后深度学习"到量子计算,从情感计算到伦理思考,让机器做到"察言观色"。

从产业发展来看,会从人脸识别慢慢向各行各业延伸,在各领域百花齐放。软件、芯片、算法、5G······特别是 5G 大幅提高通信带宽后,怎样把软件、算法、芯片和 5G 融合到一起是产业发展的重要潮流。

就像科大讯飞的技术专家刘庆峰在 2018 年就展望的那样:人工智能既要人机合作,更要法律、伦理协同进步。在未来,"人机耦合,取长补短"的状态将是一个长期过程①,让我们继续期待视觉智能产业不断改变我们的工作和生活方式,并提前做出应对。

---

① 第一财经.科大讯飞刘庆峰:未来是人机耦合的[EB/OL]. (2018-09-18). https://3g.china.com/finance/news/11173316/20180918/33932799.html.

大数据平台算法

林鸿燊

大数据技术无处不在，谈论哪里用不上大数据，还比谈论它的用处和价值来得简单些；平台早已融入人们的衣食住行、工作社交，而人们还没有足够意识到它的特殊地位；算法，这倒是当前的热门话题，因为我们普通人对它知之甚少。这三者既是技术物，又以多层次的社会表征与人们形成互构关系，重塑当前的生活方式与社会认识。

算法、大数据、平台与计算机领域的其他术语相互交叉。算法（Algorithm）的本义是解决问题的一系列步骤。在计算科学领域，算法特指用计算机代码编写的指令。我们的日常生活随时在与算法打交道。良好的算法框架能以人类不能企及的速度对海量数据进行分析，体现出媲美乃至超越人脑的能力。这是机器学习迅猛发展带来的成果。机器学习是人工智能的分支领域，它摒弃了人工智能的传统目标，不再谋求用符号逻辑再现人的知识，而是让算法模型自己观察数据，学会编写解决问题的程序。机器学习的成功使其大有超越母领域而另立门户的势头。不过，机器学习的进步与大数据技术密切相关，如法国认知神经科学家斯坦尼斯拉·狄昂所说："机器学习已经快成为大数据的同义词：没有海量的数据集，算法在抽取抽象知识并一般化到新情境上会寸步难行。"①一般把 2013 年看作大数据元年，这一年大数据技术渗透到全球各行业，成为经济增长、政府改革

---

① 转引自吴冠军.爱的革命与算法革命——从平台资本主义到后人类主义[J].山西大学学报（哲学社会科学版），2022，45（5）：11—23.

和社会治理的重要主题。"大数据"话题的热度下降,表明它的应用已经常态化,它的核心技术即智能算法开始受到更多的重视。本文的讨论限于与大数据平台相关的算法。所谓大数据平台,指集成数据采集、存储、管理、分析等各项功能的计算平台,可用于聊天社交、电商购物、信息搜索、视频直播、地图导航、外卖打车等各种功能。要给"平台"下个定义并不容易,斯尔尼塞克认为"平台就是使两个或多个群体得以互动的数字基础设施"①。平台的特征不在它能做什么,而在于它把人与人、人与物以虚拟的方式连接在一起。平台可以分为网络社会层、基础设施层和数据层三层结构,平台的基础设施层整合各类软硬件工具,实现用户行为与数据过程之间的转译。②在这个数字环境中,与界面的交互就是与平台上其他参与者的互动,实体的信息纷纷转化为数据被平台所存储和计算。平台不断将社会生活吸纳到它里面,用算法逻辑向平台内外的社会关系施加力量。因此,大数据平台本身也成为我们必不可少的基础设施,并模糊了实际行为与虚拟环境的界线。

大数据—平台—算法,这些技术物正在重新组织社会的结构,又将社会运转的密码封锁在算法黑箱内。人类社会演化至今第一次面对拥有自主性的技术系统。我们甚至不好说"它"是一串串冰冷的代码,还是具有某种意志的智能之物。它会把当今社会带往何处,又产生了哪些前所未有的社会问题? 什么东西带来便利又抵制人们过问? 什么东西使既定的权力关系合法化,同时建立新的权力形式? 这些问题表明我们正在和非人的能动者共生,一张人与非人交织构成的社会网络将我们卷入其中。只有转变关于主体与技术的传统观

---

① 尼克·斯尔尼塞克.平台资本主义[M].程水英,译.广州:广东人民出版社,2018:50.

② Paul Langley, Andrew Leyshon. Platform Capitalism: The Intermediation and Capitalization of Digital Economic Circulation[J]. *Finance and Society*, 2017, 3(1):11—31.

念,才能充分认识大数据平台算法是如何冲击人类的存在方式的。

一、大数据的基本情况

"大数据"代表一种数据爆炸的现象,也指称一系列收集与处理海量数据的技术。在"信息社会"之后,我们又大跨步进入"数据社会"。数据指的是脱离背景的信息。①曾经我们为消化不了太多的信息而烦恼,现在又被数据洪流淹没。实际上,企业与政府的活动一直在产生和囤积数据,这些数字本身没有太多意义,随着体量增加也变得越来越难统计分析。只有找到合适的模型,以可接受的速度洞察数据集之间的多重相关性,这些沉睡的记录才能创造价值。大数据技术的成功进一步要求人们改变管理日常事务的思维。人们期望从数据中发现社会更深层的规律,找到下一个赚取利润或改善社会组织的契机。一连串社会变化最终将工作与生活嵌入大数据系统,后者协助每位用户获取有质量的信息和知识,为个人需求匹配对应的资源。这个过程的交互性、自动性催生了新的社会服务,同时深刻地改变了我们的生活习惯与文化景观。大数据平台不只是让某些事的效率成倍提高,还致使商业模式、城市建设、资源配置、人际关系围绕它发生翻天覆地的变化。

(一) 大数据时代的到来

大数据技术滥觞于 21 世纪初。往前追溯,硬盘存储成本不断下降,数据库、联机分析、云计算等技术的发展,为大数据技术做好了铺垫。制造业、零售业、金融业和电信业早就面临数据快速增长的难题,应运而生的硬件和软件技术又会进一步拔高数据的量级。收集

---

① 数据与信息不同,比如说"截至 2021 年,上海市常住人口有 2489.4 万人"是一条信息,那么"2021"和"2489.4"就是数据。数据只有放在特定的位置上才有意义。

潜在的数据,提升数据分析的速度,寻求更好的算法模式,这三个方面在相互博弈的循环中不断前进,推动人类社会进入大数据时代。

多种因素促成数据爆炸的状况。自 Web2.0 时代到来,数据产生的方式改变了。在此之前,数据主要存储在企业和政府的数据库内,随着实际的业务而产生。用户上网是接受门户网站所提供的内容,并不生产网络数据。Web2.0 的重要标志是社交网络的兴起,每个人都能成为内容的创造者和发布者。这使前所未有的数据量涌入网络。比如 2018 年,视频网站"油管"(YouTube)的用户每分钟上传的视频就达到 400 小时。2016 年新浪微博的用户平均每天有 26 分钟使用微博。2021 年,豆瓣网的日活跃用户在 300 万左右。社交网站用户的每一次发布、评论和点赞,都被计算机系统所记录。同一行为经过不同算法的处理,所产生的数据也具有不同意义和功能。

数据的另一重要来源是遍布大自然与社会环境的传感器。它们对海洋、人气、建筑和其他技术物进行实时监测,每天采集百万次数据,传回数据中心以供分析。射频识别标签(RFID)这种无限传感器技术能够追踪牲畜或药物,已经得到广泛应用。物联网在未来可能会将所有用电的设备都连入网络,一个超级网络会扩散到家庭与城市的每个方面,支持人与空间的智能互动。放眼当下,智能化的汽车实时记录驾车行为和车体每部分的状态,这些数据在车主、企业服务器与工程师之间来回传输。在科学领域拿数字望远镜或粒子对撞机来说,每分钟产生的数据就超过了过去科学史采集到的数据的总和。传感器的类型、可采集的数据形式越发多样。从无处不在的电子监控,到人脸识别,能监测血氧、心率的智能手表,再到基因组测序,一系列现象表明不断扩张的数据化是当代社会的重要趋势,直至将生命本身囊括其中。

数据量的暴涨、数据类型多样化以及算力的提升,共同促成大数据时代,为日后机器学习与智能算法的崛起埋下了伏笔。

(二) 大数据的定义与技术简介

"大数据"没有一个被普遍认可的定义,一般认为无法在可接受时间内用传统数据工具处理的数据集合就是大数据。在这一概念兴起时,"大数据"的门槛在 PB(1 PB＝1024 TB)级左右,而今天大型企业与政府光是每日面对的数据任务就达到了这一数量级。IT 咨询公司高德纳(Gartner)2001 年发表的一份研究报告被视为大数据的经典诠释。报告给出了数据增长的三个特征,且在这个基础上,简单说明大数据的挑战如何为新技术化解的:

1. 数据量(Volume)大。著名的摩尔定律预示存储和计算的硬件成本会越来越低,但硬件发展的速度还是难以应对庞大的数据量。吉姆·格雷提出新摩尔定律描述数据量的指数上升:全球每 18 个月新增的信息量就相当于计算机有史以来全部信息量的总和。各大公司必须考虑随着数据量进一步攀升如何拓展服务器的存储能力。按照过去的方案,那只能购买性能更强的单台服务器,但所需成本远远高于存储空间的扩大,且单台机器的存储终究是有限的。

2. 数据增长速度(Velocity)快。2010 年以后,全球企业一年新存储 7000 PB 以上的数据。预计到 2025 年,全球每天产生的数据将达到 491 EB(1 EB＝1024 PB≈10 亿 GB)。迅猛增长的数据量要求处理数据的速度相应提升。但采用传统的数据库和分析工具,一次基于大数据的查询至少需要几小时才能返还结果,数据统计工作意味着高昂的时间成本。人们不得不选择采样统计,数据工具严重限制了人们利用数据的深度。另外,社交与购物网站还要应对高并发读写的问题。大量用户的同时访问,会把同一服务器拖入严重的延迟。为解决上述问题,分布式架构的理念应运而生。谷歌为了满足搜索引擎的业务需求,开发出分布式存储系统与批处理作业系统MapReduce。后者的原理是将大规模的数据任务分散到多台计算机上,使廉价的服务器集群如同一台机器那样工作。基于这个框架,程

序员只要表述想执行的任务,数据分块、并行计算和均衡负载都可以
交给 MapReduce 自动完成。除了分布式架构,大数据技术还涉及云
计算、流计算等内容。

3. 数据种类(Variety)多。随着互联网、移动通信和物联网的飞
速发展,不同类型的数据也大量增长。按照数据结构,数据可以分为
结构化、半结构化和非结构化数据几类。结构化数据就是存储在关
系型数据库内的数据。它的优点是所有数据都具有相同的结构,便
于管理和查询。不过新出现的数据更多属于半结构化数据或非结构
化数据。半结构化数据如日志数据、XML、JSON 等格式的数据。
非结构化数据包括富文本文档、图片、音频、视频等。这类数据没有
标准格式,无法用传统数据库管理,难以收集、识别和查询。在当今
的网络应用场景中,非结构化数据占比最大。公司从社交平台获取
产品反馈、淘宝网实时生成的购物界面以及每一条微博动态都是非
结构化数据。这向存储、识别、分析工作提出严峻的挑战。多种数据
难以交叉查询,不同数据工具之间互操作性差。

于是,多种非关系型数据库(又称 NoSQL 数据库)出现了。较为
流行的是键值(key-value)存储和文件存储。键值数据库中的每条记
录用唯一的键标识,不限定值的格式类型。通过键对数据库内信息
进行查询。亚马逊的 Dynamo 数据库就采用键值存储技术。产品目
录、用户偏好、购物车、会话管理等数据不必经过格式清洗就可以装
入数据库。文档存储将数据以文档的形式保存。与键值数据库不同
的是,文档数据库允许用户查询数据库中的实际数据,而不是只能用
键来索引。文档存储的典型应用场景是博客。对于访问量大的网站
来说,文档存储也是后端数据库的良好方案。

仅仅是数据规模增大和产生速度加快,还没有说出大数据对人
的意义。只有通过适当的数据挖掘技术,数据才能被组织和利用(限
于篇幅,本文无法对数据挖掘或机器学习的技术要点予以说明,而是

在论述必要时简单解释其功能与原理)。分析大数据的最终目的是提取隐藏在海量数据中的关联和规律,进而创造价值。因此,蕴藏价值(Value)大,被看作大数据的又一特点,与上述三点组成大数据的V4 定义。

二、大数据平台算法的价值与应用

(一) 大数据算法的作用与变革

大数据算法的基本功能就是创建模型,预测未来的变化。关于大数据如何发掘对象的潜在模式,有一个脍炙人口的案例。沃尔玛将数据挖掘技术用于销售记录,发现和尿不湿一起购买最多的商品是啤酒。两样东西看起来风马牛不相及,却表现出较强的相关性。沃尔玛随后将两样物品捆绑销售,果然提高了销量。后来的跟踪调查揭示了原因,原来很多年轻爸爸去超市买婴儿尿布时,还会顺便买啤酒犒劳自己。这一案例传达了崭新的商业理念:洞悉海量数据中的潜在规律,以此发掘市场上的潜在价值,或对企业各流程进行优化管理。人们再把眼光投向过去被视为冗余的数据时,已经把数据的世界看作比实际更能反映实际的基底,更重要的是,这里即将驱动新一轮淘金潮,成为未来经济政治竞争的战场。

描述对象还是为了预测接下来会发生什么。预测分析的基本逻辑是用标注好的数据集训练建模算法,算法从数据中创建解决问题的模型,再推广到未来的情况。用预测模型进行实时分析,不仅能将人从烦冗的数据工作中解放出来,还能解决人类智能原本无法处理的问题。谷歌在 2009 年对美国冬季流感的成功预测彰显了大数据算法的威力。他们的方法是把谷歌的检索记录和流感传播的往年数据进行比较,从而确定当哪些词条的搜索次数急剧上升时,流感就可能到来。与官方的事后记录相比,谷歌预测的准确度达到 97%。更重要的是,如果能预知季节性流感到来哪些地区会被波及,公共部门就能配置相应的服务,大数据的洞见因而能惠及整个社会。

企业和政府的活动一直在生产数据,由于传统数据技术的限制,这些数据在例行的结构化分析以外只能作废。凭借大数据技术,人们终于能在更大的尺度上、更自由地转动数据集合,让浩繁数据内部的秩序暴露出来。算法代替人对不同事项进行比对、归类和测验,用无与伦比的速度遍历所有的组合联系。这样就可以把各类数据统统塞给大数据模型,看看会不会显出未曾注意的规律。如美国国家交通安全管理局通过数据分析发现某个州发生车辆右侧碰撞的概率较高,调查发现原因是该州的路缘坡比其他州更长。大数据算法不仅善于辨识这些潜在联系,还能自动拟合相应的函数,根据实践的反馈调整函数模型的吻合度。

大数据技术使"商业智能"的想象变为现实,迅速引发了观念、方法上的深刻变革。第一,数据成为重要的资源。有分析师预测,数据分析将是对提高生产率贡献最大的方法之一。值得注意的是,庞大的数据集与好的算法对于数据发掘而言缺一不可,但优化算法需要经过大量的数据训练。"投喂"的数据越多,算法就会在学习中变得越聪明。因此谁拥有更多的数据,就能获得更大的竞争优势。对于互联网企业而言,掌握的数据量的多少,会放大为推荐准确度、服务质量、用户黏性、业务拓展空间等各方面的差异。数据价值在平台层面上的表现被称为网络效应,如斯尔尼塞克所说:"使用平台的用户越多,平台对其他人而言就越有价值"[1]。这意味着在同类互联网服务的竞争中,往往只有少数巨头存活下来,他们会吞并同期出现或后来试图加入该行业的小公司。谷歌、亚马逊、阿里巴巴、腾讯等互联

---

[1] 尼克·斯尔尼塞克.平台资本主义[M].程水英,译.广州:广东人民出版社,2018:51.

网企业自然积累下的国民数据帮助它们坐稳了商业巨头的地位。其垄断优势既源于网络效应的巩固,又为他们所拥有的其他机构难以匹敌的数据存储所支撑。数据集聚的循环加强了大数据平台之间的竞争,它们必须以各种方式促使平台上的用户生产数据,将这作为平台的生存之本。

第二,专家知识决策日益让位于数据驱动的决策模式。过去,人们是用数据验证专家的理论假设,现在却要先看算法模型会如何揭示事物内部的规律。不仅企业决策,连社会工程、人口管理与自然环境监控的一系列步骤,都把大数据算法当作标准。在实践中,数据决策的准确度与精度均高于人类专家。亚马逊的软件工程师格雷格·林登对比了亚马逊内部书评家团队的个人推荐与算法生成的个性化推荐,结果表明后者实现的销售业绩远高于前者。如今亚马逊销售额的三分之一要归功于它的算法推荐系统。算法模型进入体育界,也证明比人类星探更精于发掘有潜力的新秀。尽管大数据模型未必能解释数据联系背后的意义是什么,但我们已经习惯了"听数据说话",将决策权交给自动化的算法。

显然,大数据之所以能创造价值,在于数据逐步上升为信息、知识的过程。这种知识与传统概念上的知识不同。维克托·舍恩伯格在《大数据时代》一书中概括了大数据知识的三个特征:(1)大数据产生的知识立足于全量数据而不是采样数据。(2)随着数据量增大,数据的混杂性比精确性更能带来新的洞见。(3)也是最重要的,大数据知识代表的是相关关系而不是因果关系。舍恩伯格认为,在信息流通和处理能力受限的时代,人们只能依赖随机采样的方法,以期望从少量信息中获取普遍关系。但大数据可以突破认知分类划下的界限,直接跳过样本代表性等问题,洞察原本无法发现的内在联系。拿上述例子来说,在有限数据中啤酒和尿布可能没有关系,只有数据量上升到一定尺度,两者的关系才会浮出水面。那么,人们应该跟随信息技术的转变而调整自己的认知方式。大数据算法不仅去掉了人脑附加给数据量的限制,还证明模拟数据时代形成的思维已经过时了。数据化时代产生两大突破:其一,量化技术的进步使我们能从以前不可能的地方提取数据,一切都能被数据刻画;其二,也是舍恩伯格最看重的:"社会需要放弃它对因果关系的渴求,而仅需关注相关关系。也就是说只需要知道是什么,而不需要知道为什么"。①知道了两个现象之间存在的显著相关性,就足以发掘巨大的经济或社会价值,而两者为什么相关的问题可以留待学者们慢慢研究。大数据分析的核心的确是发现相关性,但也正因此,数据揭示的现实图景就存在局限性,甚至是误导性。大数据算法从未知的领域挖掘价值,而伴随而来的未知风险也被转入人类社会的内部,这是下一章讨论的主题。舍恩伯格的论断未免走入极端,但他对大数据的踌躇满志也能反映大数据在当时变革实践与观念的威力。

(二) 大数据平台的典型应用

经济效应也许是衡量大数据平台的意义的最直接指标,但这就轻忽、遮掩了它的应用之广、影响之巨。如果按大数据平台的类型,或与大数据结合的不同行业分门别类说清楚,又会失之琐碎,因为在不同领域发挥作用的大数据平台往往基于同一套算法。除上文提及的,以下再列举几种应用场景,梗概地展示大数据平台算法对社会生产和生活方式的深远影响。

1. 建立用户模型。基于海量数据对用户的行为习惯进行分析,是大数据最基本的功能。大数据平台既可以统一管理用户的基本资料,如姓名、住址、职业、联系方式等,也可以从半结构化和非结构化数据中读取用户特征。社交网站上发布的所有内容,移动设备的日

---

① 维克托·迈尔·舍恩伯格.大数据时代:生活、工作与思维的大变革[M].周涛,译. 杭州:浙江人民出版社,2012:9.

志信息和定位数据,用户的浏览路径与历史记录,直至佩戴式设备对身体情况的实时记录,这些数据都汇集到大数据平台,经过算法处理,体现出一个人的行动轨迹、兴趣偏好等各方面的信息,也就是绘制用户的数据画像。

这种技术随即改变了互联网平台的盈利模式。谷歌、脸书等网站可以精准地将广告推送给可能有需要的用户,而非投放在所有网页上。数据规模和算法的精度能转化为企业的收益。据说,预测点击率每上升1%,就能给谷歌每年带来额外5亿美元收入。用户行为分析在不同领域将产生不同的价值。例如菜鸟物流通过分析来自电商平台的购物需求、货流量与消费者购买习惯等数据,能够确定最优的仓储选址,在大规模订单到达前就把货物配送到需求密集的区域,根据物流情况实时调配运力资源,这些举措最大限度地实现了快递配送的快时效、低成本。

2. 个性化推荐。今天,智能推荐系统已经遍及我们的周遭。电商平台会根据用户过往的交易记录为他推荐相关商品。各类平台都在努力解读用户的潜在喜好,预测他最可能感兴趣的内容,从网飞(Netflix)等视频付费平台、抖音等视频平台、新浪微博等社交网站,到豆瓣、网易云音乐,不可尽数。地图不仅可以提供当前的位置,还能帮我们制定前往目的地的最优路线。打开美团等手机应用,饮食娱乐的信息唾手可得。平台展示距离、价格、评论、折扣等内容,还能随个人喜好而排序。当代人的生活娱乐依赖这些以推荐算法为核心的平台。大数据平台不只是为人们提供便利,还将人的需求嫁接到技术环境中。从此没有平台照料的生活将是难以忍受的。这表明平台不仅是服务于人的数字化工具,它已经变成连接人与人、人与物质资源的基础设施,这种角色赋予平台某种创造生产模式与社会关系的力量。

大数据平台算法带来的便利使我们浑然不觉一场重大的变

革——个体第一次能得到量身定制的信息与服务。尼古拉斯·尼葛洛庞帝在《数字化生存》指出我们正身处一个极端个人化的时代,信息在接收前就已经被高度细分,提前匹配人们的需求。推荐系统能够记住每个人行为的细节,最终做到比我们自己都更好地了解我们。既然人们的认知与行动越来越依赖算法绘制的世界图像,那么有理由认为算法为谁的利益服务这一决定不再是科技公司的自治领域。大数据算法是迎合用户的喜好还是诱发用户的欲望,是根据预定的观点过滤信息还是尽可能促进交往的多样性,以及决定平台上看得见又看不见什么的权力操之谁手,将构成重要的政治议题。在数据化生存的未来,人们将不得不尝试为算法领域的价值与利益冲突制定一套规范性框架。

3. 风险评估。大数据在金融行业被广泛用于评估用户状态,预测交易风险。银行利用大数据分析可以更科学地判断客户的信用能力。大数据会综合数十个指标评价是否值得放贷给一个人,而不是只看他过往的信用卡使用情况。比如说,某些客户因偶然因素留下了不良记录,但他们实际上更有能力全额还款,大数据比传统评价手段更擅于挖掘此类潜在客户。让大数据模型去评估不同类型客户的风险水平,银行、保险、信用卡公司据此得以开展灵活适应的业务。大数据平台还能对实时交易进行监测,及时发现存在隐患的金融行为。方法是在过去记录中标记出正常交易与欺诈行为,让算法从这些数据中分析出各种欺诈的行为模式,最终实现对潜在风险的检测。

股票和基金市场也立即看到了大数据为他们创收的潜力。大数据算法能预测股票的走向,自动选择和买卖股票和证券,而人们要做的只是维护自动化交易系统即可。结果便是无数的股票交易员被换成计算机工程师。

4. 数据开放。2010 年,美国总统奥巴马推动数据开放门户网站

Data.gov 成立,要求联邦政府必须将收集的数据全面向社会发布,并把用户利用数据的便利性放在首要位置,对如何发布数据做出详细规定。政府开放数据很快在全世界蔚然成风。2011 年,美国、英国、挪威、墨西哥等国成立开放政府联盟。2012 年,联合国发布了大数据政务的白皮书,呼吁公共部门和私人部门在数据生态中扮演好各自的角色,提供重要数据。在政府方面,公开数据不仅有利于民众对公权力进行监督,更是因为公共数据的价值只有回流社会才能被充分释放出来。研究表明,政府数据的无偿公开能推动信息创新、经济增长和社会服务质量的提升,利远大于弊。在私人部门的方面,把产品信息、销售记录等数据拿出来,既有助于消费者货比三家,找到适合自己的产品,反过来也会推动市场的良性竞争。

数据开放成为一股趋势,伸张民众对于数据的基本权益,相信技术所内蕴的共享普惠的能量。不过与世推移,人们仍然不容易获得透明的高质量数据。当初,技术乐观主义者把信息民主化看作水到渠成之事,仿佛随着大数据的普及,垂直传播的信息模式就会自然向水平方向转移。但他们忘记了任何新的技术发明都要与既定的权力结构相互结合。被国家与大型科技公司垄断的数据技术,实际上趋向于巩固他们的主导地位,在他们与普通大众之间缔造新的权力鸿沟。

5. 公共领域的运用。自古以来,政府就是最大的数据收集与生产者之一。在大数据时代,信息流通能力的增强将进一步提高政府的职权与效能。政府依靠大数据平台汇总分析信息的能力,能更清晰地掌控资源的整体布置,也能充分了解社会运行状态。大数据可以预测经济走势,预测与调整交通状况,分析某种传染病暴发的可能性,推进建设智能城市,也能帮助政客操控社交平台,暗中引导群众舆论的倾向。因此,算法与权力的结合将引起一系列不确定的政治后果。

大数据逐步融入行政执法领域。比如对一座城市的犯罪记录加以分析,就能在犯罪高发地区增设警力,提前制定应对措施。人们还希望让数据智能分担执法与司法。当人们因为机器的裁决而被罚款或入狱,那一天是否标志一个历史性的时刻到来,人一直以来在政治领域的自决权受到非人的挑战?不过,大数据算法的滥用确实能给威权如虎添翼。美国国家安全局曾以反恐名义对全球公民的隐私数据进行渗透和监控,算法在此扮演的角色正是凭借某人的数据痕迹指认他是恐怖分子的嫌疑犯,并为政府的侵权行为正名。这一行动公开后引起轩然大波,最终在民众的反对下告终,但毕竟暗示了算法权力与公权力合谋形成技术集权的可能。这本是科幻电影经久不息的题材,我们担心拥有自主性的技术反过来威胁人类,而这一进程的背后推手往往就在当前的不平等权力格局之中。

三、反思算法社会

算法凭借其强大的统筹规划智能,接管了越来越多的社会事务。一方面,以数据化为前提、人工智能为支撑的技术浪潮创造了新的经济活动、研究方法和社会互动;另一方面,原有的权力关系围绕算法产生了变化。数据开放和平台赋权在一定程度上推动了信息透明与权力结构多元化,但占有数据、处理数据的能力又构成特定的权力壁垒,并且使权力的伸张与社会关系异化显得更加隐蔽。技术应用的前景在福祉和危机之间摇摆不定,传统的治理框架已经难以解决算法社会背景下的独特问题,人们也不再能用诸如"工具是中立的,人需要审慎地使用工具"这类传统思维去回应算法的双刃剑效应,事实更可能像法国当代思想家德勒兹说的那样:"不必问哪种制度最残酷,或是最可容忍,因为在每种制度中,自由与奴役都在交锋。"①

（一）数据背后的生产关系

我们在平台上的一举一动都转化为数据。这些数据经过转码、分类和计算,构成针对该用户的数字画像,帮助平台深入理解每个人的喜好与需求,不断改进其业务。一方面,像脸书、谷歌这样的平台无偿满足人们的需求;另一方面,只有用户源源不断给平台生产个人数据,平台才能训练出更好的算法模型,实现更精准的广告投放。一个人在逛淘宝时,他的浏览踪迹和购物记录对他自己而言没有价值,但众多数据经过大数据平台的处理,却能反映各类群体、各个地区的消费趋势,对生产和销售端起到重要的参考价值。购物平台也能通过关联推荐,激发用户进一步的购物行为,乃至结合其他营销手段创造人们的消费欲望。因此,人们不知不觉交出的数据却成为平台盈利的基础。实际上,正是平台服务商所掌握的大量用户信息而非公司的有形资产构成它们市场价值的大部分。

这表明人们的数字痕迹构成数字商品,并形成一种新型资本,即数字资本。一个平台的用户群越庞大越活跃,它能从用户数据中挖掘的信息将成倍地高于竞争对手,也就越能吸引广告商。同时,越来越多的用户涌向一家平台,处于他们社交关系中的人也会倾向于使用这个平台,平台得以更加全面地掌握用户们的社交图谱,做出更精准的内容推荐。结果就是人们记入平台的基本信息、在平台上的互动与创造的内容,都扩增了平台的价值来源和垄断能力。在各种意义上都可以说,平台通过将用户数据(包括经过算法分析的模型)出售给其他机构来获取利润。由于人们在平台上的交往以平台提供的数据库、云计算等服务为前提,用户的数字劳动都归平台占有,更无

---

① 转引自张萌.从规训到控制:算法社会的技术幽灵与底层战术[J].国际新闻界,2022(1):156—173.

法得知自己究竟以何种方式为平台收益做出贡献。

平台可以无偿收集用户提供的数据,从中获得高额利益,这是否有违公平?有人估算,在2011年脸书(Facebook)的每个用户的信息价值约为100美元。不用说,脸书从来没有为用户的数字劳动给予任何报酬。无怪克里斯蒂安·福克斯分析这种新型劳动关系指出:"商业社交媒体平台的用户无法控制和拥有他们的数据,数据被异化了。"[1]国内学者蓝江认为这种巨大的不平等反映"大的数字平台公司充分榨取着最大化的数字劳动的剩余价值"。[2]对此,确有学者支持互联网公司有偿获取人们的数据。美国人工智能协会院士多明戈斯建议未来成立专门的机构管理人们的数据交易,它能考虑每个人的预期利益决定何时分享何种范围的数据。随着数据共享越发多元与必要,这样的治理模式能"保证你的数据不会被滥用,也没有哪个免费使用者会在不分享数据的情况下就享受到好处"。[3]

不过回归当下,数据生产者获得一定比例的劳动报酬仍是难以实行的制度,"数字劳动"的问题框架毋宁意在显明用户与平台之间隐蔽的经济关系。为了再生产数字资本,平台势必想方设法,通过短视频、社群活动等形式鼓励人们去发帖、转发、留言。平台正在悄无声息地强化我们对它的依赖性,最大化用户的平台使用时间。这使我们以另一种眼光认识平台对于我们而言是什么。我们在平台上的娱乐时间已经转变为被促逼的劳动时间。"用户就是这样辛勤地为平台提供无酬劳动的数字工人。"[4]促使用户生产则能进一步刺激用

① 克里斯蒂安·福克斯.数字劳动与卡尔·马克思[M].周延云,译.北京:人民出版社,2020:124.

② 蓝江.交往资本主义、数字资本主义、加速主义——数字时代对资本主义的新思考[J].贵州师范大学学报(社会科学版),2019(4):10—19.

③ 佩德罗·多明戈斯.终极算法:机器学习和人工智能如何重塑世界[M].黄芳萍,译.北京:中信出版社,2017:349.

④ 王卫华,杨俊.平台资本主义下的数据资本权力:生成机理、基本谱系与主要特征[J].福建师范大学学报(哲学社会科学版),2022(3):89—101.

户消费。因为不断积累用户数据,也就能采用持续、即时、准确的调控模式,暗示或引导用户额外购买平台的商品或服务。在数字资本生产的过程中,用户每时每刻都处于被采集数据、被平台监视、被算法预测与调整的状态。祖博夫(Zuboff)恰当地将这一生产方式命名为"监视资本主义"。①免费享用平台服务的用户实际上被纳入平台的生产流水线,受到无孔不入的监控与引导。

(二) 数据权利保护

相比数据涉及的报酬权,更牵动人们关心的是算法迭代与平台运营催生的隐私权危机。这种担忧来自三个方面。

1. 数据可以在反复利用中产生价值,因此数据产业的兴盛离不开数据共享。然而如帕斯奎尔在《黑箱社会》中写的:"公司和政府部门越来越多地广泛记录我们的生活,而我们却不清楚这些信息流向何方,也不知道它们用作何处,更搞不懂这些信息会对个人产生怎样的后果。"②数据主体难以过问数据收集者在多大范围内使用自己的数据又与哪些机构进行共享,更遑论向第三方机构行使自己的数据权利。直到暴出大规模数据泄漏的新闻,人们才发觉藏在平台背后层出不穷的数据交易中的风险。如谷歌就曾让第三方服务商扫描几百万用户的电子邮件,也被挖出有员工亲自阅读了 8000 封未经遮盖的个人邮件。

2. 算法不断提高从海量数据中定位个人的能力。在法律上,个人数据被定义为能直接或间接识别出自然人的数据。后者如 Cookie 信息,它与 IP 地址等数据结合后也能定位到个人。个人数据包含了姓名、身份证号码、住址、电话号码等信息,适用于以往的隐私保护法案,不必多言。所谓非个人数据,包括法人或自然环境的数据,以及

---

① Shoshana Zuboff. Big Other: Surveillance Capitalism and the Prospects of an Informal Civilization[J]. *Journal of Information Technology*, 2015, 30:75—89.

② 帕斯奎尔.黑箱社会[M].赵亚男,译.北京:中信出版社,2015:4.

经过清洗、分析、建模后的数据,如搜索记录、用户使用习惯、潜在用户群等数据。这些数据一般无法和个人联系起来,然而现在的数据分析技术仍能完成个人身份的再识别。2006年,美国在线公布了大量搜集数据供研究者使用,但《纽约时报》的两名记者却经过综合分析后找出了数据库中代号4417749的用户的姓名、年龄与住址。因此清华大学法学教授程啸总结:"个人数据的匿名化只是相对的,在可获得的数据来源越来越丰富以及算法越来越强大的大数据时代,无法识别出个人的数据也存在重新具有可识别特定个人的可能。"①分析技术的日新月异总是衬出固有的隐私权规定过时了。人们也不能不担忧自己无意留在网上的数据被有心之徒滥用,使个人生活暴露在骚扰电话、电信诈骗和人肉搜索的隐患中。

3. 智能算法似乎使总体控制社会成为可能。一般来说,个性化推荐等业务被交给算法自动处理,后台看不到特定的个人信息。即使平台将数据与第三方机构共享,这些数据也已经洗去了个人标识。但即使算法系统不具有人格,也不代表个人信息可以随意展现给"电子眼镜"。数据挖掘的特征是通过联立分析,模型能揭示比原始数据多得多的信息。如果汇总人的消费、社交、通讯等各类数据,他的性格偏好、行动轨迹和生活面貌就在平台算法面前暴露无遗。哪个群体掌控了包含个人全方位画像的计算系统,就获得了改变公众认知和监察全民生活的强大权力。换言之,大数据时代使数据保护不限于个人隐私,而是关乎整个社会正义与生活秩序的问题。

许多科幻作品都对超级数据系统蕴藏的可怕威力发出预警。在《心理测量者》描绘的世界中,所有的数据系统都汇入一个运算中心,这种超级系统对每个人的行为细节乃至他的未来选择了如指掌,进而授权警察对"潜在"的罪犯提前采取行动。算法使公权力与国民的

---

① 程啸.论大数据时代的个人数据权利[J].中国社会科学,2018(3):102—122.

关系再次失去平衡。得到大数据算法的赋权,国家可以更有效地感知公众意见,满足治理需求。但这种权能一旦失控,就可能"将公民置于彻底而富有成效的监控体系之下,而公民却难以有效地运用信息技术来维护其公民权利,即无法通过数字民主来制衡国家的监控体系"①。如果不对国家运用算法技术的权限做出明确规制,民众恐怕将面临数字化的利维坦的诞生。算法监控绝非杞人忧天,它早就有了现实的对应物。帕斯奎尔揭露,美国曼哈顿下城的安全协调中心从 2009 年起要求进入高盛集团、花旗集团、美联储等机构的数据库,以信息共享的名义获取用户的财产记录、健康数据、信用报告、生活缴费记录等信息。技术主义为政府损害公民隐私权提供掩护,使之轻易越过宪法对其信息收集权力的约束。掌控公民的生活状态也就能进一步影响他的认知、心理与行动,如 2018 年的剑桥分析丑闻所示:媒体披露,英国的剑桥分析公司擅自在脸书上收集 5000 万用户的数据,试图精准投放影响特朗普选举中的选民意向。其内部员工还爆料该公司为英国脱欧做了大量工作。可见缺少对数据共享的法律约束,平台算法就极易沦为政治势力或科技公司渗透社会公众的技术工具。

面对现行法律框架与技术发展之间的落差,如果对民众和互联网公司的数据权利分别做出明确规范,使个人数据免于被滥用的风险,上述如数据倒卖、剑桥分析事件等现象能得到有力遏制。只不过要在法律上对个人可以在多大范围上让出他的数据,机构又经过哪些程序才算得上合法地收集与利用数据做出清晰的界定,并非易事。个人数据的民事权利有两方面法理依据可循。普遍的观念认为个人数据是隐私的自然延伸。肯定人们对自己产生的数据的自决权,就

① 王小芳,王磊."技术利维坦":人工智能嵌入社会治理的潜在风险与政府应对[J].电子政务,2019(5):86—93.

是保护人格尊严和人格自由的基本权利。这种精神在欧盟 2018 年生效的《通用数据保护条例》(General Data Protection Regulation)中得到落实。该条例强调保护个人信息免于强大数据技术的侵扰,最受人瞩目的便是规定平台服务商对个人数据的收集与共享都需要征得数据主体的同意。也就是说,用户未表示同意即视为反对。此外,条例还规定了数据主体拥有请求数据机构删除其数据等各项权利。这不是说防护个人数据越严格越好。因为个人数据也只有经由共享与算法处理,才能反过来对个人产生价值。数据保护过于严厉,既会把知情同意变成用户的沉重负担,又不利于数据行业的发展。与之相比,美国政府在 2015 年颁布的《消费者隐私权利法案(草案)》(Consumer Privacy Bill of Rights Act of 2015,CPBR)代表另一种路径,注重个人信息的利用。按该法案,个人未表示同意,也视作默认同意数据分享。这一法案的新颖之处在于认为,数据隐私的边界不是固定的,而是随场合变化的,故而引入"合理预期"以便照顾人们在未知场景中的数据权益。①美国与欧盟保护数据隐私的两种思路各有侧重,本质上是因为我们已经很难说数据中私人的与可公开的分别占哪一部分。数据与自然人的关系在数据流通的过程中随时可能发生变化。人们不确定自己的数据在算法的黑箱中最终会萌生哪些后果;而平台也很难在一开始就说清数据会派哪些用处。算法技术决定了数据分析的用处往往超出收集数据的本意。个人数据保护的立法与监督无法简单挪用隐私保护的传统模式,它需要人们面向多变的运用场景和多方参与的数据生态,采取新的治理理念求得数据利用与权益维护的平衡。

此外,即使各国已经出台了数据保护的法条,法律规定落到现实中也还要打折扣。归根结底,平台与用户的权利并不对等,而数据对

---

① 王利明.数据共享与个人信息保护[J].现代法学,2019,41(1):45—57.

于平台与对于用户的价值也大相径庭。如今下载平台会看到各类隐私协议。但这些协议冗长晦涩，人们往往快速略过直接点击同意。如果对具体条文有异议，平台也常常没有给用户留出决定的余地。不完全同意平台制定的隐私协定，就只能放弃该平台提供的服务。然而当社交生活基本迁移线上的时候，拒绝平台就等于被排除在现代生活之外。[①]以点窥面，也可见平台在制约人们做什么与不做什么时，享有法律难以管控的优势地位。

（三）算法决策与控制

数据之所以构成新时代的问题，关键仍在于自动化智能算法的特殊性。随着算法技术的发展，人们将越来越多的决策交给机器。如前文介绍，此处的算法已经不单纯是信息管理系统或者决策支持系统；机器学习的模式能自己发现判断的标准，并根据这一标准独立、瞬时完成数以千万计的数据处理工作。当算法构成人与人、与物、与环境的普遍中介，也就意味着算法在社会中承担着分配信息、机会和资源的重要角色。算法行使分配和控制的权力，表明它在当今社会已经是和人平分秋色的主体。因为算法为了组织社会关系，也势必将人视作它的操作对象。美国耶鲁大学教授巴尔金提出"算法社会"的概念来指称当今这个围绕算法运转的社会。这不只是标识技术的发展水平，更是突显由此引发的政治议题："算法通过分类和风险评估来构建身份和声誉，因缺乏透明度、问责机制、监测制度以及正当程序约束，为歧视、归一化和操纵创造机会。"[②]算法的决策功能具有隐蔽性，比如说，用户通过平台的信用评估可以使用共享单车时，他往往会把算法对他的判断当成公司给予服务的许可。那么，

---

① 详见范为.大数据时代个人信息保护的路径重构[J].环球法律评论，2016，38(5)：92—115.

② Jack M Balkin. The Three Laws of Robotics in the Age of Big Data[J]. *Ohio State Law Journal*，2017，78(5)：1217—1241.

究竟是人还是机器有权决定我们看到什么、得到与失去什么？算法决策的效率给人们创造了便捷的生活条件，但它的判定和分配总是合乎公正吗？

舒伦伯格和皮特斯在《算法社会：技术、权力和知识》中指出算法以三种方式参与权力运作：状态判定、风险评估和人口管理。[①]这一分类代表算法在不同层级上发挥的作用。一、状态判定指算法确定某人是否有资格获得服务或需要履行职责。如今天借贷人能取得多大放贷额度，取决于平台对他的信用评级。再如数字化执法，让智能交警系统完成发现违法行为、开出罚单、征收罚款的一系列过程，由此算法技术预告了新型社会治理模式。二、风险评估指算法判断某种事态的可能性以提前采取措施，如采用特定的算法应对金融交易中的诈骗行为、分配不同地区所需投入的警力乃至判断个人的罪刑与将来的犯罪概率。三、人口管理则是洞察某类人口的特征，从而积极影响其未来行为，包括私人部门对平台用户的观测，与公共部门的举措如建设智慧城市。算法的智能与效率吸引人们不断将各种事务移交给自动化程序，以至于算法决策的范围根本难以穷尽。求职者的简历首先由算法筛选过滤，人们的工作被后台系统所监控和评定绩效，社交平台暗中影响了我们交友的范围与对陌生人的基本印象，大数据的浮动价格机制使消费者越来越难货比三家，数字化政务记录和规制我们的纳税与社会信用，智能医疗的前景，种种现象都说明我们的工作、生活、健康、情感等各方面已经处在算法决策的影响下，后者匿名地承担决定资源分配与信息流通的重要职责。重要的是，我们既不了解完成这些工作的算法原则，也难以对算法决策的结果表示异议。更多时候我们只是承受算法的安排，把算法为我们塑造

---

① Marc Schuilenburg, Rik Peeters. *The Algorithmic Society：Technology，Power and Knowledge*[M]. London and New York：Routledge，2021：6—7.

的环境看作天然的。

更重要的是,算法参与可见性的分配,从而控制我们所感知的外部环境。搜索与推荐算法被广泛用于新闻传播、内容生成与产品推荐,这意味着我们从平台上接收的信息都经过了平台的过滤。表面上看,"输入—输出"的过程是中立的,且服务于用户的喜好,然而算法技术作为平台背后公司的所有物,必然带有特定的利益倾向。科技巨头通过操纵平台环境和设置算法规则,使用户行为和群众意见向着符合他们意志的方向发展。算法对感知环境的影响体现在几个方面:

1. 算法调控着平台上哪些内容可以被用户接触,哪些不可以。通常来说,与查询请求相关性越高、网页内容价值越高,就会出现在生成界面的前列。在算法社会,事物在平台上的可见度低就等同于不存在。因此排名上下对于平台上的商家而言生死攸关,自然要采取各种手段提高产品的评分,刷到搜索结果的首页。然而获取信息的用户往往无法得知哪些内容出于什么理由被排除在外,也不了解他眼前结果的排列依据。实际上,作为认知框架的算法形成的结果可能充满随机性。比如曾有媒体指出脸书不会遮蔽暴力色情内容却禁止对特朗普的攻击,谷歌也被发现会优先展示旗下产品,而对竞争对手的产品不予显示,最终影响了这些公司的市场地位。算法过滤不只是企业的战场,更是一种强大的控制手段。如剑桥分析事件所示,如果算法的选择机制被权力绑架,就能以无孔不入而又难以发觉的方式塑造关于这个社会的真相与判断。越完全地控制人们获取信息的渠道,就越能影响他们的感知现实与形成价值的方式,进而影响他们的行动。这种控制技术不同于传统的意识形态,它并不向大脑下达强硬的指令,而是围绕大脑形成一个仿若如此的现实拟态,使受众在封闭的反馈环境中接受暗示,形成原本不具备的信念。

2. 用户使用平台就必须接受平台专门制定的一系列规范。平台的技术架构规定了我们发布内容的格式、长度,可以使用的表情与互动方式。更重要的是,我们需要遵守平台各自制定的审查与禁用字规则,甚至还会遭遇关于数字内容的产权纠纷。考虑到平台的基础作用,平台在各自辖区颁布的规则实际上构成了人们言论与行动自由的前提。社交平台在某个时期对某个词条进行屏蔽或限流,就能从根本上阻止公众表达意见,改变舆论态势,这种权威无疑是可怖的,却又处在法律规范的框架之外。

3. 算法规则本身也会以特定的方式影响社会传播,促成信息环境的某种风格。大数据平台基于点击量、点赞数和用户标签等指标,决定了哪些内容有最高的曝光率。这一过程是由机器完成的,结果上却有设置公众议题、催动集体情绪的作用。最夺人眼球的、最能抓住大众心理的话题在社交平台上狂轰滥炸,而不符合主流价值的内容或边缘群体的声音则与大多数人绝缘。排行榜尤其能反映中立的算法逻辑如何演化为具有生产性的文化逻辑。排行榜既宣告只有在这上面的内容是有价值的,也和推荐分流系统相辅相成,向用户再现了符合排行趋势的文化环境。这种操纵机制与消费、社交的需求结合起来,最终主导了大众品位与文化生产的方向,将其顺利纳入迅速收割流量的平台商业模式。[①]

有人会说,大多数情况下算法只是根据不同人的需要和趣味有选择地显示内容,如果用户发现算法生成的信息有问题,那就需要改进推荐算法的准确度和加强用户与算法的互动,让算法更好地埋解每位用户的需求,最后只要让算法的运作尽可能不受人为干扰,比如建立明确的规则让平台或第三方希望展示的东西与用户真正想看到的东西分离开来。看起来,问题再一次被简化为技

① 详见全燕.算法驱策下平台文化生产的资本逻辑与价值危机[J].现代传播(中国传媒大学学报),2021,43(3):141—146.

术上的需要。然而,假设算法能够精准无误地满足每个人的喜好,这就是皆大欢喜的局面吗?哈佛大学的桑斯坦教授就提出回音室效应以表示他对个性化技术造成社会极化的担忧。①与第一点不同,推荐机制并未被别有用心的企图干扰,但是随着与用户的交互,它最终为每个人量身打造一个各自不同的信息环境。算法根据和当前用户相似的其他用户的意见(协同过滤推荐),或者参考当前用户的社会关系网络(社会化推荐)作出推荐,结果便是趣味相似的个体聚拢成为虚拟化的群岛,观点相左的群体则越加隔阂。用户被个性化匹配系统迎合、区分和建构,人们的信念在大数据分化的社交环境中得到正反馈的强化,来自现实的多样化刺激却被预先处理了。问题不仅是人们的认知范围受到限缩。每个人看到的现实是不同的,不了解别人看到什么,看不到别人的生活状况,也更难和持不同观点者发生真正的交流,那么社会共识与集体行动势必受到严重影响,社会撕裂的可能性则加剧。总而言之,当前的个性化推荐既是一种技术现实,也受到效率主义思想的支配,因而忽视了信息传播不仅服务于个体,也负有传达多样性、促成社会整合的目标。正因此,传播学者普遍认为,算法技术也需要秉承公共效益,将健全的信息结构纳入其设计标准。

我们看到,即使是个性化推荐也揭露了大数据平台算法的积极性总是伴随着消极性,实际上,这代表一种新的控制模式。德勒兹在 1990 年发表的《控制社会后记》预言"控制社会"将代替福柯提出的"规训社会",最显著的表现之一便是"分体"代替"主体"。尽管当时大数据技术还未出现,但德勒兹极有远见地指出:"我们发现自己面对的不再是群体/个体的配对。个体(individual)成了分体

① 喻国明,曲慧.“信息茧房”的误读与算法推送的必要——兼论内容分发中社会伦理困境的解决之道[J].新疆师范大学学报(哲学社会科学版),2020,41(1):127—133.

(dividual),而群众变成了样本、数据、市场或'银行'。"①人在算法面前只是可量化的数据集合,而算法用对数据的处理代替对人的处理。因此,作为集中化的技术系统,它恰恰不是用单一的标准框定所有的个体,而是灵活适应不同的对象。"规训社会"要求主体在封闭的空间之内合乎规范地行动,但"控制社会"是一种调制(modulation),一个持续变形的模具,它不强制而是管控人们如何行动。正如人们在社交平台或购物平台上的那种体验,用户穿行于不同的空间,得到及时与准确的响应,但愉快的交互是以用户交出数据以便于平台的监控为前提的,甚至连鼠标在某个地方停留的时间都会得到记录以便让用户更愿意接受广告;用户的自由没有边界,但平台始终在暗示他去点击平台希望他点击的,消费平台向他推送的。用户既无法过问算法工作的细节,也无法在算法提供的内容之外要求什么。算法之所以能担当新型控制技术,是因为它的核心在于预测。算法走到我们前面,看起来像一位比我们更了解我们自己的顾问,在无意识的时刻完成对信息的过滤和调节,于是我们不知不觉就被植入新的需求,为平台贡献注意力或"剁手"买单。"算法构建了一种强大的参与文化,以一种自由实践、自我释放、无所不知的'友好'手段将个体牢牢束缚在技术之网中,难以挣脱,算法系统的神秘不在于它向我们隐藏了什么,而在于那些看似不起眼的、零碎的、嵌入式的用户参与,强化了算法对我们的控制,个体成为了技术的一部分。"②算法控制社会并不压制而是征求我们的同意来加强它的权力,它肯定我们的欲望以达成对我们的奴役,依靠我们的惰性和喜爱作为它的养分。

如上所言,我们的现实逐渐转变为平台算法所构建的虚拟环境。

① 吉尔·德勒兹.控制社会后记[J].戴陆,译.世界美术,2022(1):53—55.
② 张萌.从规训到控制:算法社会的技术幽灵与底层战术[J].国际新闻界,2022:156—173.

平台不可能将现实的全部内容展现给每个人，但人们能接触到哪些信息与哪些人，这取决于算法如何界定每个人，如何识别他们的属性和需求。算法输出的结果又受到平台服务商甚至是政治势力的干预。而操作这一切的算法并非现实的限制，而是现实的前提。用户的自由乃是在算法事先划出的范围内做出选择的自由。以算法为核心的虚拟空间实际上充满各种利益的较量，技术原理与经济活动、政治诉求和社会利益在这里彼此难分。

（四）算法不公正与算法执法

当算法社会到来，人们能取得什么资源、遭受什么处置、能看见与被暴露给整体世界的何种范围都决之于算法对人的判断，那么这一隐藏在计算机程序内的过程是否客观、公正呢？我们一厢情愿地相信为特定任务编写的算法不受个体利益左右，它在提高效率的同时克服了人类在决策中难免带有的主观性（如评价求职者的情境），也相信用于金融等领域的算法都经过严密的测试与评估，不会出现故障。然而众多事件印证了人工智能的发展水平还不能满足人对它的理想期待。2015 年，一位黑人程序员发现自己被谷歌的照片分类系统标记为大猩猩，谷歌立即以最高优先级处理此事。2016 年，一位新西兰的亚裔男子申请护照被拒，因为他的照片被系统视作闭眼照。此外，来自卡内基梅隆大学的一位教授对谷歌的职位推荐算法进行测试，实验表明其他条件相同的情况下，男性组收到招聘信息的次数是女性组的 6 倍。也就是说，算法在运行中表现出人类社会既存的刻板印象，这一现象被称为算法歧视（Algorithmic Discrimination）或算法偏见（Algorithmic Bias）。在上述事例中，算法的设计者自不会将歧视意图编入算法，恰恰因此，算法偏见揭示了潜在的不确定性就发生在从数据输入、模型训练到算法输出一系列科学、严谨的步骤。这种不确定性躲过研发与测试环节，直到大规模投入运用才暴露出来。所谓算法偏见，往往在代码上找不到迹象，只能从结果上觉察一套算法对不同人群的差别化对待。①随着算法决策席卷社会，技术上的缺陷就会放大为失灵、歧视和剥夺等社会层面的问题，算法偏见的危害更显严重。我们已经看到，算法对不同群体的区别对待存在某种技术理性上的根源，也不必限于种族、性别的范畴，因此本文以"算法不公正"(Algorithmic Injustice)而非更通用的"算法偏见"为名探讨这个话题。②

抽象的代码为什么有时做不到秉公执法？关于算法不公正的成因已有诸多讨论，可归纳为如下几方面：

1. 如果用于训练算法的数据集存在缺陷，不能反映实在世界的全貌，由此得到的算法自然也会出现偏差。算法设计师受观念限制不能客观地采集数据，或社会所能产生的数据本身是不完整的，这就使社会原有的价值观嵌入算法的决策。卡罗琳·佩雷斯在《看不见的女性》中指出一个耐人寻味的趋势：传统社会的设计和制造基本以男性为导向，使得积累下来的数据集中女性是缺席的。"因为女性不被看到，也不被记住，因为男性数据构成了我们的大部分认知，男性的就被视为普遍。数据缺口导致占全球人口一半的女性被定义为少数群体，拥有一种特定的身份和主观的观点。"③因此，大数据社会以更强有力的方式巩固了传统的性别偏见。恰如算法歧视的权威研究者梅森指出的，作为一种预测，任何决策算法都会把过去的不平等投射到未来。④

2. 程序员直接将不公正的规则写入算法，也就是在算法设计者

①　卜素.人工智能中的"算法歧视"问题及其审查标准[J].山西大学学报(哲学社会科学版),2019,42(4):124—129.

②　杰米·萨斯坎德.算法的力量[M].李大白,译.北京:北京日报出版社,2022:260.

③　卡罗琳·克里亚多·佩雷斯.看不见的女性[M].詹涓,译.北京:新星出版社,2022:33.

④　转引自曹博.算法歧视的类型界分与规制范式重构[J].现代法学,2021,43(4):115—126.

的主观控制下形成符合特定目的的算法。这种情况不一定是复刻性别压迫。考虑一下,为选拔求职者而编写的算法直接将特定学历以外的群体排除在外。设置一定的招聘条件是公司的自由,但我们依然可以说,学历与应聘者的能力没有必然联系,因此这样的算法也是不公正的。实际上,算法遵从掌控它的公司的利益,专门植入算法的规则本身也许和社会基本价值没有冲突,还是会在实行时损害其他群体的利益。"大数据杀熟"就是算法不公正的代表性现象,有研究表明,浮动定价机制不只是中立地调节供需关系,它倾向于收取顾客价格承受范围内的最大值。

3. 还有一类算法不公正源于机器学习本身的特点,它是在算法生成的过程中自主形成的,萨斯坎德称之为"隐形不公正的规则"。他举例分析道,如果一门在线课程拟根据学生的所在地邮编收不同费用,希望以此让贫困地区的学生付较少的学费,然而算法却会自己建立一条特殊规则,以至于亚裔美国学生被收取高昂学费的可能性是其他群体的两倍。原因很好理解,亚裔美国学生集中在较富裕的地区,即使他们未必是富人。①建模算法建立了意料之外的规则,这种规则与设计者的预期目的没有必然联系,却是算法基于深度学习方法,从历史数据集中确认的解决问题的模式,算法会将在统计学上可信度极高的标准纹丝不动地贯彻下去。因此,这类算法不公正十分隐蔽,除非对算法区分的结果作专门研究,否则很难发现算法究竟以何种不符合常理的方式进行决策。再举一个小例子,2018 年王思聪在新浪微博进行抽奖以庆祝他赞助的战队在英雄联盟全球总决赛中夺冠,参与抽奖的用户性别比例大致相当,但最后获奖的 113 人中仅有 1 名男性。这当然不是因为抽奖算法或算法设计师对男性"有

---

① 杰米·萨斯坎德.算法的力量[M].李大白,译.北京:北京日报出版社,2022:263—264.

偏见"。设计这类算法的初始目的也许是提高用户活跃度,而算法在执行中发现优先女性更能获得符合设计者目的的效果(因为微博上的年轻女性用户的黏性更高、更愿意消费),换言之,此事的吊诡之处便是算法自己建立不公正的潜在规则以最大效率地达成本身中立的目的,仿佛客观的代码工具在人的目的与结果之间加入了自身的意志。我们难以指责抽奖算法的初衷是不公正的,却发现已然面对算法技术的不可控性。

这种不可控性直指以数据和算法进行决策的逻辑本身。如上文所述,算法预测的核心是相关性,但人脑认知已经滞后于机器智能的脚步,以至于人们未必能及时检验大数据方法发现的规律。实际上,由于商业对数据挖掘的依赖与迷信,人们更可能像舍恩伯格说的把高概率相关性当成事物之间的必然联系,直接投入应用。算法对数据集进行分类并寻找某类对象的集体属性,这一属性未必代表某一群体的本质属性,人们很容易判断学生的族裔与家境(应缴学费)、用户性别与获奖都不应该捆绑在一起。同时,算法误判的可能性内在于机器学习的方法。计算机科学将这种从数据层面上看合理的偶然联系称为"过拟合"。多明戈斯强调,在机器学习领域,关于过拟合主题的论文最多。简单地讲,存在海量数据时,任何一条假设都可能得到无数案例的支持。[1]数据显示的趋势终究不能代替关于现实世界的知识,然而算法决策的普遍应用把机器学习固有的缺陷施加于人自身。即使发现算法不公正,要对这样的模型进行调整也十分困难。机器学习的主流方法神经网络是让算法自行在输入数据与预设结果之间建立联系,这一方法当然极大地解放了算法工程师,却也意味着人无法理解最终输出的算法为什么涉及这样或那样的参数[2],就像人一开始无

---

① 佩德罗·多明戈斯.终极算法:机器学习和人工智能如何重塑世界[M].黄芳萍,译.北京:中信出版社,2017:91—93.

② 王维嘉.暗知识:机器认知如何颠覆商业和社会[M].北京:中信出版社,2019:88.

法预料抽奖算法会决定偏袒女性用户。科技公司在接到投诉后,基本只能对算法输出的结果增加限制,无法从根本上排除问题。

基于上述讨论,我们会对执法的算法化产生新的认识。见识到机器学习算法的威力,人们也希望让它辅助法律领域的决策。这类系统经过学习成千上万个案例,能够预测法官对新案件的判决。目前这类算法的正确率已经超过了人类组成的专家团,那么未来也许会设定规则,即使不是让算法全权决定,法官在判决前也应参考算法的结论。然而让算法掌握司法权力并不是一件只要考虑正确率的事情,它至少面临两方面的疑虑。其一,算法的推理过程是不透明的,它无法为它的结论作出可信服的法理说明,也就无法被人们有效质询。其二,众多学者指出,算法的判决涉及对判决对象的人权的损害。让机器而非人类共同体决定牢狱,无疑跨越了基本的界限。

对效率的追求往往会遮蔽对价值问题的反思。在 2013 年的威斯康星诉卢米斯一案中,威斯康星初审法庭参考 COMPAS 的评估结果,判处卢米斯六年有期徒刑和五年社区监督。当时美国司法界悄然形成利用风险评估工具以提高公共安全的风气。但卢米斯认为他的程序权利受到侵害提出上诉。威斯康星最高法院最终维持原判,然而判决书肯定了卢米斯的申诉理由,即 COMPAS 仅提供与被告相似群体的聚类数据,而不能对被告进行个性化判断,也支持卢米斯拥有对算法评估报告的验证权和拒绝权。此事引起了强烈反响,此后便有研究质疑 COMPAS 算法的准确率以及对某类标签的群体存在偏见。由此可见,人类社会还未对算法进入执法司法做好准备。"算法黑箱"的诱惑摆在法官面前,但人们既难发现算法的误判,也尚未对由此产生的算法不公正建立救济机制。借这一案例可以发现,算法参与决策将是一种历史性的变化,它总是会在某处干预或限缩人的自由意志,带来过去的社会环境不会出现的伦理与正义问题。

算法执法最为臭名昭著的例子或许是美国在"9·11"事件后成

立国土安全部,利用大数据技术排查隐匿在国民中的恐怖分子。公共安全的理由再次为公权力侵犯个人隐私大开方便之门,但此事还有值得重视的一面,这是在国家层面对算法的预测能力表示无限信任,把判断个人状况的权力交给统计学和数字技术。相关算法首先建立恐怖分子的数据模型,再在国民的通讯、交通和交易数据中搜寻类似行为。任何人被算法辨别为异常,他的正当权利就荡然无存,行动自由也会受到限制。国土安全部的计划等于再现了电影《少数派报告》中的极权体制,相信某种全能技术能够根据一个人的过去历史就确认他的犯罪风险,进而提前对潜在犯人采取措施。我们感受到一种倒果为因的荒诞感,因为相信算法的预测可以确定一个人的未来,既是无比幼稚的决定论思想,也是对人类自由意志的侮辱。在这一极端状况中,算法的作用、技术迷信与权力的无节制伸张扭结在一起,最深刻地提示我们有必要为算法的预测划下边界。算法的结果本身只是基于过去的一种预测,而无法考虑正在发生的变化。因而它在本质上是悖论的:算法的着眼点始终是未来,但它展示的未来只是过去的延伸,因而总是在维护一幅静止的世界图像。

某种意义上讲,"算法偏见"的提法本身就有缺陷。机器学习与数据紧密相关,数据则是人类社会的镜像,我们又怎么评判算法存在偏见呢,我们如何让人类社会产生的算法比社会本身更加公正呢?微软在 2016 年推出聊天机器人 Tay,发布不到 24 小时这一程序就学到了人类社会的反犹主义、性别歧视和种族歧视,被紧急下线。也就是说,"当人类文化……一些根深蒂固偏见也承载了下来,以此为计算依据数据的人工智能算法同样可以通过'有用数据'信息的搜集将歧视规则归纳出来。"[①]我们没法也没必要对算法不公正的所有成

---

① 张玉宏,秦志光,肖乐.大数据算法的歧视本质[J].自然辩证法研究,2017,33(5):81—86.

因做出分类,它来自人类与作为非人类主体的算法的互动,而算法则以我们未曾料到的方式揭示社会现实原本含有的倾向。再如,2020年一篇推送《外卖骑手,困在系统里》引起社会舆论的强烈关注。算法之所以能为每位骑手制定配送路线和预计时间,来自它对骑手们过去行为的学习。考虑一个细节,如果骑手无法将外卖送上写字楼,或者为了赶时间倾向于闯红灯、走反道、把外卖放在一楼大厅,那么算法就会综合无数个别行为,更新对骑手的规划。骑手的时间压力不断升高,却是集体行为的反馈结果。监控骑手状态、分配订单的平台算法固然将骑手纳入了平台精确可量化的控制中[①],但算法的特性更多在于通过它与骑手的反馈回路,促成骑手群体的自我剥削。

外卖骑手的困境凝缩了算法控制社会的危机:我们没法对来自"算法黑箱"中的决策表示抵制,也不了解对我们进行调控的算法的实际意义。对于个体来说,他可能因为偶然因素受到算法的歧视或惩罚,也未必能发现推荐系统正在屏蔽他与某些信息的接触。执法、司法等事务逐渐允许具有准自主性的算法参与,那么算法内部的不确定性将更加严峻地牵涉安全与正义问题。更重要的是,由于算法的制作与管理涉及多方,一旦出现弊端也难以判断应当对其负责的主体。企业往往以商业机密为由拒绝向公共部门公开算法。类似隐性不公正的情况又应当归咎于控制者、设计者还是人力以外的因素呢? 人工智能带来的妨害恰似落在算法学者、资本巨头与平台大众的空隙之间。

这当然不是给算法的控制者找免责的借口,而是表明算法社会需要新的责任监督机制。既然算法不只是专业知识或商业产品,它在社会中发挥的力量已经突破现有的法律框架而影响公众的言论自

---

① 详参陈龙."数字控制"下的劳动秩序——外卖骑手的劳动控制研究[J].社会学研究,2020,35(6):113—135.

由、社会承认与经济权益,那么不同领域的群体就有必要协同参与对平台算法的治理。①我们希望程序员更加了解他正在解决的技术问题将会造成哪些社会效应,希望算法的实际控制者能(至少向行业内专家)解释那些决定我们的生活与权利的算法可靠性如何、它的工作究竟意味着什么,也希望在算法出现故障时,有妥善的社会机制可以及时纠偏。

(五) 结语

大数据平台算法展现出的科技创新、经济创新的价值令人趋之若鹜,与此同时,也迫使社会开始反思算法技术对认知方式、生活方式和社会关系造成的深远影响。大数据平台算法为未来社会的工作、生活带来全新的可能性,超越了数据处理、信息传播的传统形态存在的阻碍,但它也像潘多拉魔盒一般,释放出了人类无法预料的后果。当人类社会依仗大数据平台算法分配社会资源、获取生活便利时,也不得不面对前所未有的社会问题。这些问题使人们认清技术所具有的深刻的不确定性。尽管人类始终在筹划与预测中运用技术,但技术与原有社会关系的结合仍会产生无法预测的局面。更何况,算法本身就是一种精确性与概率性相互渗透的技术。"让数据说话",大数据初兴时的这句口号空前地改变了科学与商业的思维方式,但也让人对人工智能的局限性与由此带来的新生社会问题置之不理。

然而警惕大数据算法的技术风险,并不是要堕入计算机系统掌控人类的科幻想象中。每逢算法技术与人工智能的发展,人们往往热衷于探讨程序是否形成了自主意识,进而担忧有一天计算机主体要推翻人类的统治。牛津大学计算机学院院长伍尔德里奇对此做了

---

① 这一问题本文不及展开,可参见刘友华.算法偏见及其规制路径研究[J].法学杂志,2019,40(6):55—66.

干脆的回答:人工智能没有意志,它最根本的指令就是服务于人的需求;然而它确实可能误解人的需求。①在前面的讨论中,我们随时可见算法为了完成人类交给它的工作,独立引入人类并不希望出现的准则。而机器学习尽管将人工智能推向繁荣,也加剧了技术的不可预测性与独立性。归根结底,算法如果会产生不公正,那是因为人们会对算法输出的结果作出错误的解读与过于宽泛的运用。用算法延伸人的能力,其前提是把世界以及人自身变成可量化的数据,人类原以为数据本身是客观公正的,然而采集与处理数据的方式无不与人的目的相关,数据形象永远不能反映现实的全部维度。这一矛盾横亘于算法不公正的各种情况中,使人类面临算法异化的可能。

人类在未来的生存将越来越离不开算法,一味地渲染技术威胁是没有意义的。个性化算法为每个人提取他最需要的信息,平台为职员发布工作指令,这些现象表明算法将成为我们的同事、助理与伙伴……"赛博格"原本指肉身植入技术装置的人,但在与算法深度融合的意义上讲,我们每个人都已经是人机参半的赛博格。让算法服务于人的同时,人也必须适应算法的节奏与互动方式。那么,算法或平台的确构成当今社会的主体。它不只是被动地接受指令,也会反过来形塑人们的感知习惯与生活条件。后人类主义理论家凯瑟琳·海尔斯认为,人业已构成计算机的分布式系统的一部分,人与机器共同组成当代社会的认知集群。②简单地说,与算法相结合的人要完成特定的事情,不仅看他的意志,也要看算法是否支持这一任务。除了上文列举的种种情境,不妨再考虑一下,短视频平台的用户如何被推荐算法改变其注意力模式,内容生产者的劳动又如何受到平台各类

① 迈克尔·伍尔德里奇.人工智能全传[M].许舒,译.杭州:浙江科学技术出版社,2021:219—221.

② N·凯瑟琳·海耶斯.书写//后人类:作为认知集合的文学文本(英文)[J].文艺理论研究,2018,38(3):6—21.

机制的调节。这是一张联结了生活者、消费者和算法的网络,具形于平台搭建的虚拟社会之中。人们在这里可以自由地选择,却也承受着来自各个方向的权力。不过有一点可以明确,只有更好地理解算法的工作原理、它的权能与缺陷,我们才有望让"人机共生"导向更良性的循环。

平台算法作为人与人的社会关系的中介物,必然参与权力关系的再生产。算法技术最终起到什么作用,与算法操控者的目的密不可分,很自然地,算法的运用倾向于扩大政府与互联网巨头的主导地位。对于政府而言,大数据技术符合为达成行政目标而监察、控制与反馈的需要,国家对公民的监控活动势必会不断膨胀。"其结果可能是一种非对称、非均衡的格局:国家行政系统凭借其掌握的行政权力和公共财政,拥有运用信息技术的巨大优势,可以在国家监控体系中充分利用信息技术手段,对公民的信息进行全面的收集和贮存,对公民的行为进行彻底的监管,……但相对于国家行政系统在国家监控体系中对信息技术的强势运用,公民权利保障机制中的网络技术维权完全处于弱势。"[①]企业是根据市场规则追逐利益的主体,它们并没有控制公众的直接目标,然而如前文指出的,为了获得平台的服务,用户就必须接受单方面制定的规则,这实际上构成平台的"私权力"。"平台通过要求平台内用户遵守代码规则实现了平台的自主权力的建构,形成了平台的割据化。在平台内,平台规则如同国家法律一般具有相应的影响力与控制力。"[②]算法技术延伸并改变了权力的性质,与此同时,平台作为新的权力主体登场了。然而,我们不仅要问技术接受谁的控制、满足谁的目的、符合谁的利益,也要看到作为自主性技术的算法,正在成为新的控制手段,促成新的权力形态。在

---

① 肖滨.信息技术在国家治理中的双面性与非均衡性[J].学术研究,2009(11):31—36.

② 周辉.算法权力及其规制[J].法制与社会发展,2019,25(6):113—126.

算法社会,人不仅受政治与经济多种权力的约束,也禀受算法系统的控制。

因为,只有理解大数据平台算法也是社会网络中的行动者,我们才能更好地正视与它相关的各类问题。肯定大数据平台算法作为主体,是为了承认人的有限性,承认人不是技术的绝对主宰,承认随着技术的运用,不同人群所面临的不同的命运。算法社会的结构跨越程序开发人员、公司运营者、政府和公众各个层面。平台和算法的问题总是涉及多方利益,与整个社会的生态息息相关。无论未来的挑战是什么,都需要多元主体的联合与行动,去迎接各自在算法社会中的责任。

产　业

科幻电影:科幻动画

吕一杨

一、科幻电影及科幻动画的定义

克里斯蒂安·黑尔曼在《世界科幻电影史》一书中率先提出"科幻"一词,并将其定义为"科学幻想"(Science Fiction),此后人们逐渐将其沿用到电影、漫画、小说等多个艺术创作领域,成为热门的题材类型[①]。其中,科幻电影凭借着独具匠心的艺术构思和表现形式在电影领域中占据着举足轻重的地位,也成为了超现实主义在时代传承中的绝佳载体。科幻文艺家赫伯特·W·弗兰克提出:"科幻电影所描写的是,发生在一个虚构的、但原则上是可能产生的模式世界中的戏剧性事件"[②],其强调了科幻电影是基于艺术家在尊重科学原理的基础上创作的想象中的故事,可以呈现人们脑海中的幻想世界。

科学幻想动画也简称科幻动画,主要以科学事实为基础,加以艺术手法修饰后呈现人类脑海中幻想出来的未来世界,属于虚构性的动画作品。韩笑在《动画类型学》中提到,"科学幻想"动画(Science Fiction)又称"科幻"动画(Sci-Fi 或 SF)。科幻动画的定义也有"狭广"之分。随着更多传播形式的出现以及科幻题材的普

---

① 秦小花.国产科幻动画电影的创作路径研究[D].四川美术学院,2021.DOI:10.27344/d.cnki.gscmc.2021.000256.

② 克里斯蒂安·黑尔曼.世界科幻电影史[M].陈钰鹏,译.北京:中国电影出版社,1988:2.

及,如今的科幻题材作品早已超越了早期的严格定义,更多的时候伴随着更加丰富的、更加吸引人的元素出现。比如在美国动画影片中,科幻往往作为故事的世界观背景出现,并伴随某种核心创意与高概念元素,如《天降美食》中的美食,《机器人总动员》中的爱情。这些影片已不再着重表现科学与人类的关系,而是作为故事片以更加"友好"的姿态展现在观众面前,但仍属于广义的科幻动画范畴。相对的,狭义的科幻动画多出现在日本,依然坚守着科幻题材的核心精神,以表现严肃的思想主题为目的①。美国动画家查尔斯·门罗·舒尔茨提到:"这些影像的动作是不存在的,是通过艺术家的幻觉造出来的,并用摄像机记录下来"②。因此,科幻动画能够以科学事实为基础,通过创作者的思考和研究并加以联想,形成每一个鲜活生动的动画人物角色和道具。如今,国产科幻动画主要以科技为主,并将其融入剧情中,使其在科幻时空中拥有全新的人物和故事。

二、2022 年中国科幻电影及科幻动画发展概况

(一) 科幻电影

2022 年中国电影市场中票房过亿的中外科幻电影共 8 部,合计票房 73.14 亿元,其中《独行月球》《侏罗纪世界 3》《熊出没·重返地球》三部影片夺得了 2022 年科幻电影榜的前三名。由开心麻花出品的《独行月球》于 2022 年暑期档上映,采用科幻加喜剧的形式斩获 31.02 亿票房,制作好评率达 90.5%,稳居 2022 年中国科幻电影票房榜首。《明日战记》则为中国科幻电影补全了机甲科幻这块重要的拼

---

① 韩笑.动画类型学[M].北京:中国电影出版社,2018:301—303.
② 王建华.中外动画史[M].北京:中国建筑工业出版社,2015:2.

166

图,影片涵盖外星异种、智能武器、末世危机等元素,在硬核的科幻设定中融入了港式警匪片中的兄弟情谊,探索出一条充满东方色彩的科幻道路,其精彩的故事和画面也助力影片最终斩获 6.79 亿票房。还有充满想象力的《外太空的莫扎特》,观众对其特效评分达 8.7 分,制作好评率达 89.7%。

(二)科幻动画

1. 动画电影

在 2022 年上映的国产科幻动画电影中,春节档常驻嘉宾"熊出没"系列推出了《熊出没·重返地球》,影片凭借 9.77 亿元夺得 2022年中国科幻电影票房榜季军,同时也创造了该系列电影的单片新高。从故事创意到技术升级,《熊出没·重返地球》进一步拓宽了国产动画电影的边界。讲述如何拯救宇宙的《开心超人之英雄的心》和首次尝试"科幻"题材的国产动画电影《冲出地球》等包含科幻元素的作品也都收获了超十亿的票房成绩。

2. 动画番剧

2022 年国产科幻动画番剧成绩也不俗,从播出平台来看(如表1、表2 所示),腾讯视频、哔哩哔哩仍然是国产科幻动画的两大主要投放平台,分别上线了三部和六部国产科幻动画剧集,均收获不错的热度和播放量。其中热门 IP《三体》的动画版于 12 月 10 日上线哔哩哔哩平台,首日播放量便累计破亿,追番人数破 500 万,仅仅 1 天就拿下 23 个热搜。截至 12 月 28 日,哔哩哔哩累计播放量 2 亿,追番人数 681.8 万人次,并且站内同时在线观看人数更是创下哔哩哔哩历史数据新高,在一定程度达到了"出圈"的目标。另一部原创国产硬科幻动画《黑门》于 7 月 29 日在哔哩哔哩上线后就冲到 9.8 分,豆瓣评分 8.3 分,获得相当好的口碑,播放量近 3000 万,追番人数超过百万,连续几周蝉联"华语剧周榜"前三。

表 1 腾讯视频 2022 年上线的国产动画剧集

片　名	改编来源	作品类型	2D/3D	上线日期	制作公司
雄兵连 3 雷霆万钧	原创	战争、科幻	3D	5/29	超神影业
星域四万年	小说改	科幻	3D	10/4	大呈印象
虚境重构	原创	动作、科幻	2D	10/15	黑子工作室、蔚蓝绘渲

(数据来源:雷报微信公众号)

表 2 哔哩哔哩 2022 年上线的国产动画剧集

片　名	改编来源	作品类型	2D/3D	上线日期	制作公司
花开张美丽	漫画改	搞笑、科幻	2D	1/10	辉光工作室
黑门	原创	科幻、推理、悬疑	3D	7/29	北京初色美刻动画科技有限公司
独行月球	漫画改	科幻、搞笑	2D	9/10	非人哉工作室
明日方舟:黎明前奏	游戏改	科幻、战斗、热血	2D	10/29	悠星动画公司（Yostar Pictures）
三体	小说改	科幻	3D	12/10	艺画开天
鲤氏侦探事务所	游戏改	日常、科幻、搞笑	2D	12/23	重力井工作室

(数据来源:雷报微信公众号)

3. 电视动画

国产电视动画方面(如图 1 所示),2022 年童话、教育、文化、科幻、现实、历史、其他七大题材的总分钟数分别为 69262.7、30953.4、19327、13196、11934、3976、3393(不计变更情况),平均单集时长分别为 8.74、10.83、9.88、12.96、11.15、9.7、11.16 分钟,其中科幻类型的国产电视动画为 2022 年平均单集时长最长的题材。

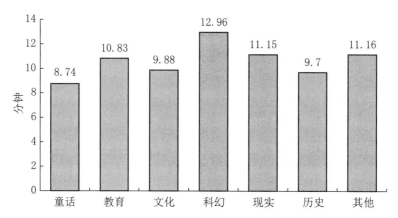

图1 2022年全国国产电视动画制作备案公示分题材平均单集时长

（数据来源:广电总局网站、文创潮制图）

如表3所示,其中片长500分钟及以上的科幻题材电视动画有《神兽金刚6地球之盾》《勇敢者传奇》《开心超人联盟之平行时空大冒险》《开心超人联盟之棋兽传奇》这4部。同时,热门IP在动画授权领域也有较高的关注度,如湖北卫视传媒有限公司备案了《三体》和《时光代理人》,奥飞娱乐备案了《开心超人》和《飓风战魂》,灵动创想备案了《列车超人》等。

表3 2022年全国国产电视动画制作备案公示(科幻题材)

序号	省区	片 名	片长	报备机构
1	广东	神兽金刚6地球之盾	780	广州达力动画有限公司
2	山东	勇敢者传奇	690	雨清(山东)影视传媒有限公司
3	广东	开心超人联盟之平行时空大冒险	676	广东明星创意动画有限公司
4	广东	开心超人联盟之棋兽传奇	676	广东明星创意动画有限公司
5	湖北	三体	420	湖北卫视传媒有限公司
6	浙江	心奇爆龙战车之龙装战甲2	416	浙江荣军动画科技有限公司

续表

序号	省区	片　　名	片长	报备机构
7	浙江	心奇爆龙战车之魔方变形	416	浙江荣军动画科技有限公司
8	广东	列车超人	390	广州灵动创想文化科技有限公司
9	广东	银河封神纪1	390	广东启睿动画有限公司
10	浙江	数学魔法　第二季	390	宁波莱禧影视文化有限公司
11	浙江	变形联盟之超变战神	390	杭州馨梦动画有限公司
12	湖南	盟卡车神之魔幻元珠	364	湖南玄明影业有限公司
13	湖南	盟卡车神之魔幻元珠2	364	湖南玄明影业有限公司
14	辽宁	果冻超人1	351	沈阳天鹏动画制作有限公司
15	辽宁	果冻超人2	351	沈阳天鹏动画制作有限公司
16	广东	飓风战魂6	338	广州奥飞动画文化传播有限公司
17	浙江	欢乐学院第二季	338	宁波市江岚影视文化传媒有限公司
18	广东	喵能战士1	338	广东咏声动画股份有限公司
19	浙江	龙战士星源	338	浙江荣军动画科技有限公司
20	广东	飓风战魂之剑旋陀螺2	338	广州奥飞动画文化传播有限公司
21	广东	钢铁飞龙4:捕梦奇兵	338	广州超维互娱科技有限公司
22	广东	双甲战陀2超环战陀	338	广州达力动画有限公司
23	江苏	托宝战士银河侦探4	338	苏州星腾文化传媒有限公司
24	广东	咖宝车神之重装归来	336	广东易腾动画文化有限公司
25	广东	咖宝车神之飞天战队	336	广东易腾动画文化有限公司
26	山东	七色镇奇遇记	300	雨清(山东)影视传媒有限公司
27	浙江	巨物	288	杭州理灵文化科技有限公司
28	湖北	时光代理人	288	湖北卫视传媒有限公司
29	江苏	托宝战士银河侦探5	286	苏州星腾文化传媒有限公司

续表

序号	省区	片 名	片长	报备机构
30	广东	潜艇总动员	260	深圳市环球数码影视文化有限公司
31	广东	超元绝战（上）	200	广州达力动画有限公司
32	云南	熵年已末	195	云南晶睛动画文化传播有限责任公司
33	上海	超迷你战士第十季	182	上海左袋文化传播有限公司
34	上海	超迷你战士第十一季	182	上海左袋文化传播有限公司
35	浙江	心奇爆龙战车之暴龙出击3	182	浙江荣军动画科技有限公司
36	广东	开心超人小剧场之趣味小课堂	144	广东明星创意动画有限公司
37	河南	豫游记之信阳篇	132	河南红羽文化传播有限公司
38	四川	寻找"科灵石"	72	成都影视硅谷集团有限公司
39	浙江	人类崛起第一季	45	杭州天雷动画有限公司

（数据来源：广电总局网站、文创潮制图）

（三）观众对国产科幻的期待值较高

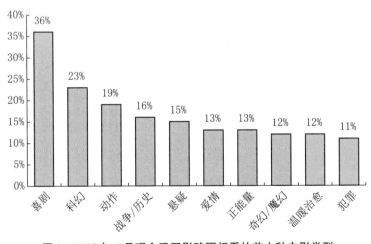

图2 2022年4月观众重回影院更想看的前十种电影类型

（数据来源：猫眼研究院微信公众号）

表 4 2020—2022 年间观众院线观影倾向的前八种电影类型

2020 年 2 月	2020 年 5 月	2021 年暑期	2022 年 4 月	2022 年 12 月初
喜剧	喜剧	喜剧	喜剧	喜剧
科幻	科幻	剧情	科幻	科幻
动作	动作	悬疑	动作	奇幻/魔幻
悬疑	悬疑	科幻	战争/历史	悬疑
剧情	动画	动作	悬疑	温暖治愈
爱情	剧情	犯罪	正能量	动画
灾难	爱情	冒险	奇幻/魔幻	动作
奇幻/魔幻	奇幻/魔幻	爱情	爱情	战争/历史

（数据来源：猫眼研究院微信公众号）

根据 2020—2022 年间的多次调研结果显示（如图 2、表 4 所示），喜剧、科幻、动作、悬疑都是观众期待走进影院观看的题材，且科幻题材位居前几位，说明当前观众对科幻题材的期待值和重视程度依然较高。

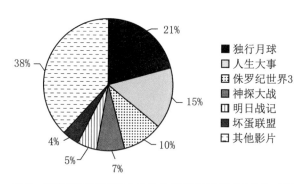

图 3 春节档后调动观众首次走进影院的影片（单位：%）

（数据来源：猫眼研究院微信公众号）

根据调查结果显示（如图 3 所示），21％的观众是因为《独行月球》上映，才在春节档后首次走进电影院，这说明国产科幻电影的号召力在不断增强。自《独行月球》上映以来,全国影院的观众上座率迅速升高,逐渐成为票房黑马,其作为"科幻＋喜剧"的大制作,最终以 28.96 亿元的战绩登顶 2022 年暑期档冠军。

(四) 2022 年取得的重要突破

1. 科幻电影方面

（1）首次明确出现科学顾问、科学支持机构

部分网友质疑在电影《独行月球》中独孤月在绝望时从月球遥望地球时,星星点点的手电筒灯光汇聚成"你不是（一个）人"字样的情节不够科学,而该片的科学顾问、中国科普作协科学与影视融合专委会常务副主任林育智解释说:"用光传递信息是科学的思维方式,而用光摆出一行字,则是科幻喜剧的手法。"在《独行月球》片尾的演职员表中,科学顾问、科学支持机构等专业人员和组织拥有了独立的一栏,这是我国科幻电影首次明确出现科学顾问角色。科学顾问绝不只是进行口头指导,而要深度参与作品的全程制作,这不仅需要科学顾问的辛勤付出,更需要行业的逐步认可和接受。同时,这也意味着该片中"科幻"与"喜剧"的成功结合也离不开很多科学家、科学支持机构提供的智力支持。

（2）有效提升特效及场景的真实度

《独行月球》的特效由国内顶级特效公司墨境天合（MORE VFX)制作,光是视效工作人员就超过 600 人。剧组在拍摄期间共使用了 15 个摄影棚,全片 95％的镜头涉及特效,仅特效镜头就将近 2000 个。为了让观众更好的进入剧情中,剧组还在 6000 平方米的影棚中铺设 200 吨沙石来模拟月面粉尘,并使用 4000 多支虚拟镜头拍摄,从而百分百还原月球基地。从月球基地、月面环境到地球中的地底城市,各种环境细节充满真实感。影片还使用 CG 技术还原了一只毛发逼真、表情丰富的"金刚鼠",不仅真实还原其 5000 万根毛发,呈现它幻想大草原的 1 个镜头后期制作周期更是长达 11 个月。只

有做到这样,影片的细节才能足够完美。《明日战记》由"天下第一酷睿"特效公司制作,共使用了 1700 多个特效场景,占所有电影的90％,超过了迄今为止的亚洲电影数量。在《外太空的莫扎特》中,中国首次在科幻电影的外景拍摄中实现了现场拍摄,完成了"莫扎特"绒毛质感与熊猫萌动兼具的形象。以往导演和演员都需要想象虚拟角色的脸部、位置、奔跑路线来完成拍摄,而通过墨境天合(MORE VFX)团队开发的系统,导演和摄像头可以在拍摄现场直接看到"莫扎特",更好地配合真人和虚拟角色。即使从白纸开始,中国团队也能通过不懈努力创造出全新的科幻世界。

（3）本土化改编获得成功

开心麻花将韩国科幻漫画家赵石的同名作品《独行月球》进行本土化改编,立足中国人的家国情怀,合理延伸部分故事情节,营造出意想不到的喜剧效果,最终形成"中国版本"的《独行月球》。尤其是影片结尾丰富了独孤月为拯救地球和人类而选择自我牺牲的情节,充分展示出"家国一体""心怀天下""舍己为人"的中国传统价值观。

（4）传统文化融入中国科幻

《明日战记》的巨型战斗机甲——爆裂王者"刑天"和狂暴使者"穷奇"的命名也是国产科幻电影的新尝试。"刑天"是古代神话中与天为敌、身不由己的英雄,陶渊明在诗中称赞其为"刑天舞干戚,猛志固常在"。"穷奇"则是《山海经》中的凶兽,传说其身体像老虎,背上有翅膀,非常凶。电影中两个巨型机甲在造型方面也与原型建立了一定的联系,"穷奇"动作快,"如虎添翼",而"刑天"声势浩大,"以乳为目,以脐为口",战斗不休。影片将机甲命名为"刑天"和"穷奇",展现出将传统文化融入中国科幻的鲜明意识。

（5）受众类型更加丰富

2022 年国产科幻将更加注重类型的丰富性和定位的明晰性。如《外太空的莫扎特》作为一部儿童幻想类电影,主要面向青少年观众;《独行月球》是一部科幻喜剧,属于家庭欢乐类型;《明日战记》首次涉及科幻机甲,受众以男性为主。

(6)暑期档电影呈现出鲜明的"科幻"元素

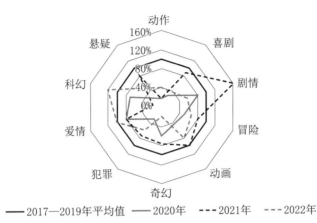

图 4　暑期档电影各题材数量分布 TGI

(数据来源:猫眼研究院微信公众号)

受新冠疫情影响,自 2020 年以来,各类影片的市场供给一直处于失衡状态,其中不乏成本较高的动作、奇幻、冒险等重点题材,喜剧、动画等市场高频需求类型在 2020 年暑期档也呈现出明显的缺位,这使得影片在上映数量、档期、题材等方面更易出现倾向性。随着相关政策的出台以及国家对重点题材的资金支持,各题材的拍摄逐渐恢复。如图 4、图 5 所示,2022 年暑期档就呈现出鲜明的"科幻"元素,且成为票房中贡献最大的类型。

(7)出现"以上映代替宣传"的新策略

《独行月球》映前 10 天定档,宣发期十分紧迫。7 月 19 日定档后,虽然连续发布多款重磅物料,但热度一直没有像剧组所期望的那样持续走高,好在最终通过 7 月 27 日、7 月 28 日两轮连续的大规模点映使其热度迅速攀升,实现了有限时间内的极限宣发,后者也成为

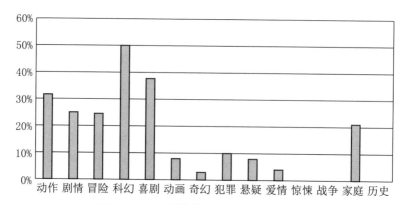

图 5 2022 年暑期档电影各题材票房贡献

（数据来源：猫眼研究院微信公众号）

2022 年点映的新策略。这一策略不仅能提前释放口碑，还吸引了更多观众参与剧情的讨论，"以上映代替宣传"或许会成为优质影片在紧急情况下的有效宣发方案。

2. 科幻动画方面

（1）国产动画电影首次尝试"科幻"题材

《冲出地球》是中国动画电影首次对"科幻"题材的尝试，该片的世界观设定极其宏大。影片中，地球是宇宙的飞船制造中心，一场突如其来的陨石雨导致地球即将发生惨绝人寰的核聚变，沦落为一个没有生命的能源供应地。但是《冲出地球》并没有借助天体物理、飞行工程等知识来建立一个充满质感的世界，只是空有一个架构，这是该片票房冷落的症结之一。但值得肯定的是，该片开启了国产科幻题材动画电影的端口，拓展了国产动画电影的题材领域。

（2）特效镜头愈加精细

要打造一部成功的国产科幻动画，不仅需要天马行空的想象力，更需要强大的执行力，其画面的精细程度也和后期渲染质量息息相关，这些是决定一部作品成败与否的关键因素。国产科幻动画电影

《熊出没·重返地球》设计了星际大战、保护地球等高燃场面,特效镜头占比达80%,赢得了不少大、小朋友的青睐。动画番剧《黑门》为了让观众能沉浸到故事中,在片头、时长、场景、动作特效中反复打磨镜头调度,通过精致的建模、画面和特效,为广大的剧迷们带来了一场科幻视觉盛宴,赋予故事更多值得解读的信息。《三体》动画版在特效、剧情、建模、动作上是走在国产动画前列的,其制作公司艺画开天专门就《三体》中涉及的科学原理与专业的科学家团队进行深入的咨询和交流,促使其特效和科学性都达到了较高水准,如开篇的"古筝计划",万吨邮轮改造的"审判日"号缓缓驶过巴拿马运河,50根纳米丝带着火花将巨轮切开等场景,又如第二集中丁仪在太空中主持粒子对撞试验的内容,很多观众都觉得,这部分无论是空间站的建构还是特效都做得很严谨①。

(3)"中国元素"增添观众共情

科学幻想的前提是让观众相信这是真的,而这一切的信念感都来自场景和人物设定。国产科幻动画番剧《黑门》的片头除充满科技感的微观镜头之外,还添加了中国特色内容,如那座铜色雕塑就源自民间传说"周处除三害"。其故事环境设定选择了近年来的中国,加入了很多中国元素,如融合了老城建筑风格的白洋城建筑、生活中常见的桑塔纳轿车等等,尽力让观众觉得这些事可能就发生在身边。同样,在《三体》动画中也有大量的中国元素,无论是人物的造型、语言还是城市的街景设置,甚至连广播里的新闻都有浓郁的中国特色。其中很多生活场景都沿用了中国城市的元素,如随处可见的具有市井气息的汉字标语、广告牌、美食街、大排档等。具有东方面孔和行为特征主人公罗辑、史强等角色也因为国语配

---

① 贾天荣.《三体》动画,屡遭热议 屡起争议[EB/OL]. (2023-01-06)[2023-03-01]. https://mo.mbd.baidu.com/r/11uYMs3LyKs?f=cp&u=3b7395de708222cf.

音显示出不同的性格特征。呈现熟悉的生活化场景有助于吸引更多观众去深究其展示的中国特色和传达的价值观念①。

（4）加入新的科幻元素

动画番剧《黑门》中加入了许多科幻题材动画中从未有过的新科幻元素，如无人驾驶的电极可分裂式高效公交、可以自动行动的外骨骼座椅、模拟太空漫游的脑宇宙、脑基站的 RNA 复制技术等。

三、科幻电影及科幻动画的发展现状

（一）历年发展简述

1. 科幻电影

我国第一部科幻电影《六十年后上海滩》于 1939 年上映，此后发展十分缓慢，只诞生了数十部科幻电影。但该片能否作为中国科幻电影开端的问题在近几年也引发了部分学者的激烈讨论。2021 年 8 月 5 日，学者黄鸣奋根据对《民国时期期刊全文数据库（1911—1949）》《中国近代报纸资源全库》《中国历史文献总库·近代期刊数据库》等检索所发现的史料指出：1925 年，开心影业公司出品了汪优游、徐卓呆执导的《隐身衣》，它可能有资格作为中国最早的科幻电影的候选者②。改革开放后，随着"科教兴国"战略的实施，《异想天开》《珊瑚岛上的死光》《霹雳贝贝》《大气层消失》等科幻电影层出不穷，科幻电影逐渐进入行业繁荣期。新世纪以来，全球电影市场的联系日益紧密，《长江七号》《太空营救》等在学习西方科幻电影佳作的优点的同时依然保持显著的民族特色，其创意和制作水平显著提高。

---

① 贾天荣.《三体》动画，屡遭热议　屡起争议［EB/OL］.（2023-01-06）［2023-03-01］. https://mo.mbd.baidu.com/r/11uYMs3LyKs?f=cp&u=3b7395de708222cf.

② 黄鸣奋.从滑稽片到故事片：再探我国科幻电影发端［EB/OL］.（2021-11-15）［2023-6-28］. https://www.kpcswa.org.cn/web/press/members/works/111549462021.html.

党的十九大深入实施"科技强国"的战略,加大科技方面的投入,诞生了《流浪地球》《疯狂外星人》等爆款科幻电影,国产科幻电影质量不断提高,热度不断提升。

2. 科幻动画

(1) 动画电影

2009 年至 2021 年,我国共上映 37 部科幻动画电影。目前,国内科幻动画电影主要通过漫画或动画系列改编为动画电影的方式进行 2D 或 3D 制作。2006 年以前,中国科幻动画电影由于科学意识和技术匮乏出现了一定的创作空白,题材多以"儿童""冒险"和"喜剧"为主。同年,首部国产科幻类型的三维动画电影《魔比斯环》使用了高超的 3D 制作和渲染技术,促使科幻动画电影进一步发展。在此之后,上映于 2009 年的《喜羊羊与灰太狼之牛气冲天》、2010 年的《超蛙战士之初露锋芒》、2012 年的《超蛙战士之威武教官》以及 2011 年到 2019 年间制作的《赛尔号大电影》系列都传达出"科幻的发展离不开技术"这一重要理念。2014 年,由漫画改编的《十万个冷笑话》开创了国产科幻动画电影与其他元素融合的先河,给观众带来了新的审美体验,吸引了更多的成年观众,丰富了国产科幻的受众类型,推动了国产动画由"低幼化"向"全龄化"迈进。2019 年,中美合拍的科幻动画《未来机器城》在情节构建、科幻特效、场景设计以及动作流畅度等方面都有显著提升,国产三维动画逐步走向专业化、产业化、国际化。

(2) 动画番剧

随着主要的国产科幻动画番剧播放平台,如腾讯视频、哔哩哔哩、优酷视频和爱奇艺相继建立完毕,以及其他视频网站如芒果 TV、搜狐视频、乐视等建设完成,动画番剧产业初显形态。随着《流浪地球Ⅰ》掀起科幻话题的热潮,动画番剧也加大了对科技、军事等方面题材的开发,以科幻元素为主的作品数量迅速增长。在过去的 3 年中,科幻题材新作的历年数量比较平稳,腾讯视频、哔哩哔哩、优酷视频和爱奇艺 2019 年上线的科幻国漫番剧共 9 部,2020 年共 10 部,2021 年共 9 部。同时,市场仍然在不断加大对科幻题材的资本注入,预计在未来相当一段时间内,其仍将是开发的热点。

(3)电视动画

2014—2021 年,国产电视动画中科幻题材备案公示数量总体呈现上升趋势,分别为 20 部、13 部、27 部、20 部、48 部、52 部、60 部和 53 部,占每年电视动画备案总数的比例也在不断提高。

四、当前科幻电影及动画存在的不足及应对策略

(一) 存在的不足

1. 特效水平和科幻内涵仍受质疑

类型的多样性和视觉效果的进步无疑激发了观众对国产科幻片的信心,同时也引发了诸多质疑。一些网友认为,即使宣传华丽,中国电影的特效也还达不到几年前好莱坞电影的水平。还有一些观众强调,国产科幻电影可能在特效方面有所进步,但科幻的内涵依然匮乏,并没有带来太多惊喜,比如《独行月球》的主题是平凡的英雄拯救世界,过于经典;《外太空的莫扎特》的主题是教育反思,过于直率空虚;《明日战记》的主题是地球环境保护,这也只是一个缺乏深刻洞察力的空壳。

2. 过于专业的科学理论导致观看门槛较高

邀请了多位专家担任顾问的科幻题材动画《黑门》隐隐有"黑马"之势,但基于严谨的科学理论所构建的世界观,以及其中偏硬科幻的故事情节,导致动画的观看门槛较高,恐怕难以成为大体量观众的心头好。《黑门》所讲的专业知识点多,如蜂群症、知识共享、钻石算力、偏微分方程等,即便是受过高等教育的观众,也不一定能够全部理

解,更何况大部分动画观众都是青少年,更是难以接受里面复杂的设定。

3. 科幻受众范围仍以"男性"和"儿童"为主

根据 2022 年国产电影的观众性别统计数据显示,我国男女观众偏爱影片类型存在着明显的差异。男性偏爱动作、科幻类型的电影,如《航海王:红发歌姬》《月球陨落》《神秘海域》等,所以我国国产科幻电影的受众范围集中在"25 岁以上的男性"。科幻题材的国产动画主要受众也多为男性,且他们更加偏爱故事热血,战斗场景多,名称中多含"超人""战士""勇敢""钢铁""金刚""动员"等词汇的国产科幻动画。

女性则更偏爱情感类型的电影,如《一周的朋友》《断·桥》《十年一品温如言》等,并且根据猫眼研究院的调查结果显示,为了帮助电影在早期积攒宣发热度,青年影人的粉丝会提前关注待映作品,而这部分粉丝群体中女性所占的比例较大,因此影响女性选择观影类型的原因之一也是影片中是否有自己喜欢的青年影人。

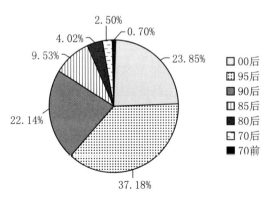

图 6　动画用户年龄结构洞察(单位:%)

(数据来源:前瞻产业研究院)

在动画用户年龄结构洞察中(如图 6 所示),"90 后—00 后"的青少年群体显然已成为国产科幻动画消费的主要群体。但当前中国的科幻动画的审美风格、故事情节、画面呈现依然较为幼稚,使得身为主要消费群体青少年无法与之产生共鸣。随着近几年几部成人化的科幻网络动画作品的播放,青少年消费群体获得了全新的审美体验,这也体现了国产科幻在题材、画面等方面的创新。

4.“中国风”的注入还需更加深化

当前国产科幻电影的“中国风”还不够深入。对于《明日战记》中“中国风”的机甲形象,部分观众认为其除了名字外,在造型上并没有什么特色,甚至改成其他名字也没有违和感,这说明机甲的中国化不能只停留在浅表层面,我们需要考虑野兽造型的典型取材、精神气质的内核注入、图腾与科技感的平衡、审美与功能的契合等诸多因素。

(二)应对策略

1. 关注世界科技前沿成果

经典科幻电影、动画往往具备合情合理的大胆构想和创新意义的影像,这需要创作者紧跟时代科技前沿成果,大胆构建超越现代的科技假说,深度挖掘前沿科幻题材的审美魅力。太空旅行、外星来客、星际战争、激光遥感、人工智能、基因克隆、时间隧道、平行时空、量子纠缠、虚拟世界等科幻元素在科幻电影和动画中的应用侧面反映出现代科技进步的轨迹,也是观众的兴趣点所在。因此国产科幻电影、动画也要积极关注现代科技前沿成果,采用最新现代科技的视角和技术,在题材选择、情节设置、形象塑造等方面进一步挖掘国产科幻的独特之处,并逐渐满足青少年及以上的观众对科幻电影、动画的心理预期,改变国产科幻受众偏向低幼群体的现状。

2. 增加对特效行业的投资

国外科幻电影和动画受欢迎的重要原因之一是它们具有新颖、突出、奇特的特效技术,能够制作出夺人眼球的视觉场景。目前国产科幻的特效制作公司主要来自中国、韩国和美国,我国近年来工业化水平的快速提升也在硬件设施方面为科幻电影、动画的创作提供了一定的物质基础和技术保障,因此具有一定知名度的中国特效公司纷纷加入国产科幻的制作,在实践和技术上取得了较大突破。但当前,我们必须继续加大对影视特效等细分领域的关注和投入,致力于打造具有世界一流水平的国产特效制作团队和公司,从而在未来的国际推广中占据主动权和话语权。

3. 提高团队主创的科学素养

优秀的科幻电影、动画离不开科学素养深厚的创始团队。通过提高创始团队的科学素养,其制作的高质量国产科幻可以间接提高观众科学素养,促进全社会创新意识的增强。目前,我国创作、生产科幻电影、动画的专业队伍和整体资源与国外相比还有差距,导演数量很少。国家应重视和努力培养专业的科幻电影、动画创作人才来提高科幻电影的科学素养,在筹备和拍摄及制作期间聘请相关科学家提供知识支持,确保电影和动画具有严密的科学逻辑、准确的科学依据和合情合理的科学创新。若有较为专业的科学知识出现,也可以在早期宣发过程中提前点明,激发观众的好奇心,通过自行了解和观看影片、动画相结合的方式降低观看门槛。

4. 改编出色的科幻文学作品

改编科幻文学作品是国产科幻电影、动画的重要来源之一。对于国产科幻来说,借助科幻文学是非常必要的,如近两年《三体》的影视化呈现。2015 年,刘慈欣的《三体》获得了世界级别的科幻小说大奖——雨果奖,销量已经超过 2000 万册,是国内最负盛名的科幻小说之一,甚至连《阿凡达》的导演詹姆斯·卡梅隆都曾与刘慈欣商谈《三体》的改编版权。无论是 2022 年的《三体》动画版还是 2023 年初的电视剧版,都因《三体》原著的高热度收获不错的关注度,播放量也因此激增。观看的人数的增加会带来更加客观的评价,虽然其中夹杂着质疑的声音,但拍摄和制作团队也会因此受到启发,知道未来应该如何改进,进而助推我国科幻电影和动画未来的发展。

5. 将中国人的宇宙观、世界观融入国产科幻

国产科幻因融入中国人独特的宇宙观和世界观而有了更广阔的前景。科幻创作者应基于古老的中华文化和面向未来的科幻思维去思考人类的生存困境,在文化与科技的深度交融中展示东方智慧,在浩瀚宇宙的语境中放大中国人的情感,巧妙地将中华民族的文化基因融入科幻作品,不断深化国产科幻的人文底蕴。

6. 巧妙增加女性喜爱的元素

女性普遍喜欢文艺、情感、剧情类的电影或动画,所以国产科幻可以巧妙地加入女性喜爱的元素,迎合女性观众的需求。比如国产科幻可以在电影或动画中塑造女性在危难时刻也能拯救世界的独立女性的形象,或增加对女性人物自身故事的叙述等等,使影片或动画的故事性增强,将科幻与剧情巧妙融合,从而吸引更多女性观众。

电子游戏

树靓滢

一、什么是电子游戏?

电子游戏(Computer game)或称电动游戏,是指依靠电子媒体平台而运行的互动游戏性软件。随着个人电脑的发明、互联网平台的成熟、信息技术的发展,电子游戏已经涵盖了游戏的外延。在日常生活中,我们使用游戏这个词语,很少指向在线下的现实中进行的休息和消遣的娱乐活动,相反,我们更经常地将游戏和电子的、数字的、虚拟的世界或平台联系在一起。游戏成为了另一种在屏幕一端的生活现实。

西方的游戏产业倾向于将电子游戏分为视频游戏(Video game)和听觉游戏(Audio game)。视频游戏,即影像游戏,包括街机视频游戏、家用机游戏和个人计算机(PC)游戏,移动游戏是它的最新版本。而在中文的语境中,视频游戏和电子游戏被等同、混合在一起,有时我们将视频游戏翻译为电子游戏。20世纪60年代末,游戏依托街机或者是家用游戏机问世。随着科技的进步,游戏运行的媒介百花齐放。因此,第一种对电子游戏的分类标准,就是根据运行载体的不同将游戏细分为:主机游戏、掌机游戏、街机游戏、电脑游戏及移动游戏。近年来,随着虚拟现实(Virtual Reality,简称VR)技术的发展,游戏行业发展出了一款基于该技术的视频游戏,即VR游戏。这类游戏追求沉浸感与临场感,特别关注玩家和游戏之间即时的交互效果,而这种效果在传统的电脑屏幕上收获甚微。虚拟现实技术的发展通过开发头戴式显示设备、研究图像渲染速度,解决了这一痛点。随着技术的突破与普及,这些硬件设备市场逐渐扩大,在 2010 年开始走向大众消费市场。傲库路思(Oculus)公司旗下的裂谷(Rift)被认为是这一市场的首款耳机产品。从 2013 年概念机展示开始,傲库路思便获得了与众多大型科技、游戏公司合作的机会,并于 2014 年被脸书(Facebook)以 20 亿美元收购。傲库路思(Oculus)产品的发布不仅带动了 VR 硬件的发展,也带动了相关游戏的出现,比如《绿洲 VR》《半衰期:艾利克斯》等等。

第二种是按人数类型分类,将电子游戏细分为单机游戏(单人游戏)、多人单机游戏、网络游戏。第三种按游戏玩法进行分类,常见的有角色扮演类游戏、即时战略游戏、动作类游戏、第一人称射击游戏、冒险游戏,不胜枚举。第四,根据细分市场的不同可分为移动游戏、客户端游戏、网页游戏及主机游戏。第五,按产品形态的不同可分为软件和硬件,硬件产品主要包括游戏掌机、家用游戏主机以及游戏外设等。

以上这些丰富的分类方式从不同的侧面绘制了电子游戏在当下蓬勃发展的图画。事实上,这一图画不仅包括游戏本身,还包括电子游戏作为一个产业的发展状况,它包含了从开发设计、市场发行和销售等各个环节,以及围绕这一产业的相关衍生品,包括游戏研究、电子竞技、游戏直播等。随着互联网技术的进步和元宇宙的发展,电子游戏被寄予了新的厚望:虚拟化和数字化的前沿方向。这么看来,电子游戏产业经过多年发展,已经到了收获果实的阶段,又是一个新兴的未来产业,具有很多潜在的可能性。

二、2022 年我国电子游戏产业发展状况

（一）发展状况概述

从整体上来说,2022 年是电子游戏产业的"寒冬"。2022 年以来,国际形势复杂多变,全球游戏市场普遍下行。国内的新冠疫情也影响了游戏产业的发展。也就是说,我国电子游戏产业没有受到新冠疫情的积极影响和刺激,其 2022 年的市场销售实际总收入近三年来首次出现下滑,打破了连续上升的趋势。在游戏用户数量方面,继 2021 年规模增长明显放缓之后,2022 年也出现了近八年来的首次下降,表明国内游戏的产业发展不再是粗放的增量市场时代,已经进入存量时代。而在手机游戏的发展中也出现了类似的情况,移动游戏用户规模增长已经停滞。可以看出,游戏行业的市场规模增速放缓,甚至在部分细分领域出现了负增长。这种数据的变化表明,国内的电子游戏产业已经面临转型的必要,未来可挖掘的用户空间在逐渐减少,这使游戏产业将发展目标从发现用户向留住用户、为用户服务转变,这要求游戏产业改变发展思路,推动高质量发展的转型。

尽管呈下降趋势,中国游戏用户总规模仍然占据了全球的五分之一,市场规模不容小觑。同时,我们需要看到游戏产业的多维属性,游戏不仅仅是娱乐休闲性的大众消费产品,同时更是与科技紧密结合的实验落地场所。这意味着,5G 通信、计算机的图形处理、人工智能等技术都可以在游戏里实现潜力,这不仅有助于技术完成游戏工程的应用,同时也促进、推动技术的进一步创新。技术是游戏的核心,改进技术的欠缺,追求高端技术的发展,将不断激发游戏的新潜力,提升游戏产业的核心竞争力。这一方面的典例就是国内 VR 游戏。2018 年工信部出台的《关于加快推进虚拟现实产业发展的指导

意见》是国内首个正式出台的关于虚拟现实技术发展的文件,相关政策的出台是在鼓励、培育我国虚拟现实技术的发展、应用与市场。与此同时,2021 年大火的"元宇宙"(Metaverse)概念提出了虚拟数字世界的愿景。这两者为游戏行业的未来找到了新的发力点,可以深入挖掘。此外,国内的"游戏＋"模式为游戏产业提供了跨领域的多元化策略。比如,"游戏＋足球"、"游戏＋教育"等等。这种多行业的协同发展不仅可以为传统产业赋能,也可以激发游戏产业的创造性与活力,从而帮助游戏行业更健康、更优质地发展。因此,未来的游戏产业将充满希望。

(二)受新冠疫情影响,多项市场指标下滑,行业阶段性压力增加

具体的数据显示,在市场份额方面(图 1),在 2014 年到 2021 年的八年期间,尽管增长率略有波动,但总体上中国游戏产业延续了增长的趋势。2022 年中国游戏市场的实际销售收入为 2658.84 亿元,同比减少 306.29 亿元,下降 10.33％。这是自 2014 年以来,中国游戏市场实际销售收入的首次下降,打破了上升趋势。在此之前,中国游

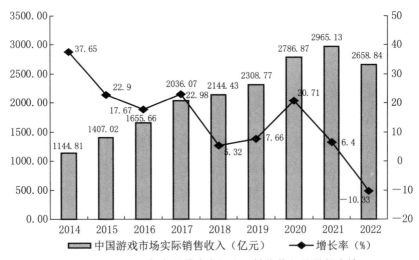

图 1　2014—2022 年中国游戏市场实际销售收入及增长率情况

戏市场已经增长到八倍。这表明中国游戏在 2022 年的发展受阻,并不顺利。

就自主研发游戏而言,其在国内市场的实际销售收入为 2223.77 亿元(图 2),同比下降了 13.07%;自 2014 年以来,国产自主研发游戏的国内市场销售占比持续呈现上升的趋势,收益状况良好,但是 2022 年的国内市场略微收缩,首次出现了负增长。在今年缺少爆款新品的情况下,自主研发的产品主要依靠一些长线运营的头部产品带动;而上线时间长、处于稳定期的游戏产品收入通常会有所下降。这也是自研游戏整体市场收入大幅下降的原因之一。

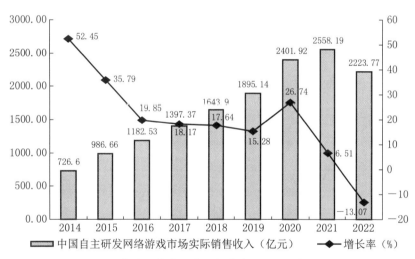

图 2　2014—2022 年中国自主研发网络游戏市场实际销售收入发展状况

就移动游戏而言,市场实际销售收入出现了明显下降,直接影响了我国游戏市场规模的发展。2022 年,中国游戏市场实际销售收入为 1930.58 亿元,比 2021 年减少 324.8 亿元,同比下降 14.40%。从增长率变化来看,自 2014 年以来,中国移动游戏市场的上升趋势被打破。事实上,从 2020 年起,移动游戏市场实际销售收入增长率已呈现下降趋势,2022 年的中国移动游戏市场遵循了这一趋势。

但是,2020 年和 2021 年的移动游戏市场实际销售收入增长率一直高于整个中国游戏产业的收入增长率,这说明 2020、2021 年的中国移动游戏市场在中国游戏市场收入占据主要的部分。然而,2022 年,中国移动游戏市场实际销售收入占总收入的 72.61%(图 4)。这个比重低于 2021 年移动游戏所占比重(76.06%),也低于 2022 年上半年相应比重(74.75%)。[①]这一比重变化反映了虽然移动游戏在中国游戏市场收入中仍是主力,但占比在减少。同时,2022 年中国移动游戏市场实际销售收入增长率为 −14.40%,大于中国游戏市场销售实际总收入增长率(−10.33%),具体说明了移动游戏市场在 2022 年的表现不佳,对整个游戏市场的向上推动力不足。

值得关注的是,在 2022 年中国游戏市场总体收入、各平台游戏收入普遍下降,包括在其他细分产业中,网页游戏、主机游戏市场收

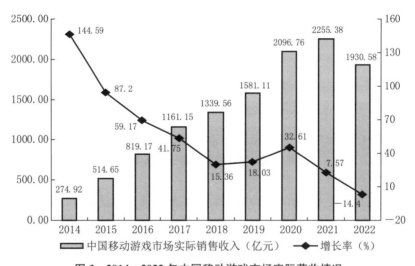

图 3　2014—2022 年中国移动游戏市场实际营收情况

---

① 　中国音数协游戏工委.2022 年中国游戏产业报告[R/OL].(2023-02-15)[2023-07-19].https://www.163.com/dy/article/HTLD0LS70519CS5P.html.

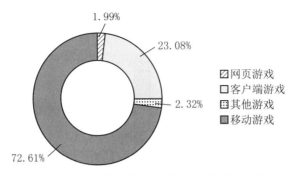

1.99%

23.08%

网页游戏

客户端游戏

其他游戏

移动游戏

2.32%

72.61%

图 4　2022 年中国游戏产业细分市场收入占比

入也有所下降的背景下,只有客户端游戏市场完成了逆势突围,取得了增长。2022 年,国内客户端游戏市场实际销售收入为 613.73 亿元(图 5),与 2021 年相比,同比增长 4.38%,实际销售收入持续升高,占比增加。近三年来,客户端游戏市场的实际销售收入逐年增加,在行业整体不景气的背景下,显得格外亮眼。其原因,一是在缺少爆款新品的情况下,客户端游戏的用户留存率高,流失率低,而且这些玩家的消费习惯都相对固定;二是,疫情居家为客户端游戏提供了更多的游玩时间,因此,客户端游戏能够抓住用户,在 2022 年的抗风险能力较强,表现较为稳定。但从长期来看,中国客户端游戏市场的实际销售收入从 2014 年开始一直在 600 亿元上下波动,幅度最大约 50 亿元。因此,目前中国客户端游戏市场实际已接近饱和,这说明下一步的发力点需要通过创新和研发来完成。

上述数据具体支持了 2022 年中国国内电子游戏市场面临巨大挑战,不再处于高速增长期的结论,具体表现在国内游戏市场收入的变化。受到新冠疫情的负面影响,2022 年的宏观经济仍处于恢复阶段,造成了游戏玩家的消费能力、付费意愿的保守与减弱。从游戏行业来说,游戏公司在经营的过程中面临了许多挑战:如运营成本明显提高,项目储备不足,现金流出现缺口等,使得自身发展受阻。在疫情的影响下,很多游戏公司为了降低成本,被迫降薪裁员,减

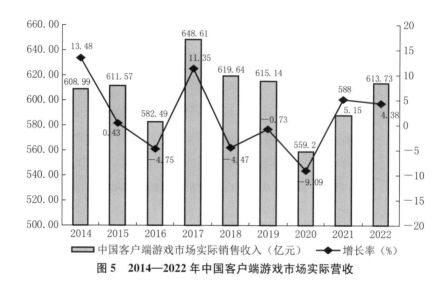

图 5　2014—2022 年中国客户端游戏市场实际营收

少或停止招聘。游戏行业从业人员和待业人员的职业发展和生活状态也受到一定程度的影响。同时,企业在自身发展中遇到的困难,导致整个行业对今年的预估不明朗、不乐观,没有足够的信心,中小企业难以获得投资,甚至头部企业在立项时也采取非常谨慎的态度。游戏公司可能倾向于将主要的人才、技术、资金等资源投入核心项目中,而不去尝试和探索新的品类和领域;也可能倾向于更新和运营已经上线并被用户认可的游戏产品,并在立项和开发新产品时更加谨慎。这种态度的结果就是 2022 年的游戏新品上线数量较少。因此,2022 年的整体环境大背景使得游戏行业发生了以上一系列负面的连锁反应。从长远来看,这两种趋势都可能打击市场的多样性和创新性,从而影响未来行业的健康发展。

　　游戏用户规模增长停滞。我国游戏产业受到新冠疫情以及缺乏新产品等因素的影响,游戏玩家人数由 6.66 亿的峰值回落至 2022 年底的 6.64 亿(图 6),同比下降 0.33%。2021 年的游戏用户规模增长率已经放缓,仅为 0.22%。2022 年的游戏用户规模更是不再增长,出现了近十年来的首次下降。在 2020、2021 年受到新冠疫情带来的"宅经济"的正面影响之后,目前,中国游戏用户规模已经相对固定。这意味着新冠疫情带来的积极刺激不再能发挥其功能。中国移动游戏用户规模的数据也反映了这一情况(图 7):2022 年,中国移动游戏用户规模约达 6.54 亿人,同比下降 0.23%。中国游戏用户的规

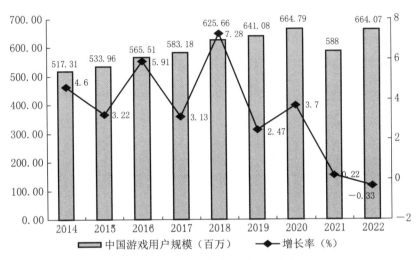

图 6　2014—2022 年中国游戏用户规模

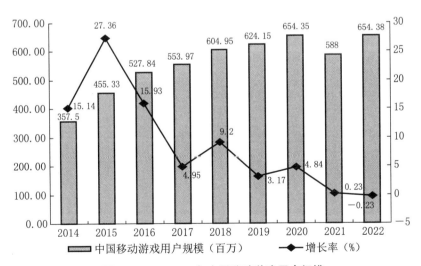

图 7　2014—2022 年中国移动游戏用户规模

模增长逐步停滞,一方面,这主要受到新冠疫情和它所带来的连锁反应——新游戏的减少——的影响,另一方面,国内游戏用户规模的停滞也意味着我们当前正处于游戏产业转型的关键时期。从粗放型向精品化、高质量发展的转变,更注重用户体验,将成为中国游戏行业突破困境的战略手段。

与此同时,尽管新冠疫情使 2022 使国内游戏市场处于压力、风险阶段,但游戏企业在支持政府疫情防控措施的同时,也在努力探索新的线上线下混合办公模式,投入社会公益事业,实现游戏产业对全社会的正反馈,以共同渡过难关。首先,游戏企业以党建引领抗疫工作,充分发挥党员先锋模范作用,组建或加入社区志愿服务队,参与一线疫情防控工作,助力社区大规模核酸检测、流调溯源、疫苗普及等工作。其次,游戏企业继续投身于社会公益事业,在捐钱捐物之外,尝试更加多样化、针对性的公益方式。例如,与地方政府或公益组织对接,推动教育教学、体育健身、文化服务等领域的数字化进程;为农村和偏远地区的青少年创造智能学习和运动环境,培训师资。这些积极的举动反映了游戏行业对社会整体发展的促进作用,放大了游戏产品的社会功能属性。游戏对医疗、文旅、体育、科教等领域的辐射推动作用不断增强,这充分展现了游戏的跨界融合的潜能,为游戏行业的未来发展指明了方向。

(三)游戏企业积极拓展海外市场,直面国际同行激烈竞争

在海外市场方面,2022 年,中国自主研发游戏的海外实际销售收入为 173.46 亿美元(图 8)。总体上看,海外市场收入虽然有所下降,但下降幅度并不大,明显小于国内市场收入降幅。国内自主研发游戏的海外市场收入连续四年超过了百亿美元,这一数据具有重大的战略意义,其一是体现了国内游戏产业对自主研发的重视,经济和技术投入呈现正向循环。游戏的特殊性在于作为文化娱乐产品,具有跨越国度、民族的开放性与多元性,本质上存在着出海的基因。其二是反映了海外市场充满可挖掘的经济增长空间,其三是展现了国内游戏企业对自主研发游戏出海的重视程度不断加深。

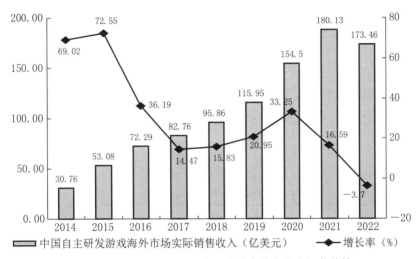

图 8　2014—2022 年中国自主研发游戏的海外市场营收情况

越来越多游戏企业将出海作为重点发展战略,具体表现为开展海外业务的游戏企业数量增多、出海游戏产品增多、出海区域不断拓展。从游戏类型来说,2022 年,在中国自主研发移动游戏海外市场收入前 100 的游戏中,策略类游戏占比 38.76%,角色扮演类游戏占比 12.76%,射击类游戏占比 12.35%。从近三年海外市场收入占比来看,策略类游戏、角色扮演类游戏和射击游戏仍是自主研发移动游戏出海营收的主要类型。从出海区域来说,2022 年我国自主研发移动游戏主要流向美国、日本、韩国,其中美国市场占比 32.31%,日本市场占比 17.12%,韩国市场占比 6.97%(图 9)。美、日、韩是目前中国游戏产业出海的主要目标市场,合计份额为 56.40%。此外,值得注意的是,自主研发游戏在美日韩欧之外地区的收入占比不断增加。中东和非洲地区、拉丁美洲地区和东南亚地区的移动游戏市场分别预计增长 11.1%、6.9% 和 5.1%。①这表明,中国游戏产业正在不断开拓新兴市场,扩大海外市场的广度和深度。不管是从游戏类型的丰富化,还是从游戏出海地域的拓展,这些数据都从不同角度证明了国内游戏在出海游戏上的探索与挖掘,从而进一步佐证了游戏产业对出海策略重视程度的不断加深。

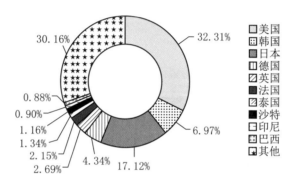

图9 2022 年中国自主研发的移动游戏海外地区收入占比

然而,2022 年中国自主研发游戏的海外市场较同比下降了3.70%。主要原因有:第一,国际形势不容乐观,地缘政治风险增加,主要经济体政策趋于收紧,世界各国各地区人民币汇率波动频繁。日元、韩元、欧元、英镑等当地货币在 2022 年出现的汇率波动对出海游戏收入产生影响的因素之一,②说明我国游戏产业出海面临的外部环境不稳定因素增多。第二,海外市场的竞争愈发激烈。近年来,海外各国各地区越来越重视游戏产业在经济、文化以及科技等方面的作用,美国、欧盟、沙特推行扶持当地游戏产业发展的政策举措;海外各大互联网公司也着重布局游戏及其周边产业链,加大投资和研

---

① 中国音数协游戏工委.2022 年中国游戏产业报告[R/OL].(2023-02-15)[2023-07-19]. https://www.163.com/dy/article/HTLD0LS70519CS5P.html.
② 中国音数协游戏工委.2022 年中国游戏出海情况报告摘要发布[EB/OL].(2023-02-17)[2023-07-19]. http://www.cgigc.com.cn/details.html? id=08db1082-4564-45b1-8817-61fbc1c280ff&tp=news.

发力度。因此,中国游戏出海面临着激烈的竞争。第三,自主研发游戏的海外市场规模也受到了国内市场缩减的影响而相继缩小。国内营收下降影响了企业对海外市场的资金投入,国内新产品推出乏力或将影响海外产品创新。而且许多企业出海工作以国内人才为主力,受疫情影响,海内外工作团队线下交流受限,出海工作效率降低。在这样严峻的出海形势下,游戏行业的成功关键在于更加精细化的运作。其方向分为探索更灵活的海外发行方式,或寻找新的海外市场增长点,或加大对游戏技术的创新发展,以及注重游戏产品的文化属性,将中华文化内涵与游戏产品相结合,打造原创的 IP,从而吸引大量海外玩家。

(四) 游戏行业坚持创新发展,跨域跨界助力产业转型升级

在以上种种压力之下,2022 年我国游戏行业积极应对,努力寻求和创造机遇,显示出自身较强的韧性。

在游戏产品的研发设计上,坚持推动游戏技术的核心竞争力。首先,游戏技术的发展是国内、国外游戏行业关注的焦点。从美国、欧盟、日本等发达国家或地区,到索尼、微软、任天堂、电子艺界、英伟达等海外知名游戏相关企业,均加大了对游戏技术层面的投入,我国头部游戏企业也对此有所重视。[1] 对游戏技术的提升可以满足游戏产品的精品化、高质量发展的需求,满足并提升用户的游玩体验。其次,游戏技术的发展能够应用于其他领域,实现跨界融合。游戏产业是科技产业生态链的有机组成部分,与前沿科技产业彼此驱动、共生发展。游戏研发、运营、用户分析等多个环节,都需要用到大量技术,包括但不限于芯片、服务器、信网络、交互设备等硬件技术,游戏引擎、人工智能、美术工具、数据分析工具等软件技术,以及云服务、动

---

① 中国音数协游戏工委.2022 年中国游戏产业报告[R/OL].(2023-02-15)[2023-07-19].https://www.163.com/dy/article/HTLD0LS70519CS5P.html.

作捕捉、虚拟现实、混合现实等综合技术。这意味着这些游戏技术的提升能够产生溢出效应,在更多的其他行业,诸如互联网、数字化工业等,发挥更广泛且深远的影响。最后,从需求端说,技术的发展,特别是人工智能(Artifical Intelligence,简称 AI)能够优化游戏的制作流程并降低成本。通过 AI 的加入,我们可以提高研发效率、降低人员规模,从而为行业降本增效。

在游戏产品的文化属性上,强化其与中华文化的联系。自主研发的国产游戏是实现中华优秀传统文化创造性转化和创新性发展、促进文化自信和文化自强的重要途径。过去十年内获得主管部门审批的游戏产品中,由我国自主研发且迄今仍较为活跃的游戏约有四成传播了中华传统文化。① 通过在游戏外举办游戏音乐会、戏剧演出、艺术展览等活动,我们可以以“国风”的方式将传统艺术与大众文化相结合,以游戏的影响力促进中国优秀传统文化的转化和发展,形成广泛而有效的传播,充分发挥了游戏的文化传播功能。

在游戏产业与其他产业的合作中,扩大游戏的多元化延伸效应。这就是“游戏＋”策略。通过与各行业的交流与合作,通过内容、技术等方面的积累,我们可以为多领域赋能,向外拓展产业生态。比如“游戏＋科普”,主要以寓教于乐的方式,面向青少年普及航空航天、动物植物等知识,拓宽其视野,增强其对科学的热情。②

三、电子游戏的过去与未来

从电子游戏进入中国以来,游戏总是被构想为负面的、消极的。将成瘾与游戏联系在一起,对网络成瘾症的避之唯恐不及,形成了大

①② 中国音数协游戏工委.2022 年中国游戏产业报告[R/OL]. (2023-02-15)[2023-07-19]. https://www.163.com/dy/article/HTLD0LS70519CS5P.html.

众对游戏及游戏行业的负面观感。比如电子竞技,这一从游戏衍生
而来的行业,自其诞生之时,就不被认为是一个正当的职业选择,是
被歧视的存在。白志如等人通过检索 2000—2008 年的相关游戏研
究期刊论文,发现在游戏的社会影响研究中,负面影响占据绝对优
势、话题过度集中①。大众舆情专注于三个核心主题:"成瘾心理"
"人格发展""暴力"。重要的是,这些主题的特点是负面、消极的,从
而影响了早期国内电子游戏产业的发展。这些传统的游戏观念固定
并内化于大众的内心,成为过去对游戏的支配性观点。但现在,围绕
游戏本身已经形成了一系列产业:从硬件产业到软件产品,其中游戏
软件可以进一步细分品类,还有由游戏衍生的电子竞技产业。这组
成了庞大的产业链,构成了游戏的重要影响。因此,学会看待、挖掘、
维护游戏产业的正面价值和意义才有助于推动国内游戏产业的进步
与发展。正如 2022 年 11 月 16 日人民网发布评论文章称,在我国,
长期以来,电子游戏的娱乐属性总会使人忽视其背后的科技意义。
与数字经济相伴相生的游戏,也已从大众娱乐需要成长为一个新产
业。②我们需要关注到游戏的更多可能性,由此推动游戏产业,甚至
整个社会的进步。只有这样,我们才能说,面对的是电子游戏的真实
面貌,而不是继续掩盖游戏的可能侧面,用传统观念忽视其创新和推
动的潜力。游戏产业的价值是多维的,不单单是一个消遣的娱乐产
品,更是高科技、文化的产品。

　　第一,我国电子游戏产业近年来积极承担未成年人保护责任。
自 2021 年新修订的《中华人民共和国未成年人保护法》实施、《关于
进一步严格管理切实防止未成年人沉迷网络游戏的通知》印发以来,

　　① 白志如.宋若涛.电子游戏研究的现状、问题和趋势——基于中国期刊全文数据库
的核心期刊论文[J].东南传播,2009, No.61(09):5—8.
　　② 人民网.深度挖掘电子游戏产业价值机不可失[EB/OL].(2022-11-16)[2023-07-
19]. https://baijiahao.baidu.com/s?id=17496301854738374555&wfr=spider&for=pc.

在游戏主管部门、游戏行业和社会各界的共同努力下,批准运营的游戏已实现防沉迷实名认证系统的 100％接入。截至 2022 年 9 月,我国各地区共推出七十余条涉及未成年人保护的相关政策。除了强调落实游戏防沉迷体系的基本要求,多地政策还对用户信息保护、产品内容审核、功能性游戏开发等方面提出了相应要求。根据《2022 年中国游戏产业报告》,超过 85％的家长允许孩子在自己的监护下进行适度游戏;72％的家长认为孩子的游戏行为未对日常生活造成影响。这说明未成年人游戏防沉迷工作取得了阶段性成果,对于电子游戏,我们应予以更为客观、多元的认知,而不是单一的负面观点。

从理论研究上来说,游戏成瘾与游戏的关系仍然是值得被打上问号的,不一定是游戏导致成瘾。一项关于中小学生手机游戏成瘾的质化研究,采访了 35 位有手游经历的中小学生,认为同伴的游戏行为的影响和游戏中的攀比心理是成瘾的主因,家庭陪伴的缺失以及家人手游的不良示范是成瘾的隐蔽诱因。[1]这类批判性研究在"游戏成瘾"的主流观点之外提出了新的可能性,从而使成瘾问题复杂化,表明问题的成因有很多,不能被游戏本身所掩盖。

未来游戏的积极潜能在于它的科技创新价值。游戏与前沿科技密不可分,游戏本身就是一种复合型的文化内容产品,它天然地具有文化属性,同时有着深厚的科技属性,并能够基于这两类属性,不断丰富自己的经济属性,成为支撑数字技术与实体经济融合发展的动力。近年来,游戏的技术发展成为行业关注的重点,除了对传统的技术的应用,如芯片、服务器、图像处理,游戏也成为了新兴前沿技术的落地和实验场所,如人工智能、虚拟现实技术等。在这个过程中,游戏能够帮助国内高端前沿技术发展,而这将会加强国内电子游戏产

---

① 黎藜,赵美荻.游戏"幽灵"为何如影随形?——中小学生手机游戏成瘾的质性研究[J].新闻记者,2020,No.449(7):46—58.

业的核心竞争力。游族网络 CEO 陈芳在"2022 年度中国游戏产业年会大会"上发表了题为《在虚拟宇宙与星辰大海之间》的主题演讲。①陈芳发现,近年来中国科幻内容文创井喷,《流浪地球》系列、《三体》等影视作品都得到了很好的市场反响。游戏产品也是科幻产业链向下延伸的重要一环,科幻题材游戏同样蕴含着无限潜力,在不久的将来,科幻题材就能够与市场上主流的其他题材并驾齐驱,逐步成为游戏行业的主流类型。这说明了业界的共识,即游戏与前沿技术、科幻之间具有内在的紧密关联。游戏与技术是一种双向循环,互相促进的关系。游戏的数字场景作为技术的实验场,为新技术提供了模拟替代的应用。而先进的技术,一旦具有可靠性,就可以为游戏提供核心的竞争力,帮助游戏获得更大的文化属性、经济效益。因此,可以说,游戏产业因其科技属性已被提升至战略高度的角度,在国内和国外都得到了高度重视。在这个意义上,游戏产业能够将我们带向科幻未来。

① 游戏产业.游族网络 CEO 陈芳:在虚拟宇宙与星辰大海之间[EB/OL].(2023-02-22)[2023-07-19]. http://www.cgigc.com.cn/details.html?id=08db1489-61d7-4569-8df8-d652825c7f18&tp=news.

虚拟时尚

张译丹

在 2023 年,时尚已非一个新鲜词汇,它不是我们生存的必需品,但却是我们身体的华丽修辞。在过去,我们装饰自己的方式是去商场挑选心仪的服装,而后,2003 年阿里巴巴集团创立淘宝,2008 年淘宝开始爆火,用户在家里就可通过电子屏幕选购心仪的商品,各大时尚品牌也纷纷入驻淘宝,成立线上网店。技术革命仿佛幕后推手,在不知不觉间影响着我们的生活方式,十几年前的你只能穿着实体的衣服在电脑前玩"qq 秀"的变装游戏,经营着代表自己网络 id 的那个硅基形象,而现在,你打开爆火的种草平台小红书,看见明星和网络红人上身虚拟服饰,在 3D 建模技术的支撑下,人的现实形象在电子屏幕上拥有了三百六十度无死角的时尚新体验,进入小红书的 R-Space 商城或联系小红书上的创作者,即可通过线上支付的方式拥有同款,在自己的主页里展现百变搭配。

你也许会认为这不过就是旧瓶装新酒的 p 图游戏,毕竟我们离被称为元宇宙①元年的 2021 年才过去两年,大多数消费者的意识还停留在现实阶段,假若你计划用两百元买一件衣服,你还是会为现实世界的你买单,实用价值是大多数人的第一考虑。然而,随着 M 世代(Metaverse Generation)的成长,这群自幼沉浸在互联网世界中的人,见证了信息技术的快速迭代,来到了元宇宙世界,科技包围着他

---

① 元宇宙(Metaverse)是一个虚拟时空间的集合,由一系列的增强现实(AR)、虚拟现实(VR)和互联网(Internet)所组成。表示"超越宇宙"的概念:一个平行于现实世界运行的虚拟空间。

们生活的方方面面,网络把社交空间延展到数字的维度,在 0 和 1 的进制切换中,他们的价值观念也逐渐"数字化",实用不再是第一顺位,新奇的、独特的、自我的、有创造性的和能收获更多"点赞"的才是 M 世代的选择。因此,在价值观念的转换以及信息技术的支撑下,虚拟时尚在元宇宙时代应运而生。

一

究竟是时尚走向虚拟化,还是虚拟世界需要时尚?我们无法直截了当地拆解"虚拟时尚"这一名词,无法单纯界定虚拟和时尚哪一个是词根。

时尚从来都不只是设计师个人想法的表达,它更像是一面反映社会之潮流变迁的镜子。法国奢侈品牌巴黎世家(Balenciaga)从 1917 年成立至今已有百年多的历史,曾以凸显贵族气质的精致剪裁著称。作为老牌时装屋,面对年轻消费群体的成长以及消费的多元化趋势,曾经以精英文化为中心的奢侈品牌,也开始更弦易帜。在 2016 年,巴黎世家聘用丹母那·瓦萨利亚(Demna Gvasalia)为新任设计总监,开始解构该奢侈品牌的原有语言,严谨与端庄的既有风格开始融入亚文化元素和未来先锋感。尤其是在秀场的装置设计上,丹母那·瓦萨利亚打造出了一个个极具游戏体验感的场景,在巴黎世家 2019 年的春夏发布会上,模特们的 T 台变成了一个类似异时空的管道,在这个被 LED 屏幕全方位环绕的三维空间中,光影从电脑开机似的蓝色代码过渡到宇宙大爆炸似的异彩碎片。同年,其发布的春夏广告大片则直接运用复古 DV 机拍摄,营造出一种千禧年独有的未来科技感。在 2020 年的秋冬女装发布会上,丹母那·瓦萨利亚延续了其怪诞、科幻的时装语言,打造出一个全新的"末世"秀场,他再次以超现实的异次元空间寄托了科幻情怀。

图 1　巴黎世家 2019 年的春夏发布会

　　2021 年被称为元宇宙元年,也正是这一年,扎克伯格(Zuckerberg)公开在其改名为 Meta 的脸书(Facebook)找到巴黎世家品牌,向其发出设计元宇宙时装的邀约。二者之所以能达成共识,是因为在元宇宙的概念中,"创造"成为了最主要的生产推动力,在这个由数字技术缔造的全新世界,急需组织一大批能引领新潮的数字创造者,去构建元宇宙生活的方方面面。巴黎世家在 2020 年末通过视频游戏《后世界:明天的时代》(Afterworld:The Age of Tomorrow)形式发布时装,在 2021 年还为《堡垒之夜》(Fortnite)里的游戏人物拉米雷斯(Ramirez)、骑士(Knight)、小狗(Doggo)和女妖(Banshee)设计了服饰和道具,该品牌要进军元宇宙市场的雄心不言自明。在 2022 年的七夕广告中,巴黎世家直接使用机器人的形象,抛弃了传统的人类模特,两个机器人穿着时装在镜头前表现着恋爱的幸福状态,值得一提的是,其背景音乐还出现了中国歌手邓丽君的代表作《甜蜜蜜》。在这支短片中,我们能感受到其强烈的"去中心化"态度,中西方的文化跨越地域的隔阂,复古与新潮奏出新的共鸣曲,人类不再是绝对的主体,当文化走向多元,我们才会拥有更多未来的可能。其他西方一众奢侈品牌也顺应着元宇宙潮流,路易威登(Louis

Vuitton)推出《路易的游戏》(Louis The Game)并在其中投放 NFT 数字藏品,古驰(Gucci)在罗布勒斯(Roblox)建立了永久的虚拟空间 Gucci Town 以供游戏玩家选购虚拟商品,巴宝莉(Burberry)同样也在罗布勒斯发售了虚拟手袋。可见,时装市场的商业版图已规划至元宇宙,能否在元宇宙抢占商业先机,能否将品牌的原有标识和元宇宙中的游戏及数字藏品自然地结合起来,成为了新一轮角逐的制胜点。

图 2 古驰在罗布勒斯的虚拟商店

2022 年 3 月 21 日,游戏平台创世纪城(Decentraland)举办了世界首届元宇宙时装周,用户通过游戏角色的身份登录创世纪城即可免费观赏,比现实中的时装周更为便捷的是,元宇宙时装周最大程度地克服了地域和时间的限制,其受众群体也不再仅仅只是社会名流或时尚买手,只要你有一台电脑,即可参与这场盛会。然而,元宇宙时装周也面临着前所未有的挑战,毕竟云上的参与感不如线下。传统时装周在具有时尚影响力的城市举办,品牌在时装周发布新一季产品,受邀客户可以直接在现场订货,直观的看秀体验成为了品牌和客户的黏合剂。表达概念和扩大销量是品牌参与时装周的初衷,元宇宙时装周能否成功举办且达到预期,关键在于平台能否给品牌提供展示的窗口和闭环的销售链。虚拟时尚的核心是数字产品,可穿戴式 NFT 是时装周的绝对卖点,已有品牌在创世纪城上设置了旗舰店,用户可以在平台上看到品牌的创新理念。英国百货公司塞尔弗里奇(Selfriges)、美国服饰品牌永远二十一(Foever 21)以及德国服饰品牌菲利普・普莱恩(Philipp Plein)等都在创世纪城上亮相,并和艺术家合作,推出与品牌联名的建筑或艺术馆,让平台成为品牌概念的绝佳载体。据全球数据(Global Data)在 2022 年发布的报告,亚太地区奢侈品市场规模 2021 年实现了 29.7% 的增长,和 2020 年下滑了 14.6% 相比明显反弹,和 2019 年相比也大涨了 10.8%。在明星效应和直播销售模式的影响下,千禧一代和 Z 世代人们正在成为亚太奢侈品市场的重要推动力,元宇宙将成为亚太地区年轻和富裕消费者们关注的奢侈品交易场所。

总体来看,虚拟时尚的起点是时尚界的一种具有科幻未来感的风格,在看似荒诞不经的设计中,寄托着人类对未来的想象,这种风格所特有的前卫新潮感,正是元宇宙所需要的视觉表达。在这个全新的市场,还有诸多空白需要品牌去填补,就目前来说,时尚品牌进军元宇宙的第一个抢滩点还是与游戏平台合作,在游戏中建立店铺去投放 NFT 产品。通过技术的不断发展,数字时装能带给用户越来越好的体验感,从而实现了创造和生产的连接。拥抱数字化是时代的选择,也是服装产业的选择,毕竟生产的工具在不断迭代,具有强大生产力的不再只是纺织物,也可以是数字代码编织的电光幻影。

二

2019 年,来自阿姆斯特丹的电子时装公司法布里坎特(The Fabricant)和来自加拿大的区块链游戏公司达普尔实验室(Dapper

Labs)联手完成了全球首件区块链虚拟时装,这一通过区块链出售的虚拟时装名为彩虹色(Iridescence),邀请了 1992 年出生的知名照片墙(Instagram)网红乔纳·贾斯科斯基(Johanna Jaskowska)作为预售模特,最后,该时装以 9500 万美元的高价卖出。

图 3　虚拟时装彩虹色(Iridescence)

　　这一标志性事件告诉我们,虚拟时装以网络为土壤,借此发展,那必然会依托根茎交错式的线上社交空间。网络红人所具有的强大号召力,不但可以很好地宣传虚拟时装的概念,还可以直接将粉丝数据变现,为时尚产业带来可观的收益。社交平台正是虚拟时装的橱窗,时尚的社交属性也在线上无限放大。例如中国的社交软件小红书,一个在网络社区通过"种草"①发家的平台,其 72% 的活跃用户为90 后,他们的使用目的可归纳为发现、创作、分享和搜索。对于价值

---

　　①　种草,网络流行语,本义即播种草种子或栽植草这种植物的幼苗,后指专门给别人推荐好货以诱人购买的行为,类似"安利"。这个词流行于各类美妆论坛,后来扩展到微博中。

的共同认同是建立网络社区的基础,满足年轻用户的社交需求是重中之重,网红经济则是在这一前提下的产物,其和虚拟时装有着很强的共性。据小红书数据分析平台千瓜数据显示,2022 年小红书活跃用户达 2 亿,90 后用户就占了 72%,其中 18 至 24 岁的用户占比最大,达到了 46.38%,这为虚拟时装在小红书的发展提供了 Z 世代消费人群。流行男女作为服饰穿搭用户人群的重点标签,同样也为小

表 1　小红书穿搭用户人群标签 TOP3(统计图源自千瓜数据)

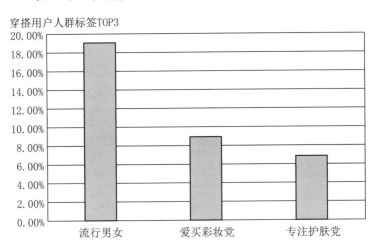

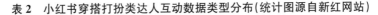

表 2　小红书穿搭打扮类达人互动数据类型分布(统计图源自新红网站)

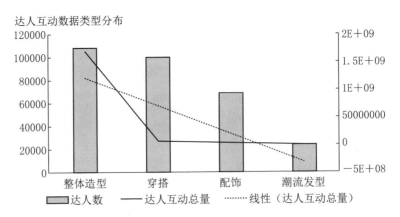

红书发展虚拟时装提供了支撑,不置可否,虚拟时装能满足用户对时尚的一切想象。再结合达人互动数据类型分布来看,整体造型和穿搭方面的达人数和达人互动总量都非常可观,这表明虚拟时装作为造型穿搭这一大类下的子类有良好的用户基础。

虚拟时装和数字藏品(Digital Collections)有着异曲同工之妙,假若没有受众群体的认同,其价值就会走向虚无。因此小红书在2021年打造了数字藏品发行平台 R-Space,通过这个入口,创作者可以发布原创设计的作品,其他用户则可直接点击购买,并在自己的主页进行展示。

图 4　数字藏品发行平台 R-Space

R-space 里的虚拟时装每一件都有链上唯一编号,用户购买后可以将自己的生活照发给创作者,以获得一张独一无二的"虚拟穿戴"

照片。不同于以往的简单修图,虚拟时装对创作者的专业要求较高,在小红书上,绝大多数虚拟时装创作者都有着优秀的学历背景,他们不仅具备传统服装设计的裁剪知识,还需掌握数字虚拟技术,如 Style 3D 和 Blender 建模等。然后,创作者要处理客户发来的照片,需将虚拟时装与人物贴合,给客户一个完美的穿戴体验。越来越多的服装设计师尝试用数字的方式表现时尚概念,中国的新锐虚拟时装设计师孙凡蕊曾在采访中谈到,她是在 2020 年开始以虚拟服装的形式进行创作,其生产方式非常便捷,还可以及时表达内心的想法。她的作品寄寓了她对社会和人之关系的思考,在"Infinite Metaplasia 无极化生"这一系列中,人类模特穿戴着虚拟饰品,被数字技术渲染的数码金刚的假壳宛若神明的头冠,上面还插着类昆虫的触角和类动物的骨节,孙凡蕊通过虚拟时尚来说明了万物化生的概念。时尚从业者王单萌的作品"赛博飞仙"曾入围"Kaleidoverse 万千灵境"全球元宇宙设计赛,其创作灵感来源于她家乡附近的敦煌壁画中的飞天,在此基础上结合了机械元素和赛博格的概念。王单萌的另一个系列"无远弗届"则专注于匹配用户合成上身,让用户有直接

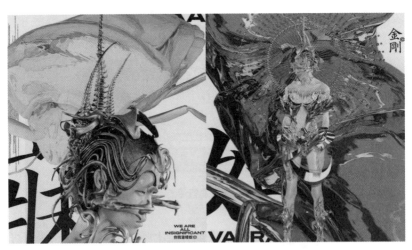

图 5　孙凡蕊"Infinite Metaplasia 无极化生"系列

图6　王单萌"赛博飞仙"系列

的交互体验,她在小红书的 R-Space 上架了"无远弗届",其中的
001 号作品"银鳞梅"标价 489 人民币,全球限量 10 份,目前已全部
售罄。

　　目前,国内最大的虚拟时装穿戴平台是小红书,以一批具有一定
网络号召力的博主为首,越来越多的小红书用户加入虚拟时装的潮
流中。社交平台就如一个枢纽,将买家和卖家联系起来,设计师可以
在平台发布最新产品,可以在其博文下直接圈出试穿的网络红人的
ID,直接起到宣传和推广的作用。由于平台的对信息的整合,买家也
有了丰富全面的选择,只需动动手指,便可挑选到各式风格的虚拟时
装。另外,相比起传统的购物体验,时装的更新换代极快,过多的服
装堆积会造成环境污染,且绝大多数二手衣的价值贬损大,对于买家
来说,没有太大的收藏价值。而虚拟时装则给买家提供了一条新
路径。

　　首先,虚拟时装是可持续的。用计算机技术创作的虚拟服饰,仅
存在于数字世界,不会占用现实世界的空间,也不会消耗传统服装业
所需的大量人工、物流等资源。中国知名先锋服装设计师张弛是一

名坚定的环保理念倡导者,他认为时尚和环保不是对立的,二者其实可以相辅相成。他曾在个人微博主页写道:"数字服装最大限度地减少碳排放和消除生产和使用过程中的废物和化学品。低碳减排是我这 10 年来做服装一致坚持的事,从我的防毒面具到现在的数字服装,我希望减少服装制造对环境影响,倡导可持续发展的新时尚理念,我们希望通过我们的努力到 2025 年全球 1% 的时装数字化,为时尚产业创造第二次生命。"在此大趋势下,2022 秋冬深圳时装周以元宇宙时尚为主题,以"元宇宙线上发布"和"线下走秀"的组合方式,吸引了更多的优秀设计师参与虚拟服装的设计中,发挥时装周的品牌群聚优势,推动深圳时尚产业的数字化转型和升级。其次,虚拟时装具有 NFT 的属性,具有较高收藏价值。现实里的服饰大多是批量生

虚拟时装设计师还有这功能? 帮我 p 了腹肌!

 Kira 岐牙　　　 1079

图 7　小红书博主"Kira 岐牙"发布的视频

产,但虚拟时装都是限量发售,其"唯一性"和"稀缺性"成为卖点,买家付款后,即可获得区块链上的唯一编号,作为拥有虚拟服饰的证明。因此,最初的虚拟时装的拥有者可以在无限次的转售中,获得更高的利润。目前小红书和沸寂 App 并未允许虚拟服装的"转卖"和"转售",或许这一限制是为了防止用户对虚拟时装的价格炒作,但在国内的 NFT 平台 iBox 上,买家可以自由变卖所持有的虚拟产品。另外,虚拟时装突破了身材的限制,具有极大包容性。小红书博主"Kira 歧牙"发布了一条视频,展现了设计师在处理其穿戴虚拟时装照片的过程中,帮她添加了腹肌的操作,并获得了破千次点赞。可见,服装在虚拟世界中不再是身体的"囚笼",相反,虚拟时装设计师为客户提供的专属服务能实现绝对的"人穿衣"而非"衣穿人"。

总而言之,虚拟时装的走红并非偶然,在第三代互联网时代(Web3.0),人人都处于运行在区块链技术上的去中心化互联网中,元宇宙已非形而上的概念。从国内外各大时装品牌和众多设计师的态度看来,虚拟时装的环保价值、社交价值、想象空间以及包容性既契合了客户群体的价值观念,又让品牌不再恪守成规,找到了产业转型的具体路径。

<h1 style="text-align:center">三</h1>

2022 年 4 月 23 日,深圳时装周以元宇宙为主题,在数字艺术馆展开,通过时尚的方式,传达出对于科技的美好展望。本次时装周运用了 5G、大数据、云计算、人工智能、虚拟现实、第三代互联网等新一代信息技术,达成了线上和线下的创新联动。这次尝试或将开启中国时装发布的新模式:首先,云端发布的方式打破了时空局限,打造了一个全新的数字体验空间,能让客户"身临其境"地感受到元宇宙

的魅力。其次,科技团队还打造出了专属的虚拟偶像,以元宇宙原住民的身份参与时装周的相关活动。再者,虚拟时装以数字藏品的形式限量发售,满足了元宇宙收藏爱好者的需求,给数字时装创作者提供了展示的平台。另外,深圳时装周还推出数字订货平台,集聚各大买手店、设计师品牌,给客户提供更优质的供应端服务。2022 年 9 月 22 日,春夏上海时装周以"元启新自然"为主题,开启中国时装周的新模式。此次时装周在抖音线上直播,并在上海新天地等城市时尚艺术地标开展线下的"快闪直播间",通过云端和现实的联动,探索数字化时尚新出路。

图 8　2023 上海时装周海报

图 9　SMILEY"S-Code"系列

　　深圳和上海作为中国时尚产业最为发达的城市,率先开辟了元宇宙新赛道。依托时装周,许多时装品牌响应号召,用时装语言讲述元宇宙理念。国潮品牌吾双(MINEPAIR)以"冲破次元壁,潮起元宇宙!"为口号,与幻语堂联名推出元宇宙虚拟人元小语(YUNIKO)的数字藏品潮服。另外,该品牌在线下秀场安排模特上身元小语系列潮服,让观众有了更好的交互性体验,其赛博朋克、未来技能感的风格也大受 Z 世代消费者的青睐。除了本土品牌,上海时装周还吸引了国际顶级潮流品牌笑脸(SMILEY),其此次的主题是"笑脸译码"(S-Code),用一种带有元宇宙元素的叙事方式,传递了品牌对于未来科技的乐观态度。上海时装周的中坚力量蕾虎(LABELHOOD),作为中国目前影响力最大的一家买手店,在近几年成长为众多中国设计师品牌展示和宣传的平台。在 2023 春夏时装周发布中,蕾虎(LABELHOOD)联合得物 App 举办了先锋时装艺术节,在得物数字藏品平台现场首发"东方少年"限量数字藏品。除此之外,蕾虎

(LABELHOOD)带领一众设计品牌摸索"数字时尚"的中国模式,从2020 年的云上发布到 2022 年的线上数字时装周,不断的尝试和挑战给我们留下了宝贵的经验。

图 10　中国先锋独立设计师品牌(JAREL ZHANG)2023 春夏系列

麦肯锡《2022 中国时尚产业白皮书》中提到,目前的消费模式已成为享受型消费(情感消费),时尚产业的高速发展要转向高质量发展,成长于中国经济腾飞时期的千禧一代和 Z 世代成为主流。在第十四季蕾虎先锋时装艺术节中,中国先锋独立设计师品牌(JAREL ZHANG)发布了 2023 春夏系列,其灵感来源于科幻漫画,试图表达元宇宙大门开启之际女性身体意识的觉醒,具有"末日感"的秀场装置让模特仿佛置身于时空隧道。亚文化、女性主义、科技感等元素构成了品牌符号,品牌的服装语言容纳了千禧一代和 Z 世代的共同情感,从而达成了情感联结。另外,充分利用网络资源,在社交媒体广泛"种草",不断增强品牌与客户的互动性也成为了重要一环,品牌也可以通过观察数字空间更好地了解客户的喜好和需求,达成一个良性循环。

中国的消费市场与供应链已较为成熟,但品牌与设计力仍有巨大的提升空间,如何打造具备国际影响力,并有独特、标志性的审美风格的中国时尚品牌成为了摆在我们面前的一道难题。据《2022 年春季中国服装行业运营情况调研分析报告》指出,经营成本上涨和订单不足是企业面临的主要问题,72.4%和 48.8%的企业在面临的困难与挑战中选择了这两项。

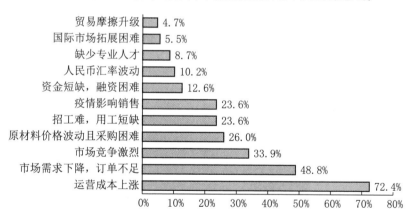

表 3 当前企业面临的主要困难和挑战(数据来源:中国服装协会)

企业成本压力更为突显、物流停摆打乱产业链正常秩序、出口企业面临内外双重承压等成为企业当前存在的困难。就此,中国服装协会了解了当前行业发展状况,对未来的行业发展作出了预判,企业数字化发展、企业创新发展和转型升级是破局的必经之路。

表 4　企业主要投资方向(数据来源:中国服装协会)

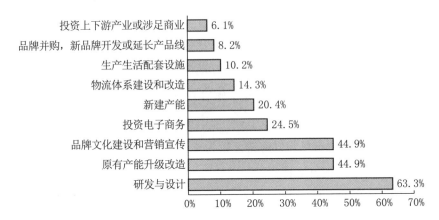

走进元宇宙时代,这并非一句空洞的口号,元宇宙要拥有价值,必然要和各产业紧密结合起来,新技术的生成并非意味着抛弃传统产业。东华大学的闻力生教授指出:鉴于服装产品既是高科技产品又是时尚产品,我们在发展元宇宙同时应该发展"服装元宇宙"。"服装元宇宙"即元宇宙相关技术在服装工业领域的应用,有了它一定能够赋能服装智能制造的未来。依靠这一条路径,我国的服装行业能更快完成产业转型和升级。

"十四五"发展规划中提出,服装行业要重点支持设计研发、科技进步、大型时尚活动、人才培养等转型升级等关键领域。各大时尚平台和高校响应国家号召,积极开展工作。OUTPUT 是国内一个专注于打造创新数字体验的平台,2022 年 OUTPUT 在网络上公开招募全球数字内容创作者,旨在遴选全球范围内最具成长潜力的跨学科、跨专业数字时装创作者。同年,中国国际大学生时装周以"元·创东方"为主题,携手心咚科技,联动北京服装学院、湖北美术学院、四川美术学院和武汉纺织大学等是所院校,推出了以"循环的禅意"为主题的线上数字化秀场。对于中国的虚拟时尚发展之路而言,打造专业的人才孵化平台成为了第一步,在后续的工作中,还应完善相关行业规定和法律法规，以保护中国原创设计以及相应的知识产权。

图 11　"元·创东方"3D 虚拟时装秀

图 12　2022 北京时装周云潮计划推广大使"央视网小 C"

同时，先锋企业也在加快国际化探索，积极引领中国时尚"走出去"并在国际时尚舞台上逐步拥有话语权。在元宇宙的语境下,推出品牌数字 IP、建设品牌线上社群和不断加强品牌文化建设等方式成为了时尚圈突围的窍门。2022 北京时装周的"云潮计划"给我们提供了参考,通过云发布、云播间、云逛展、云交互、云共创五大板块,形成一条完整清晰的数字时尚链。除了虚拟秀场和数字艺术作品的设置,这次活动的一大亮点是在"云交互"板块推出了虚拟偶像阵列,AI 数字人希加加、央视网小 C 和秦佑之三位虚拟偶像为我们带来了更生动的交互体验感,他们不仅穿戴了虚拟时装,还宣传了我国的非遗文化,展现了东方的艺术之美。这次时装周还讨论了"循环经济"的话题,改变传统服装业的高耗能模式,为服装行业注入更多的人文情怀,丰富时尚的可持续内涵,成为了发展虚拟时尚的一大动力。探索元宇宙的虚拟时尚,我们还有很长的路要走,只有坚持技术升级、加强时尚产业集群化、践行可持续发展观念和团结各方平台通力合作,以开放、包容的心态和前瞻的眼光,才能让中国的虚拟时尚开一个精彩的好头。

数字医疗

刘家夷

随着人工智能、大数据、物联网等现代数字技术不断发展,越来越多的数字化产品进入了人们的生活。在过去的几年中,新冠疫情的全面暴发让更多人开始关注医疗与健康领域,数字医疗也因此进入大众视野。如今,数字医疗已经成为中国数字经济的重要组成部分,并在相关政策的驱动下不断发展,在互联网医院、数字疗法、AI影像、数字医药等细分领域呈现出百花齐放的态势。可以说,数字时代的到来为医疗领域带来了全面且具体的革新,由此产生的每一项新模式、新产品、新应用场景都将重新书写人们的生活方式。

一、数字医疗的概念

狭义上,数字医疗是指数字化设备在医疗过程中的应用,其经历了一维信息可视化,如心电、脑电成像;二维信息可视化,如 CT(计算机体层摄影)、MRI(核磁共振成像)、彩超影像;三维信息可视化,如3D重建和四维信息可视化的发展过程,为医生诊疗提供了极大的帮助,也使医学进入了一个全新的可视化信息时代。广义上,与医疗健康有关的数字技术都属于数字医疗,主要包含五类:

1. 人工智能、机器学习、深度学习、影像处理及高级分析等人工智能算法;

2. 医疗信息化、基础设施和包括电子健康记录系统在内的数据管理系统;

3. SaaS(软件运营服务)平台、基于云的软件工具和社交应用在内的移动应用和网络应用;

4. 远程医疗、患者参与和医患互动在内的新兴临床护理模式;

5. 可穿戴设备、传感器和其他物联网硬件设备。

这一分类将数字医疗的范围扩大到了医院、医疗机构、学术研究机构、政策制定与监管方、医疗设备供应方等方面。数字医疗不再是数字化医疗设备的集合,而是一个将数字技术应用到医疗健康领域的新型医疗体系。通过以数字化手段对各类医疗场景进行优化和联动,它能够在医生与患者之间搭建起更高效、更准确、更便捷的服务桥梁,为医疗健康行业带来新的活力与价值。

从效能上来说,数字医疗在很大程度上改善了传统"医疗铁三角"带来的困境。所谓"医疗铁三角",是指医疗系统在同时追求三个目标:高质量、高效率、低成本。但是,就像三角形中的任何一个角度增加,就必然带来其他角度减小一样,这三个目标也是竞争关系。在现实中,这种"铁三角"带来的就是"看病难""看病贵"以及层出不穷的医患纠纷等问题。其根源在于国家或社会的医疗需求是无限的,但供给却是有限的,这对矛盾在传统医疗体系中无法调和,却在数字医疗体系中有了破局的可能性。具体而言,数字医疗可以同时在三个"角"上发力:

(一)提升医疗效率

优化就诊流程,提高医院管理效率。一方面,通过预约,患者能够节省排队挂号、结算、取药的时间,并通过医保电子凭证、异地医保结算、数字医疗保险等模式提高医疗费用结算的效率;另一方面,医院管理者也可以通过数据分析更准确、更高效地开展工作,比如根据医院高峰人数时段增设通道,以电子病历、无纸化办公的方式节约成本。

"AI+"药物研发,提升研发效率。AI 技术可以用于新药研发的虚拟筛选、分子生成、靶点发现与验证、ADMET[①]预测、药物重定向等方面,在通过数据分析、线上协作提高处理效率的同时,缩短研发周期,降低研发成本。

(二) 增强医疗准确度

医疗设备数字化,提高诊疗精准度。AI 医学影像可以对大量影像数据进行初筛,为医生的判断提供辅助和参考;手术机器人可以对手术过程的视频进行结构化和定量化分析,提高手术的精准度,最大程度地缩小创口,降低手术风险。这不仅可以为医生的诊疗提供参考和辅助,也能够提高诊疗方案的精准度和完成度。

线上搭建信息平台,增强垂直领域专业度。各类线上医学平台的出现为线上会诊、医学研讨、数据共享和案例分析提供了更便捷的条件,也促进了医学领域垂直数字化平台的萌芽和专业度的发展。

整合健康数据,提供精准医疗和个体化医疗服务。通过整合患者的健康数据,比如健康手环、智能手表、家用血压仪等日常数据,电子病历、电子处方等医学数据,所在地区的公共卫生数据等,数字医疗可以为患者提供更加精准的判断和个体化的诊疗方案,提升医疗服务的准确性和有效性,并覆盖患者的全病程管理。

(三) 降低社会成本

突破医疗服务的时空限制。以数字技术为核心的互联网医院或医疗机构能够以"无限在线"的方式提供智能导诊、用药指导和健康科普等方面的医疗服务,在降低医疗成本的同时保证医疗质量。

扩大医疗资源的覆盖范围。通过远程问诊、线上咨询、远程手术、医药物流等医疗新模式,数字医疗可以让基层和偏远地区也得到相应的优质医疗服务,减少患者的就医成本(路费、住宿费等),也能

---

① 化合物在体内的药代动力学行为包括吸收(Adsorption)、分布(Distribution)、清除(Excretion)的过程,有些还具有毒性(Toxicity),这些被简称为药物的 ADMET 性质。

够缩小城乡医疗差距,节约社会成本。

逐步实现从治疗到健康的转变。数字医疗可以通过监测日常生活内容和方式,在疾病发生之前进行有效提醒和预防,在治疗之后,也可以对患者的术后康复或慢性病进行有效监测,从而将医疗的范围向前扩展到预防和筛查,向后扩展到控制和康复。这不仅为避免患者承受重症疾病的痛苦提供了帮助,也能节约社会成本,控制医药支出。

总的来说,数字医疗作为数字技术与医疗领域的交叉概念,既能够以高效率、高质量、低成本的核心素养为破解传统"医疗铁三角"提供帮助,推动健康医疗领域的新发展,也能够让更多的人受惠于时代的发展,让科技真正走进人们的生活,服务于人们的生活。

二、数字医疗的发展

(一)数字医疗的发展阶段

中国医药教育协会发布的《2022 数字医疗创新发展报告》将我国数字医疗的发展分为三个阶段:源于 20 世纪 70 年代医疗信息化阶段,逐步发展到 21 世纪初的互联网医疗阶段,2016 年后进入数字医疗模式创新阶段。这三个阶段基本涵盖了我国数字医疗在不同时期的发展重心和特点。

1. 医疗信息化阶段

在这一阶段,数字医疗主要以"电子医疗(E-health)"的形式出现,即信息及通信技术在医疗领域的应用,以数据应用为导向,目标是优化医疗服务流程,实现医疗信息共享。医疗信息化始于 20 世纪 70 年代,经历了医院管理信息化(HIS)阶段、临床管理信息化(CIS)阶段和区域医疗卫生服务(GMIS)阶段。目前,国内的医院基本都建立了成熟的 HIS 系统和 CIS 系统,正在进入从医院业务集成交互系统逐步过渡到以数据应用为导向的区域信息共享系统,大数据、人工智能、临床决策支持系统等成为新的应用方向,数字医疗行业进入爆发式增长阶段,涌现出北方健康、海森健康、森亿科技、科大讯飞等企业。

2. 互联网医疗阶段

在这一阶段,数字医疗主要以"移动医疗(M-health)"的形式出现,即网络连接技术在医疗健康领域的应用,主要通过对数据进行传输和分析,实现医疗业务的自动化和智能化。2015年有两个代表性事件:一是全国第一家互联网医院正式成立,一种新型医疗方式诞生了;二是一批专注于单病种的慢病管理平台出现了,这显现出新型医疗方式在垂直病种中的深耕潜力。随后,在国家出台了系列政策来规范互联网医疗,并提高准入门槛。2019年,新冠疫情的暴发成为了互联网医疗发展的催化剂,互联网医院数量在此后三年中逐渐攀升。2021年,中国互联网医疗行业市场规模达2000多亿元,同比增长40%以上,移动医疗用户人数已经突破6亿人。同年,卫健委要求互联网医院必须要有实体的医疗机构作为依托,实现线上线下一体化的管理。要实现这种线上线下的联动并不容易,自有资金、基础设施建设和线上业务一个都不能少,因此出现了一大批不同品类的互联网医疗项目,如在线咨询类、医药电商类、预约服务类、综合平台类等。目前上市的互联网医疗头部企业包括京东健康、阿里健康、平安健康等。在政策环境、技术创新、行业转型等各种因素的影响下,互联网医疗领域仍然在不断发生新变化,新时代的互联网医疗也将呈现出新的发展。

3. 数字医疗模式创新阶段

我们目前所处的数字医疗模式创新阶段,不仅包括"电子医疗(E-health)"和"移动医疗(M-health)",也包括许多新兴数字技术为医疗健康领域带来的革新。2016年,AlphaGo通过深度学习战胜了围棋选手李在石，次年又战胜了世界冠军柯洁，成为第一个人工智能围棋冠军。由此，数字医疗进入以 AI 为核心的数字科技新阶段。同年，药明康德和华为合作，联合创办了国内首个医疗大数据平台——明码云，用于海量医疗数据的存储和处理，助力精准医疗和个体化医疗。目前，CT、MRI、超声等领域已经开始用 AI 辅助疾病诊断，来提高医学图像的检测效率和精度，医药研发领域也将 AI 优化作为降本增效的重要手段之一。截至目前，已有数百家企业涌入此赛道，超百家企业从一级市场获得融资。此外，手术机器人也得到了广泛应用，主要有腔镜手术机器人、骨科机器人、穿刺机器人、经自然腔道机器人、泛血管机器人等。其中前两类手术机器人在全球手术机器人中的总体比重超过 80%，是当之无愧的"头部机器人"。这一阶段还诞生了一种新型疗法——数字疗法（Digital Therapeutics），即将结合生命科学和信息技术的发展，为某些疾病提供数字技术的创新疗法。这种疗法主要分为两类：通过配套软件提供药物依从性管理，即帮助患者管理病情，扩展药物治疗价值；通过电子设备，如采用虚拟现实技术来产生感官刺激，从而进行治疗。

作为与人类生命健康切身相关的行业，早期的医疗信息化从处理患者病理数据发展到搭建地方公共卫生信息数据平台，中期的互联网医疗从医疗咨询与科普发展到线上线下一体化联动医院，近期的数字医疗模式创新阶段则涌现了更多将最新科技应用于医疗场景的成果。纵观数字医疗发展的三个阶段，我们可以看到数字医疗发展的趋势：从"医院中心"走向"患者中心"；从"治病"走向"健康管理"；从"个体生命"走向"公共医疗"。我们正在从长途跋涉、求医问药走进早预防、早诊疗的数字生活中。

（二）数字医疗的政策环境

如果说数字医疗是成长的幼苗，那么政策环境就是阳光、空气和雨露。就一个新兴行业的发展来看，中央政策往往具有"风向标"的作用,而地方政府也往往据此出台相关政策,予以扶持和引导。

第一阶段是 2015—2016 年,国家分别出台了《关于积极推进"互联网+"行动的指导意见》《健康中国 2030 规划》等政策,明确了线上医疗的重要性,对数字医疗行业做了高屋建瓴的布局,数字医疗行业进入快速发展期。

第二阶段是 2017—2018 年,国家各医疗卫生监管部门陆续出台规范性文件,如《关于促进"互联网+医疗健康"发展的意见》《国家健康医疗大数据标准、安全和服务管理办法》等,提高线上医疗的准入门槛和行业规则,数字医疗行业进入严厉的监管期。

第三阶段是 2019 年至今,新冠疫情暴发和防控时期,国家出台了一系列相关的数字防疫相关政策,如《加强信息化支撑新冠状病毒感染的肺炎疫情防控工作的通知》,并将数字医疗定位为"普惠民生"医疗服务体系的中坚力量。

2022 年,是实施"十四五"规划的关键一年,我国不仅发布了许多宏观政策,如《"十四五"数字经济发展规划》《"十四五"中医药信息化发展规划》等,卫健委、国家药监局等医疗行业主管部门也就数字医疗行业发布了相关的具体制度和标准,主要涉及加快平台标准化、体系化建设、新技术应用等多个方向,推动数字医疗体系向优质、规范方向发展。

同时,地方政府也会结合区域发展特点响应国家政策,打造数字医疗亮点:

1. 北京颁布了多项养老、康复相关的数字医疗政策,明确提出要提高数字技术供给能力,让数字医疗产业得到更好的发展。

2. 上海作为最早研发人工智能相关产业的城市,将数字医疗重心放在民生保障、公共卫生医疗上,力图打造一批更精准、更普适、更充分的数字化医疗场景。

3. 杭州科技城是中组部和国资委联合命名和打造的全国四大科

技城之一，也是浙江省的创新创业中心，吸引了许多生命健康、智能制造、科技服务相关产业。

4. 海南聚焦于数字疗法，在《海南省加快推进数字疗法产业发展的若干措施》的政策支持下，从临床科研、注册审批、应用推广等方面不断发展，力图将自身打造成为全球数字疗法创新岛。

三、数字医疗经济

（一）市场规模

数字医疗是我国数字经济建设的重要组成部分，随着我国数字产业化进程的加快，数字医疗也迎来了广阔的发展前景。2017—2021 年，我国数字医疗市场规模实现了倍数增长，其中 2021 年达 289 亿元，同比增长达到了 79.5%，呈现出蓬勃的增长趋势。这与新冠疫情的暴发、常态化疫情防控等有很大关系，也展现出数字医疗行业巨大的发展潜力。同时，数字医疗的用户数量也在直线上升，这极大地促进了数字医疗行业的发展。据中国互联网络信息中心统计，我国数字医疗平台用户量连年增加，受疫情影响，2020 年用户数量达 6.61 亿人，同比增长了 13.6%，此后增长速度逐渐放缓，但仍呈上升趋势，到 2022 年已经达到网民整体的 28.9%。这样庞大的远程医疗需求，根源于我国执业医师资源，尤其是细分领域的专业医师资源存在一定的缺口，这也要求数字医疗更快地、更好地向前发展，以满足患者的就医需求。

庞大的市场规模和用户数量给数字医疗领域带来了巨大的融资热度。远毅资本和中国医药教育协会联合发布的《2022 数字医疗创新发展报告》显示，2018—2021 年，全球数字医疗投融金额和事件呈上升趋势，2022 年略有回落。国内也是如此，2014—2020 年平均融资额呈上升趋势，2020 年的融资额同比增速达到了 130%，2022 年虽呈下降趋势,但仍有超过一百家企业完成融资,融资总额也达到了42.9亿元。可见数字医疗行业确实是一片商业蓝海。

(二) 产业链结构

传统医疗模式是医院中心结构,患者、医疗器械、医药公司等都在外围,数字医疗的产业链则比较复杂,从产业链组成来说,一般认为数字医疗产业链分为上游、中游和下游。

上游是负责软件系统开发资源的数据供应商,包括医疗大数据、医疗器械、医药等,主要提供技术支持。以大数据为例,任何一款药品或者医疗器械,都需要收集实验数据,通过不断地调试、验证、临床试验、审批,才能进入医院或药店进行销售和使用;在医院的诊疗过程中产生的医疗信息是个人健康数据;互联网搜索、医药电商购买等也属于医药数据,同时,居家使用或者是穿戴式的健康监测设备也会产生一系列数据,这些数据都可以在大数据系统中进行整合和处理,助力精准医疗和个体化医疗。

中游是负责信息化医疗软件开发技术的服务业供应商,包括互联网医疗、医药电商、数字医保等,市场比重相对较多,比如互联网医疗的市场占比一度可以达到47.9%。近年来,中国互联网医疗市场规模一直保持增长,预计未来的市场规模还将进一步增长。同样,医药电商也正在成为医药销售的重要渠道,中国医药电商交易规模也一直保持着增长趋势。

下游主要是 B 端和 C 端的应用领域,包括医疗机构、互联网医药、药企、健康体检机构等。可以说,医院诊疗流程的更新、AI 影像与手术机器人的辅助诊疗手段、医疗支付方式的改变,甚至包括医美、康复等细分领域的增加,都呈现出鲜明的数字化时代特色。

在数字医疗体系中,各要素之间可以自由流动,医院、患者、医药等方面互相依赖。上游的物联网、大数据等技术的发展,为整条产业链提供了源源不断的动能。而上游的支撑与中游的平台搭建,都在和下游的应用端逐渐走向一体化。可以说，数字医疗产业链的布局重构了医疗体系的生态系统。

（三）细分产业

1. 医疗健康数据类

这类产业的服务核心是对医疗健康数据进行存储和处理，整合来自医院、互联网、保险等方面的医疗健康数据，实现预防—诊疗—康复的医疗流程革新，在满足患者或用户需求的同时节省整体医药费用。

这方面的企业属于产业链上游，主要提供技术支持，包括惠每科技、零氪科技、柯林布瑞、百度灵医智惠等。从服务侧重点来看，惠每科技的核心是 CDSS（临床决策支持系统）技术的研发，助力临床"最佳决策"的诞生；零氪科技能够提供针对肿瘤和罕见病领域的大数据一站式服务；柯林布瑞专注解决医院的"数据孤岛"问题，能够让大多数医院无需系统接口就完成大数据同步和整合工作；百度灵医智惠则依靠技术领先优势，致力于建造临床辅助决策系统、眼底影像分析系统、医疗大数据整体解决方案、智能诊前助手、慢病管理平台等产品。

2. 医疗信息化类

医疗信息化指通过现代数字技术对医疗健康数据进行分析，从而搭建起满足用户需求的平台，主要包括医院信息管理系统、临床信息管理系统和区域医疗卫生信息化。从 20 世纪 70 年代出现至今，我国的医疗信息化整体呈现出从个体到集体，从部分到整体的过程，服务范围也在不断地延伸扩展。

在这方面发力的企业包括卫宁健康、东软集团、创业慧康、易联众、领健等。卫宁健康是医疗信息化的龙头企业，其产品在应用场景、技术架构、服务能力方面均有发力；东软集团于 2022 年发布的重症临床科研系统是目前行业中唯一自主建立统一临床数据库，用以打通临床用户、数据、统计工具之间的壁垒，实现数据探索领域的新发展;创业慧康和易联众则主要在公共卫生医疗信息化和数字民生领域发力,并参与国家医保局信息化核心平台、国家卫健委大数据工程及电子健康卡、国家老龄委老年服务平台及老年电子卡等国家级数字化建设项目;领健则主要是为口腔诊所、医美机构等提供经营管理一体化解决方案,通过数字化管理、营销、诊疗和开放平台,帮助口腔、医美机构降本增效,释放潜力。

3. 互联网医疗与医疗支付

互联网医院作为医疗服务信息化的重要承载方式之一,在近几年的政策监管下,逐渐实现了线上线下一体化联动,以实体医院为平台依托,借助互联网和数字科技,为患者提供全流程诊疗服务。目前的互联网医院主要包括实体医院的线上诊疗服务、医联体线上融合服务模式和医生入驻的平台服务模式。

在这方面发力的企业包括京东健康、阿里健康、平安健康、好大夫在线、微医等。京东健康和阿里健康都是以自身的互联网平台系统为依托,利用优秀的物流配送能力、物联网和大数据能力,吸引各方面医疗资源进行整合,为用户提供医疗健康服务;好大夫在线的前身是医疗科普和医疗咨询网站,目前已经入驻了国内 10000 余家正规医院的 90 万余名医生。其中,25 万余名医生在平台上实名注册,三甲医院的医生比例占到 73%,能够直接向患者提供线上医疗服务。微医在 2015 年开创了中国第一家互联网医院——乌镇互联网医院,目前拥有数字医院、数字中医药和数字药械三大业务板块。

4. 数字疗法类

从广义来说,数字疗法包括两种类型,一种是用来扩展药物价值的辅助手段,一种则是取代传统药物的新型治疗手段,前者包括 AI 医学影像、AI 医生和手术机器人为代表的数字医械,后者则指主要应用于慢性疾病和精神类疾病中的数字疗法技术和产品,也是狭义上的数字疗法。

这一领域的企业规模目前是最大的,包括罗氏、强生、辉瑞、诺华、默沙东、葛兰素史克等在内的全球前十制药企业,均已涉足数字疗法。国内的情况也是如此,主要包括以下三类企业:

一是 AI 影像,主要有柏视医疗、汇医慧影、博动医疗、联影智能和科亚医疗等,业务范围包括 AI 影像设备,智能数据获取、处理、诊疗、应用,智能筛查,临床决策辅助,以及为用户提供 AI 全流程智慧医疗方案。

二是手术机器人,主要有柏惠维康、华科精准、键嘉机器人、天智航和威高等,研发重心各有不同。柏惠维康自主研发生产的睿米 RM-50 系统是中国自研自制手术机器人的重大突破,打破了国外技术公司对手术机器人核心部件的垄断;华科精准的研发重心在具有3D 结构光技术的神经外科手术机器人系统上,可以在急诊或病房执行各类脑出血、脑肿瘤活检及相关急诊手术;键嘉机器人和天智航则是骨科机器人领域的先行者,前者研发出了首款国产髋关节手术机器人,后者研发的第三代手术机器人是国际上唯一能够开展四肢、骨盆以及颈、胸、腰、骶脊柱全节段手术的骨科手术机器人;威高的妙手手术机器人是国内首台具有自主知识产权的腹腔镜手术机器人,这也标志着国产腹腔镜手术机器人进入了商业化阶段。

三是数字疗法技术和产品,主要有橙意、恩启、视景医疗、术康、望里科技等。橙意所研发的针对慢性呼吸系统疾病的"呼吸数字疗法"是国内首个获得医疗器械注册证的数字疗法产品,能够对吸入用药患者治疗期间的吸入技能进行长期监测、评估和训练;恩启和视景医疗是分别针对孤独症筛查诊断和近视防控细分领域的垂直医械企业,也都能够进行全流程的数字化诊疗服务;术康和望里科技是以健康而非诊疗为核心的数字疗法,前者关注的是运动处方中涉及的心肺耐力及其相关疾病的预防和康复,后者则是精神心理数字诊疗领域的领跑者,其基于智能移动端的"认知功能障碍治疗软件"已经获得了湖南省药监局审批的医疗器械注册证,适用于对轻度认知功能障碍患者的干预治疗,可以改善认知功能,延缓认知下降过程。

5. 医药数字化

医药数字化是指以诊疗为目标,以数字化手段为病患提供药物服务的医疗支持方式,已经形成了较为完整的产业链条,主要包括医药制造和药物流通两大领域。就细分领域而言,医药数字化包括 AI 辅助新药研发、数字化生产、药品准入评估和以虚拟医药代表为核心的数字化营销等。医药创新也是我国打破市场信息差,减少药价虚高、过度用药等难题的重要方式。

在这方面发力的企业有太美医疗、晶泰科技、英矽智能、溪砾科技、清赞科技、医百科技等。其中,太美医疗、晶泰科技、英矽智能和溪砾科技都是以 AI 辅助新药研发为核心业务的企业。太美医疗更偏向于药品临床试验过程中的流程管理、数据采集、数据分析等;晶泰科技更倾向于药物固态研究的细分领域,已经实现了智能算法、自动化实验、专家经验三位一体的数字化和智能化研发平台搭建;英矽智能则率先将生成式人工智能算法应用于药物研发领域,搭建人工智能药物研发平台 Pharma.AI,高效发现和筛选临床前候选化合物;溪砾科技是国内领先的靶向 RNA 的小分子药物研发公司,目前正在布局并推进多条针对肿瘤及遗传性疾病的药物管线。可以说,以 AI 赋能新药研发,加速靶点发现和候选化合物的筛选,缩短新药研发周期,提高成功率已经成为一个被认可的发展方向。

同样被认可并不断引起关注的是数字化营销赛道,清赞科技和医百科技则是其中的佼佼者,前者专注于为药企提供以虚拟医药代表为核心的全渠道数字化营销方案,并利用“大数据＋技术”为提升提供个性化的医学辅助服务,后者则是这一赛道较为少见的技术主导型公司,自主研发了行业领先的高性能音视频底层技术平台和包含多种产品的 SaaS 平台,覆盖了数万家医院和近百万的医生群体。

四、数字医疗的人文延伸

医疗技术手段的发展,折射出的是人类对于疾病、身体、生命等的观念变迁。以科学技术为核心的现代医学,将患者视为病症的集合体,更关注身体指标和检测数据,也产生了更精细的学科分化。数字医疗是数字时代的必然结果,也是医疗系统在面对媒介革新时做出的必然反应。那么,新的发展会带来哪些新的思考和转变?

首先,每个人都将真正成为自己的第一责任人。这里的"责任人"不仅是诊疗意义上的,也是健康意义上的。新技术出现的时候,我们往往会高估它的短期效果,却低估它的长期效应。这当然和数字技术的特性有关——给定需求,制作模型,让需求得到满足,所以本质上,这是一种功能性的强化。因此,某种治疗手段在刚面世时会引起轰动,因为它往往就是为了攻克某方面难题专门研发的。但是,比起短期的治疗的效果,数字医疗更大的用处却是在长期的健康预防上。我们都知道,危及生命的病况往往是数病并发,或是经年累月的身体损耗或透支导致的。因此,随时掌握自身的健康状况,知道目前的体力和精力能够完成哪些工作,对自己的生命健康负责,将成为我们最重要的生命观念。

第二,我们对身体的感知方式会发生转变。长久以来,我们都是以"描述"的方式来表达身体感知的,比如疼、麻、酸等。这样的描述是容易理解的,但在诊疗中却存在指向不明的问题。这不仅是因为每个人的身体敏感度不同,也因为临床症状的感觉往往是几种混杂,区域也很模糊,很难快速确定病因。但是,在数字医疗体系中,判断健康程度的方式是身体各项指标是否在正常范围内。比如即便没有出现眩晕,但血压明显超出正常范围,居家健康助手也能够予以提醒,避免突发情况。在这种模式下,我们其实是将对身体健康的判断交给了数字技术,将我们的身体抽象为一台高速运转的仪器进行全天候的维护和不定期的返修。很难讲,究竟是我们发明了数字化生活,还是生活数字化了我们。

第三,我们对"隐私"的理解会发生转变。随着数字技术不断向前发展,我们面临越来越多的数据安全和隐私泄漏问题。相较于其他场景,医疗场景带有明确的导向性——救治病人。因此,基于治愈疾病这一共同目标,患者可以和医生共享自己的疾病史以及相关生活经历,离开这一场景,这便成为我们的隐私。但是在数字医疗场景中,我们的生活习惯、健康情况甚至个人经历等,都会被抽象为诊疗的背景信息,由医疗信息平台直接进行数据处理和分析,并得出诊断结果。同时,要数据更准确,样本就要更多,那么我们要提供的"隐私"也就更多。当然,医院和平台都有责任保护我们的健康数据安全,但是我们也必须面对的是,越是精准的医疗方案,背后一定是更多的隐私让渡。再进一步讲,区域化健康信息平台的搭建本身就是在模糊个人健康与公共卫生的界限,只是我们对公权力的权威更信服,让我们对个人隐私的底线停在了"非商业用途"上。

第四,我们对"医疗"的理解也会发生改变。数字医疗意味着医疗领域的全面革新,势必会带来很多新的数字化发展路径——大数据健康信息整合、患者(用户)医疗信息平台搭建等,所有的企业都可以进行跨领域探索。医疗体系中的很多思维模式或应用手段都将为其他行业带来新的发展机会。比如在保险行业中,医疗保险的短期营收势必会上涨,未来也可以通过线上平台、线上工具的开发来制定更与时俱进的产品。同时,从社会层面上来说,医疗保险将向医疗福利与健康保障的方向发展,为患者乃至居民提供更好的生活保障方案。这不仅为各个行业的发展带来新契机,也为我们理解"数字医疗"提供了新的可能性。

最后,我们也必须思考,数字医疗究竟是在扩大还是缩小医疗差距？就初衷而言,数字医疗当然是希望能够缩小医疗差距,通过线上的方式将优质医疗资源覆盖到更广泛的地区。但事实上,我们也要看到,数字医疗的核心是数字技术,而后者的普及率并不高,尤其是在偏远地区,这一点在"全民网课"时期已经被一次次验证过了。同时,从年龄上来说,中老年群体的网络使用率也并不高,这是否会让他们被数字时代拒之门外?要知道,我们的独居老人和空巢老人人数在节节攀升,而要抹平这样的差别却不是一朝一夕的事情。医疗资源分配不均、医疗质量差距大等问题,在数字时代会被缓解还是凸显,生命健康这个议题是否也会出现更为严重的"贫富不均"?

从数字医疗的内涵、发展、产业状况和人文延伸四个面向,我们可以了解到数字医疗是如何一步一步走进我们的生活,成为我们生活中的重要组成部分,了解、探索和尝试数字医疗是我们每个人的必经之路,这不仅是时代的趋势,也是我们每个人都要走进的未来。

艺　术

生物艺术

刘 艺

生物艺术是将生物科学和艺术相结合的一种艺术形式,主要是运用基因物质、细胞组织或是动植物生命体等作为媒介进行艺术创作,还包括使用生物材料、生物生长过程和生物技术来创造艺术作品。生物艺术可以包括生物装置、生物雕塑、生物绘画、生物摄影等多种形式。艺术家利用生物材料和生物技术来探索生命的本质、生物进化、生物多样性等主题,并将其呈现给观众。生物艺术也常常涉及伦理和道德议题,例如对生命的控制和改造的道德边界等。生物艺术标志着从生产与制造艺品到创造生物体过程的转变,因此,生物艺术是一个还处于界定过程之中的新生的艺术类别。

最早的生物艺术可以追溯到"青霉素之父"亚历山大·弗莱明(Alexander Fleming)于 1933 年制作的"细菌画",这是一个将细菌放在培养基中,然后孵育到纸张上,最后绘制出图像的实验过程,最初是用于制作能够长时间保存的细菌标本。①1935 年,摄影师爱德华·史泰钦(Edward Steichen)在纽约现代艺术博物馆(MoMA)里展出了硕大美丽的杂交植物飞燕草(Delphiniums),他不仅对这一植物进行杂交尝试,还使用植物盐基中的化学物质诱发生长过程中的突变。在此之前,从未有人主动将细菌、动物或者植物的生长过程看作是艺

---

① Eduardo Kac, ed. *Signs of Life: Bio Art and Beyond*[M]. Leonardo. Cambridge, Mass: MIT Press, 2007:345—346.

术创作的重要对象。在弗莱明和史泰钦史无前例的艺术突破中,包含着生物实验过程的突变,而这些突变又是以审美作为其标准,这种创作的方式就为实现生物艺术的多样形态奠定了基础。

图 1　1936 年在纽约现代艺术博物馆举办《爱德华·史泰钦的飞燕草》展览①

一、生物艺术是什么?

(一) 生物艺术的始祖:爱德华多·卡茨及其艺术创作

如果说以上的艺术案例并不能让人完全清晰何为"生物艺术",那么不妨将视线拉回到"生物艺术"在当代艺术历史中正式登台亮相的时刻。1997 年巴西裔美国艺术家爱德华多·卡茨(Edurado Kac)在巴西圣保罗的一个文化中心呈现了自己的行为艺术作品《时间胶

---

① Edward Steichen's Delphiniums[EB/OL].[2023-03-09]. https://www.moma.org/calendar/exhibitions/2940.

囊》(*Time Capsule*，1997)。这个作品日后被追封为当代生物艺术的始祖。其主要过程是，艺术家本人在小腿脚腕内侧皮下植入一小块无源芯片。对这一芯片进行扫描，则会产生低能量无线电信号；这一微芯片随即将这微弱的能量进行储存，并输出一串独一无二的数字代码。一旦代码显示在屏幕上，艺术家就能通过远程网络，在美国的数据库中进行注册，这一数据库在当时是为识别和找回丢失的动物而设计的。①艺术家在此使用了自己的姓名来进行注册，为这一艺术独特性的归属指明了思考的方向。这一看似离经叛道的行为艺术，是卡茨随后一系列更为大胆、更为先锋的生物艺术创作的开端。卡茨认为，在图像的成像、识别和扫描技术臻于完善的当下，生物性的元素已经无法成为判别与核对我们身份的唯一要素。换言之，卡茨想要通过创作生物艺术，找到一种仅仅属于生物自身的独特属性，

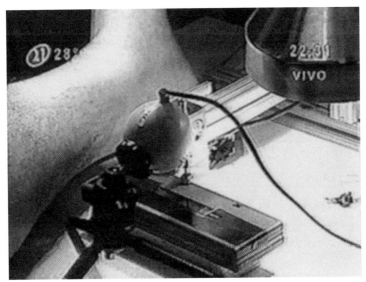

图 2　爱德华多·卡茨 1997 年的艺术作品《时间胶囊》②

---

①②　Eduardo Kac. TIME CAPSULE［EB/OL］.［2023-03-09］. https://www.ekac.org/figs.html.

这一独特属性同时也附加于将此特性呈现出来的艺术过程,成为这一艺术自身的特质。

如果说找寻生命的特性一直以来都是从人类自身出发的主体行为,那么我们是否能够把加诸自身的实验放在客体之物身上呢?2009 年,卡茨编撰了重量级作品《生命标志:生物艺术及其超越》(*Signs of Life*:*Bio Art and Beyond*,2009),收录了许多有关当代生物艺术的重要讨论文献。在此书中卡茨认为"作为当代艺术的一种新方向,生物艺术操控生命的过程",相比其他艺术形式,"生物艺术不仅创造新的客体,更创造新的主体"①。生物艺术(Bio Art)一般采用一种或多种以下方法:(1)引导生物材料形成一种特定的惰性形体或行为;(2)非常规或颠覆性的手法使用生物技术的工具或过程;(3)在有或者没有社会或环境的干预下发明或转变生命有机体。②卡茨对创作生物艺术的定义主要基于技术对生命介入程度的深浅,其中最为激进的做法则是上述第三种,也即技术直接对生命(Lives)进行作用。

卡茨围绕生物艺术相关的理论和创作使他成为这一领域中的先驱,最近他还在宾夕法尼亚州立大学出版社的重要期刊《后人类研究杂志》(*Journal of Posthuman Studies*)2020 年第 4 卷第 2 期上,发表了回顾自己的艺术作品《荧光兔》相关的文章《20 岁的荧光兔》(GFP Bunny at 20,2020)③。该杂志 2022 年第 6 卷第 1 期还刊发了有关他的近期作品的文章《*Adsum* 年表 2019—2022》(Adsum Chronology 2019-2022,2022)④和《空间艺术:我的轨迹》(Space Art:My

---

①② Eduardo Kac, ed. *Signs of Life*:*Bio Art and Beyond*[M]. Leonardo. Cambridge, Mass:MIT Press, 2007:18.

③ Eduardo Kac. GFP Bunny at 20[J]. *Journal of Posthuman Studies*,2020,4(2):119—128. https://doi.org/10.5325/jpoststud.4.2.0119.

④ Simone Osthoff, and Eduardo Kac. Adsum Chronology 2019-2022[J]. *Journal of Posthuman Studies*,2022,6(1):26—32. https://doi.org/10.5325/jpoststud.6.1.0026.

Trajectory，2022)①。从谷歌学术搜索中可以看到卡茨的文章每年的引用数量，这些都说明了作为生物艺术家先驱的卡茨仍旧在当代有着一定的影响力。

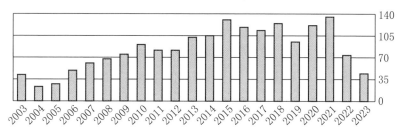

图3　谷歌学术搜索中爱德华多·卡茨英文文献每年的引用次数柱状图②

　　生物艺术所使用的媒介或材料可以被理解为广义的"生命"，因此，这一艺术有着如下特征，首先是对生命丰富的层次、维度与形态的认知。这一"生命"所指的乃是最为普遍的意义上的生命，如果从严格的生物科学看待生命的层次出发，生物体既可以在其基因组成、形态、新陈代谢、生长、繁殖和对刺激的反应水平上进行微观考虑；也可以在更大的社会或环境背景下考虑主观性，认知，共生，交流，文化模式以及与环境的相互作用③。其次是对生命过程中主体性与客体性的理解。"直接作用于生命"则是指把生命特征的属性和材料当作艺术创作的媒介，在发起于 2017 年的《生物艺术宣言》中，卡茨还补充道，"如果没有直接的生物干预，仅由丙烯酸树脂、纸张、像素、塑料、钢铁或任何其他类型的非生命物质制成的艺术不是

　　①　Eduardo Kac. Space Art：My Trajectory[J]. *Journal of Posthuman Studies*，2022，6(1)：4—18. https://doi.org/10.5325/jpoststud.6.1.0004.

　　②　"爱德华多·卡茨在谷歌学术中的文献引用次数"，accessed 18 July 2023，https：//scholar.google.com/citations? hl＝zh-CN&user＝NSByPlYAAAAJ&view_op＝list_works&sortby＝pubdate#d＝gsc_md_hist&t＝1689675023846.

　　③　Eduardo Kac，ed. *Signs of Life：Bio Art and Beyond*[M]. Leonardo. Cambridge，Mass：MIT Press，2007：19.

生物艺术"①,这一特质也使得生物艺术与 20 世纪中叶兴起的大地艺术、观念艺术等其他艺术创作的表达形式区分开来。最后是对生命的新形态的向往和发掘。生物艺术的"最终结果"是触发生命体的新属性,或是对生命的进化过程进行影响而发明新的生命形态。从卡茨随后一系列的创作可以看出,这种对生命的探究一开始就有两个不同的方向:即无限朝向外部、客体、系统乃至宏观世界中产生的生命及其理解,以及无限朝向主体内部如何通达对生命起源的思考。

(二)生物艺术的概念和类型

生物艺术的兴起时代也是观念艺术兴盛的时代,因此生物艺术主张对生命这一概念和技术化的生命形态进行批判性反思。有关于生物艺术的定义可以在概念的广义和狭义之间进行一组必要的区分。狭义的生物艺术指向的是对生命体本身所进行的艺术,而广义的生物艺术则涉及的是运用不同的艺术材料、观念和方法对思考"生命何为"这一命题进行的艺术式的回答。另外,既然在时间上我们把生物艺术纳入到当代艺术的范畴中,那么就需要从概念上对生物艺术进行分类,并找到生物艺术的独特性所在,并从容易与之相混淆的概念中找到生物艺术自身的特质。

近来年,与生物艺术相关的学术出版物有卡茨主编的《远程在场与生物艺术》(*Telepresence and Bio Art*,2005)和《生命标志:生物艺术与未来》(*Signs of Life:Bio Art and Beyond*,2009)、罗伯特·米切尔(Robert Mitchell)的《生物艺术和媒体的生命力》(*Bio Art and the Vitality of Media*,2010)、威廉·迈尔斯(William Myers)主编的《生物艺术:改变现实》(*Bio Art:Altered Realities*,2010)以及 2012 年出版的《生物设计:自然＋科学＋创造力》(*Bio*

---

① What Bio Art Is:A Manifesto [EB/OL].[2023-03-09]. https://ekac.org/manifesto_whatbioartis.html.

Design：*Nature* + *Science* + *Creativity*，2015)等。不同的艺术家和研究者从各自所在的领域出发，为生物艺术的分类提供了一些具有参考价值尝试，也为生物艺术概念的定义带来了启发性的思考。

迈尔斯在《生物设计：自然＋科学＋创造力》中认为，"生物设计特指将生物或生态系统作为基本组成部分，以增强成品的功能。它超越了模仿，融合了自然环境和建筑环境之间的界限，合成了新的混合类型。该标签还用于强调用生物过程替代工业或机械系统的实验，生物过程往往更可再生，同时对材料和能源的需求更少。"①因而，无论是在何种创作主题和生物材料之上进行创造性的发挥，生物艺术的作品种类几乎可以全方位涵盖其中任意一种艺术的门类。

在《生物艺术：改变现实》一书中，纽约视觉艺术学院教授苏珊娜·安克(Suzanne Anker)对生物艺术的阐释是："生物艺术是从合成生物学、生态学和生殖医学等领域实验中提炼出的常用术语，通常将艺术绘画过程与自然生命融合在一起。简而言之，生物艺术使用科学工具和技术来制作艺术作品，诸如利用微生物、荧光、电脑编码和各种类型的成像设备，它引发了人们改变自然的方式。"②安克教授所阐释的出发点在于，以技术对生命的改变为本位，认为这一艺术最为重要的构成在于已有的实验科学中所总结出来的自然规律，人类仅仅是对自然规律的发生时间、地点和范围进行不同程度的调适。

在谭力勤的《奇点：颠覆性的生物艺术》中，作者将生物艺术简要划分为"活体生物艺术"和"静体生物艺术"，而将难以归结为其中任意类型的观念艺术和行为艺术单独辟出专章进行论述。具体而言，

---

① William Myers, and Paola Antonelli. *Bio Design*：*Nature* + *Science* + *Creativity*：*With over 500 Illustrations*［M］. Revised and Expanded edition, Reprinted. London：Thames & Hudson, 2019：8.

② William Myers. *Bio Art*：*Altered Realities*［M］. New York, New York：Thames & Hudson, 2015：6.

第一类也就是生物艺术家将所有与生命发展过程中有关的数据、形态以及变化规律进行呈现的过程，"包括生命繁殖、基因遗传与转变、生命克隆、活细胞和细菌培养等等"①；第二类静态生物艺术就是"由艺术家将各个生物生命特征数据化、图像化、原理化、概念化、模仿和仿生化，然后通过艺术形态形式重构出来，其艺术作品表现的特征为无生命体和生命特征"②，包括"生物组织图像、电子与原子力显微镜成像、生物结构投影与动画、生物组织打印、生物基因排序组图、静体生物音乐、生物人体彩绘和细胞视频装置等"③；第三类观念与行为艺术实则是前二者不同程度不同层面的混合状况。对于这一类按照艺术作品的对象属性划分的形式具有一定程度的清晰性，但如果我们细究生物艺术其内在的逻辑，就会发现这一划分实则是对生物艺术作品的对象自身"生命存在与否的状态"做出了规定，而非旨在通过生物艺术本身的形式来对"界定生命存在与否"这一规定进行反思。

综观上述理论对生物艺术的概念化过程可知，在当代艺术的范畴中去对生物艺术进行分类其实并无益处，至多可以笼统地按照形式把生物艺术归纳为生物装置、生物雕塑、生物绘画、生物摄影等多种形式。这一艺术门类之所以要显现出与以往艺术作品类似之处，是因为需要被纳入艺术传统的谱系之中，与过去的审美标准和审美态度进行语境的接轨，从而由交叉学科的边缘位置走向正统与核心。然而，既有的分类似乎并不能让我们对生物艺术的形式和理念更为了然。究其要义，与抽象形式的外在美以理念的形式显现，或是在先天综合判断之中寻找审美共通感的基础不同，生物艺术归根结底还是一个考察物质、形式与生命本质之间的关系性过程的智识项目，是一个非常注重实践性和实验性的艺术类型，也是一个在过程中不

①②③ 谭力勤.奇点:颠覆性的生物艺术[M].广州:广东人民出版社,2019:117.

断生成与阐发其文化价值和艺术涵义的艺术类别。尽管生物艺术的发展一定需要借助(但不同步,一般是落后于)同时代的生物科学和媒介技术发展,但其重实验性、视觉性和科学性的特质,使得我们无法忽视这一处于人类世的新艺术形态对人类生命本质的叩问。

二、生物艺术在中国

西方生物艺术在 20 世纪 80 年代兴起时,主要是通过创办于1979 年的奥地利林茨电子艺术节(Ars Electronica),以及围绕这一艺术节所形成的智识社群而扩大自身影响力。在林茨电子艺术节中颁布的金尼卡奖(Golden Nica),从"混合艺术"(Hybrid Art)更名为"人工智能与生命艺术奖"(AI and Life Art),强化了生物艺术这一类别,也为生物艺术的创作者群体搭建了一处进行艺术、思想与技术相互碰撞的平台。[①]近些年,这一国际性的生物艺术节也逐步进入国内大众的视野之中。在科学与人文学科的融合方面,西方许多大学、研究机构和非营利组织都创设了值得借鉴的生物艺术案例。中国的生物艺术也在生物技术日新月异的环境之下蓄势待发。

(一) 生物艺术及其建制在中国

生物艺术在中国发展的第一种模式是通过举办艺术节、艺术展等相关活动。2019 年,由奥地利林茨电子艺术节、中央美术学院与设计互联共同主办的为期三个月的大展《科技艺术四十年——从林茨到深圳》,包括"奥地利林茨电子艺术节四十周年文献展"、"从林茨到深圳"展品区和"奥地利林茨电子艺术节动画节放映"三个部分,让国内首次全面了解这一新兴艺术形态的建制与发展。

---

① 魏颖.生物艺术在中国[J].美术观察,2022(4):26.

第一种模式也离不开对生物艺术有研究背景的策展人的推动和参与。2019 年魏颖所策划的"准自然——生物艺术、边界与实验室"是在中国本土语境中,首次系统性地围绕"生物艺术"这一命题而呈现的艺术展览。展览的副标题分别对应了展览的三个部分:以爱德华多·卡茨的创作为生物艺术史奠基性的作品、亚洲年轻艺术家的多元思考与探索,以及研究型实验项目"实验室作为惊奇发生器"。[1] 作为策展人和研究者的魏颖,接续着西方"生物艺术"的当代语境提出了"泛生物艺术"[2]。魏颖认为,相较于"生物艺术"一词所天然具有的人类中心主义色彩,"泛生物艺术"一词更具包容性。魏颖在《生物艺术在中国》一文中总结了"泛生物艺术"的几个不同层面,分别是:"将生物技术应用于艺术创作;将生物材料应用于艺术创作;将生物图像应用于艺术创作;将生物数据应用于艺术创作;以及将生物学概念应用于艺术创作"[3]。其实,生物学与艺术的结合并不局限于实存的生命或生物网络,而是以能在多层次、多维度和多视角上实现结合为其艺术特质。提出"泛生物艺术"不仅为让这一艺术概念更为普适,也能为这一艺术的讨论降低门槛,争取更丰富的机会和更广大的受众。

第二种模式是在学术机构和生物科学实验机构之间创造合作的空间。2022 年 4 月,由中央美术学院实验艺术学院主办,蓝晶微生物提供支持,以央美蓝晶合成生物学社为主体的 CAFA_China 组织正式注册。[4]该团体是中国第一个艺术背景的 iGEM(国际遗传工程机

① 魏颖.生物艺术在中国[J].美术观察,2022(4):26.
② 魏颖.生物艺术在中国[J].美术观察,2022(4):29.
③ 魏颖.生物艺术在中国[J].美术观察,2022(4):29.
④ 蓝晶合成生物学社,"【CAFA_China|蓝晶微生物】实验艺术与合成生物学的跨界合作",微信公众平台[EB/OL].[2023-03-10]. http://mp.weixin.qq.com/s?_biz=Mzg3MTY4NjY3Nw==&mid=2247484593&idx=1&sn=5a835265f48cc4d3b7b3388d74fcd7ed&chksm= cefbf3cbf98c7add442a5112eed7f7c8c524b84ce71dc9b794d1e456ac3afff6c79f8494397c#rd.

图4 《科技艺术四十年——从林茨到深圳》海报①

器设计竞赛)参赛团队,是美院机构和科研机构跨界合作的重要
尝试。该团队成员主要来自中央美术学院实验艺术学院、设计学
院、人文学院、造型学院,研究方向包含生物艺术、科技艺术、光艺
术、方法论叙述与表演等。这一组织的宗旨是希望通过实践来探
索合成生物学和艺术领域的新型合作范式,让合成生物学在全球
艺术家视野中得到广泛的关注。该组织已通过举办讲座、艺术项
目分享、工作坊等多种形式,引发了大众对中国当代生物艺术的
关注。

---

① 科技艺术四十年·从林茨到深圳 暨奥地利林茨电子艺术节四十年文献展_雅
昌展览[EB/OL].[2023-03-09]. https://exhibit.artron.net/exhibition-66474.html.

国外对这一模式践行得比较早，比如成立于 2000 年的西澳大利亚大学解剖和人类生物学院的"SymbioticA 实验室"。在米兰达·格朗兹(Miranda Grounds)教授、斯图尔特·邦德(Stuart Bunt)以及艺术家尤娜特·祖尔括注的推动下成立。这一机构的合作模式则是让艺术家们进入生物科学系的内部去创作一个能够进行碰撞的空间，并且展开他们自身批判性地看待生命和创造艺术的工作。不难想见，这一机构的艺术现场曾经颇具争议。大多展品"迫使"观众卷入到生物艺术的生命体的生/死循环之中，使得观众无法成为旁观生命的他者。①比 SymbioticA 实验室早四年，于 1996 年创立的"组织培养和艺术项目"[Tissue Culture&Art Project(TC&A)]同样关注生物艺术所引起的伦理问题，但也由于其激进的姿态而引发了诸多争议。

中国生物艺术初次进入大众视野是在千禧年间。例如首届北京媒体艺术双年展设有"生物基因"单元，但由于归类尚未明确，曾长期从属于更为大众所熟知的媒体艺术。2016 年，中央美术学院美术馆的"项目空间"美术馆策划了一场以生物学与艺术为主题的展览，但展览中的讨论方向却还是延续着绘画艺术中的对"写实"这一概念的探讨。②谭力勤在《奇点：颠覆性的生物艺术》中介绍了大连工业大学艺术与设计学院，这所中国最早设立生物艺术教学探讨方向的院校。在这所学校中，他们共同建立了以艺术与科技融合为特色的"T-ART"小组，并与该学校的生物学院形成了良好的教学合作关系。在国内，对生物艺术的关注可以反映在知网上关键词搜索"生物艺术"所得到的发文数量趋势，可以看到从 2018 年起经历了一个讨论的高峰，而到 2021—2022 年度热度又陡然下跌，这一震荡也与大

---

① 尤娜特·祖尔，奥伦·凯兹.生物艺术的伦理要求 杀死他者还是自我相食?[J].刁俊春，译.新美术，2015(10):40.
② 魏颖.生物艺术在中国[J].美术观察，2022(4):26.

众对技术发展所持的积极或消极的态度密切相关。

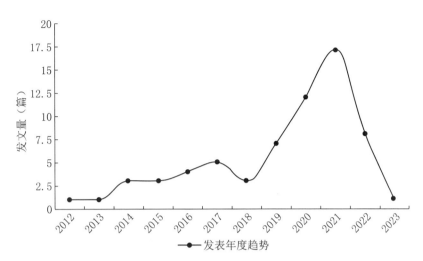

图5　截至2023年7月中国知网数据库以"生物艺术"为关键词的搜索结果（发表年度分布）①

　　可以看到,国际上的生物艺术的兴起是基于成熟的艺术节、展览和科研体制,并且依托于与时代环境紧密关联的主题,但其过于激进的创作姿态也值得反思和商榷。在中国的语境内,生物艺术虽然能够在学院、美术馆等建制性的机构短暂地绽出惊喜,但由于社会总体观念转换的缓慢,还需要进行一系列的观念的译介和传播,避免堕入哗众取宠的粗浅。对生物艺术的具体创作而言,学科之间的隐形壁垒仍然切实存在,科学与人文"两种话语"之间的交流仍旧需要大量拥有交叉性知识的人才进行持续的对话,尤其人文知识分子需要对生物科学的基础知识和实验方法有一定程度的理解。在这一点上,中西双方都亟待培养相关领域的专业人士,才能更好地为这一艺术的发展提供长远的动力。

① "检索－中国知网". Accessed 18 July 2023. https://kns.cnki.net/kns8/defaultresult/index.

（二）中国生物艺术创作及启示

由于不同的文化传统与对人与生命之间思想观念的不同,当代艺术家要更为注意自身所使用的材料和语境如何能够为自己的艺术创作提供思想。中国当代生物艺术家的创作手法和主题仍旧较为单一,这其中有艺术理念创新和技术支持上滞后的部分原因。同时,在中国想要找到包容这一创作环境并提供支持的场域并非易事,且由于生物实验成本不可小觑,相关法律法规并未完善,在这一点上可以说中国乃至世界当代生物艺术家的创作,仍旧会经历一个较长时间的准备期。因此接下来主要以李山、任日、吴珏辉、陈友桐等中国当代生物艺术家的创作实践作为线索,来进一步说明在中国推进生物艺术可能存在的一些问题,并尝试提出未来能够解决这一问题的思考方向。

蜜蜂在某种程度上可谓是艺术家任日的同伴物种。毕业于中央美术学院雕塑系的任日从 2006 年起开始以蜜蜂及其相关物质作为艺术创作的元素。他以《元塑》命名自己的系列创作,其中"元"意味着生命自然的本源,是对生命本质的理念概括,而"塑"则是一系列的干扰、协商与塑造的过程,具有无法预期与掌控的不确定感。[1]任日借助蜜蜂的集群的生物特性,研究将这一生物属性转化为自己艺术表达媒介的可能。他的首个系列作品《元塑系列之一:几何学的起源》(2007),包括多件蜂蜡制成的地图。在《元塑系列之二》(2014—2017)中,他利用蜜蜂的生物习性完成了这一造型奇异的几何雕塑。任日其他的创作也都围绕蜜蜂,或是尝试运用自身躯体与蜜蜂达至共在共存的效果,或是借助重力塑造蜂蜡的不同形态。

---

[1] "任日(Ren Ri)". Accessed 9 March 2023. https://www.pearllam.com/zh-hans/artist/%e4%bb%bb%e6%97%a5/.

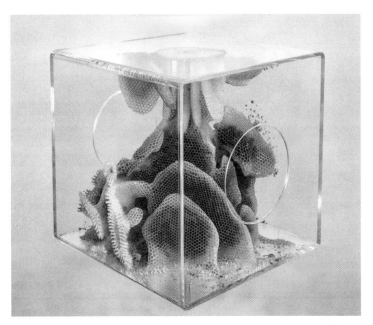

图 6　任日 2014—2015 年间的艺术作品《元塑 II ♯6－33》①

　　生于 1980 年的吴珏辉现任教于中国美术学院跨媒体艺术学院，同时也是 UFO 媒体实验室创始人。如果说任日的创作在探索自然生物的原生性和可变性，那么吴珏辉的创作着眼于技术对人类主体的影响。其中《器官计划：离线眼球》制造了一系列让人体验机器化器官的电子穿戴设备和互动装置，即是将带有视觉显示的眼球定时随意滚落，将眼球所视的画面传递给视觉装置的佩戴者。2019 年初，吴珏辉在武汉 K11 Select/K11 艺术村策划了"艺术家的硬盘"展览。传送带装置作品《灵魂磁盘》是展览的唯一出入口，观众必须"躺着进躺着出"，如同被安检扫描的物品，化身为数据出入于硬盘。吴珏辉的创作专注于探索人类身体如何被技术设备所宰制，在一定程度上已经属于"泛生物艺术"范围。

<hr />

　　①　"任日《元塑 II ♯6－33》". Accessed 9 March 2023. https：//ecoartasia.net/RRI/RRI_chi.html.

图 7　吴珏辉 2010 年的艺术作品《器官计划：离线眼球》①

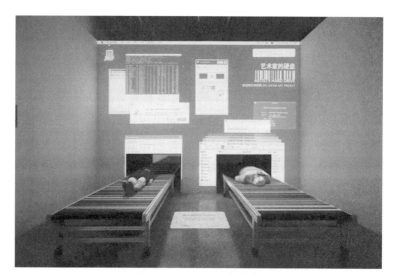

图 8　吴珏辉 2019 年的艺术作品《灵魂磁盘》②

---

①　"吴珏辉《器官计划：离线眼球》2010 年_展览作品_艺术中国"，accessed 10 March 2023，http://art.china.cn/huodong/2015-01/27/content_7643935.htm.

②　"吴珏辉，比特未来主义？_澎湃号·湃客_澎湃新闻_The Paper". Accessed 9 March 2023. https://www.thepaper.cn/newsDetail_forward_7833102.

　　拿微生物与细菌培植做艺术的案例在国外并不少见,其实质是将以往微观不可见者利用媒介影像技术放大到肉眼可视的范围,中国艺术家陈友桐即是其中一员,与这些"亲密"的微生物伙伴共同"生长",建立起与微观世界生命的关系。在营养基的环境中,多种微生物呈现繁衍、对抗、死亡、重生的不同状态,上演颇具戏剧性的场景。艺术家在突破技术难题的过程中,将不同微生物形态上的重复与和谐转化为生物艺术相关的图式,建构出独特的工作方法、材料、语言系统。

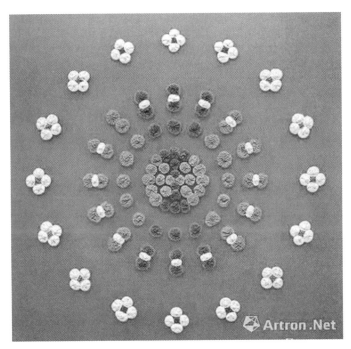

图 9　陈友桐 2008 年的艺术作品《有序的空间》①

　　艺术家李山在 2017 年以生物艺术为主题,于上海当代美术馆举

---

　　① "'泛生物艺术'带来了哪些新观念? _搜狐",accessed 10 March 2023,http://mt.sohu.com/20160730/n461815841.shtml.

办了名为"中国当代艺术系列收藏展·李山"的展览。李山多年来关注生物艺术在国内的发展,其创作历史也贯穿着对生命形态的思考,他的作品主要通过操控基因编辑给基因的随机表达创造条件,旨在由"微"入"宏",通过视觉技术向公众呈现,引发对生命乃至人类命运的思考和讨论。其创作关键词"嵌合体"是对不同生物之间生命的关系性问题的思考,虽然其技术实现过程有一定难度,但也为中国当代生物艺术拓宽了未来的想象空间。

图 10　李山 2017 年的艺术作品《偏离》①

　　纵观以上艺术家的创作,可以归纳以下值得借鉴的思考。首先是生物艺术家所具备的实验技术和生物科学知识,以及随之而来的对生命概念的理解。严格定义下的生物艺术所质询和叩问的是"生命"自身,虽然在"泛生物艺术"这一提法之中,涉及围绕"生命"而存

---

① 张宛彤.二重"嵌合体"——"中国当代艺术系列收藏展·李山"展评[J].天津美术学院学报,2017(9):61.

在的环境、话语、系统等一系列的周边概念，但究竟如何对生命（Bio）所内蕴的本质进行理解，以及艺术家的理解能够深入到何种程度，以及时代技术发展到了何种程度，仍旧成为艺术家们选择和控制材料时的首要考虑因素。

其次是大众对于生物艺术的接受和认知。当代艺术存在于一个比现代艺术更为广泛的社会范围和商讨语境中，许多生物艺术的作品脱离不开一种对公众进行艺术教育的初始思想，而其艺术作品的最终完成也需要在大众的发生反应的场域来进行共谋。即便是卡茨的《时间胶囊》，也在当时进行了实时转播和录制，通过地方电视台对这一行为进行了公开报道，从而引起了公众的密切关注。这说明，一个社会之中的生物伦理观念以及如何看待生命自身的共识，也能够为生物艺术的发生提供思考与交流的语境；能在多大程度上引起公众讨论，并能多大程度将相关系列的话题一并卷入其中，成为一种评判生物艺术的社会性标准。所有这些相关问题必须隶属于同一个概念的星丛——即"生命何为"的星丛，这也为生物艺术的创作语境带来不同的横向跨越的可能性。

最后是生物艺术自身在艺术史脉络中的定位问题。生物艺术不仅涉及主客体之间的关系问题，还涉及有机体与无机体之间如何完成接续和沟通的问题，因而作为拥有思想能力的主体究竟对这一无机体被纳入内部的过程采取何种态度，成为生物艺术中饶有趣味的地方。也就是说，即便当生物艺术以其深邃的思想和高超的艺术表现为我们提供了生命的新知，然而当我们面对外部世界之中似乎已在不断收紧的边界时，我们究竟如何获得自处，生物艺术能否承担起这一时代性的疑惑，从最初引发震惊到最终推动社会共识的进步，这一艺术形态如何为我们的境况带来新的启示还有待考察。

三、生物艺术的边界与突围

当认识了自然规律的人开始运用自身所具备的科学规律并将这一规律视为探索和挑战的对象,这些艺术家想要发掘的其实是替代进化过程之中占据主导地位的发展路径,将其他尚未或者潜在的进化的特性揭示于众人之前。然而这一颇具"造物主"色彩的创作者地位,仍旧要经受来自社会与文化规范所带来的质询,或许这一颇具横向跨越性质询和思考正是生物艺术的独特魅力。

(一)生物技术作为生物艺术的边界

生物艺术的边界即是当代生物科学、技术与知识发展的边界。生物艺术家与使用传统媒介的艺术家之间的显著区别在于知识体系的不同,其理论知识并非高屋建瓴式的虚浮理论,而是建基于具体生物学思想或是生物学实验知识。出身于生物学相关领域的科学家也许在机缘巧合之下,转向对于艺术的体察和探索,但更多的生物艺术的实现模式需要运用科学知识进行检验。生物艺术工作者的模式通常是扎根在相关的研究机构之中,与具体方向的实验人员进行接触交流与学习,并通过共同商讨的合作形式为生物艺术的实现提出具体步骤,最后由艺术家去完成具体的作品并对此进行呈现。

生物艺术与生命权力(Biopower)、生命尺度(Biometrics)以及生命政治(Biopolitics)等概念之间有着紧密联系。其中的"Bio-"的前缀提醒着我们,在对生命进行技术操控而获得权益的同时,也需要考虑此种行为所关联的是整个社会文化和道德的后果。生命在更为宽广的尺度上的变化,超出了我们对于线性历史和进化路径式发展的认知,但如何在当下对此进行一种历史性眼光的介入和考察,并对此种观点而来的全新认知进行社会性的调配和传播,使得生物艺术也许在某种程度上,成为了一个道德伦理与社会共识形成、艺术与科学技术融合的"缓冲地带"。然而这一"缓冲地带"究竟位于何处,将以怎样的形式发生,以及对所谓地带边界的探索意义何在,成为我们在观念与实践中定位生物艺术的不可忽视的问题。

生物艺术既是观念变革的缓冲带,同时也是推广生命科学的缓冲带。生物艺术家是先锋观念的践行者,生物艺术作品挑战着大众对此的伦理认知和接受,在展览生物艺术的美术馆和博物馆等场所中,发生着观念最密集的交锋与转换,围绕这一公共领域而展开的激烈讨论,为社会在更广的社会层面上带来观念革新的前瞻。然而,越是宏观地去看待整个人类的生命构成和生命存在的环境,我们会思考的问题也就越发无远弗届,甚至发现生物艺术其实与个体生活的关联非常紧密。如何提炼出生物艺术的环境存在,也就是如何把生命与供给生命存在的环境系统之间的紧密联系进行勘察,也成为部分生物艺术家着力思考的焦点。

生物艺术家能够使用传统的艺术形式继续对生命何为这一命题的探讨,但其艺术经验发生的空间和生命经验展开的空间,是与现实的生活空间相隔但不完全切分出去的存在——实验室。如果把冷冰冰的器物艺术或者机械构造的艺术称为具有"干"(Dry)属性的艺术,"生物艺术则可以被归类为湿润媒体(Moist Media)、柔性媒体和生命力(The Vitality of Media)"①。生物艺术所使用的材料不同于艺术媒介之中的元素构成,其独特性在于材料的"生命"周期能够贯穿艺术作品整个创作过程,具有一定的自发生长性。虽然这一"实验结果"并不能够真正反馈了"实验室",但对业已发现科学规律加以改造或挪用,也能一定程度上普及相关生物科学知识。如果说以往的艺术家对其所使用的媒介属性抱有一定的把握,只是对不同媒介材料本身进行

---

① Robert Mitchell. *Bioart and the Vitality of Media*[M]. In Vivo: The Cultural Mediations of Biomedical Science. Seattle: University of Washington Press, 2010.

排列组合的新尝试,那么在生物艺术中,正是因为材料或者技术中存在着不可控的"生命"因素,使得观察这一过程变得格外丰富而有趣。

(二) 生物艺术对偶然性因素的包容和接纳

生物艺术家提倡"大胆地想象,小心地实现",即便是对实验中数据的精确性有一定程度的把握和信心,也难免会有超出预期之外的变化发生,但这一偏折仍旧能够被纳入生物艺术之中,凸显出生物艺术对偶然性因素的接纳和包容。因为对生物艺术家而言,对自然或者说是生物规律的表现(甚至是对规律发生"偏折"的状况直接展示)已经在某种程度上达到了他们艺术的目的。即便一些生物艺术在表现尺度上已经超出了普通人能够接受的范围,但是只要能够引起人们对此热烈地进行讨论,也在某种程度上满足了生物艺术的内在预期。

由于生物艺术具有高度的实验性和科学性,我们可以从不同的视角对生物艺术的种类进行划分,而不必从艺术的形式、种类和材料以及观念构造上对这一艺术进行区别,也不必拘泥于"转基因艺术"或"遗传信息物质艺术"等术语的范围。在生物艺术的构成之中,我们不仅要思考"生命何为",同时也需要思考"技术何为",技术以何种形态、以何种程度对生命过程进行介入,能够使得我们最大程度地对生命进行反思。对于边界问题进行探索是该问题的一种回答。对模糊的地带进行勘测,对已有规则的效用范围进行检验。这些都是在概念上对生物艺术的思想进行概括,而落脚于实际的生物艺术之中,我们所看到的也许仅仅只是生命形态在表面状态上的转化。但如果我们能够理解这些生物艺术所蕴含的艺术理念,对如何阐释这些艺术品,甚至是如何使用这类艺术品对公众进行艺术教育也就有了新的方法论启示。

即便我们可以确定能够通过技术来揭示自身不可显现之物,当我们真正去面对不用经过生育的生命的开始和不用通过消亡而告终的结束,我们如何利用技术对生命这一过程的揭示来定义人类存在的问题？这也许就把一个科学边界的问题上升到了哲学高度。

（三）生物艺术中的伦理思考

在生物艺术的开端，爱德华多·卡茨就认为生物艺术并非仅仅是关注特定的人类伦理，同时也关注非人类(Nonhuman)伦理。对于生命界限的划分并围绕这一界限的不断追问，一直是生物艺术家们创作中需要回应的终极命题。玛尔塔·德·梅内塞斯(Marta de Menezes)的作品《自然？》(Nature?，1999)和卡茨的《荧光兔》(GFP Bunny，2000)可以形成一组清晰的程度对比，两件作品都属于普遍意义上的转基因艺术(Transgenetic Art)作品，即用基因工程技术去创造新的生命体。玛尔塔对尚处于成蛹阶段的蔽眼蝶(Bicyclus)和袖蝶(Heliconius)的翅膀发育的过程进行干扰，从而形成自然世界中独一无二的人造蝴蝶翅膀花纹。《荧光兔》则是从发光水母的基因中提取绿色荧光蛋白(GFP)，并将这一蛋白注入兔子的胚胎中而发育形成荧光兔。

如果说玛尔塔的作品仅仅是让我们认识到自然之中的生物具备不同的图案以及装饰性作用，并且她对蝴蝶的改变也纯粹是出于美学目的，是无功利的；那么当卡茨在法国的阿维尼翁展出自己的荧光兔时，所引发的更为广泛的社会争论则远远超出了纯粹审美的范畴。卡茨认为这件作品其实包含三个阶段：第一阶段是艺术家本人与科学家们就自己的方案去制作荧光兔的过程；第二阶段则是从艺术家宣称这一非自然生命的存在所引发的一系列辩论；第三阶段则是历经抵制、封锁和扣押之后，阿尔巴兔子终于回归到艺术家的家中并与之共同生活。[①] 这里所涉及的关键是，对自然进行改造的出发点。尽管美丽的蝴蝶透过其稍纵即逝的生命凸显出一种自然与艺术共同分享的稀缺性，但由于蝴蝶翅膀原本就符合美感，所以对其附加装饰并

---

① Eduardo Kac. *Telepresence & Bio Art*：*Networking Humans*，*Rabbits & Robots* [M]. Studies in Literature and Science. Ann Arbor：University of Michigan Press，2005：266.

无违和。然而,兔子这一动物在文化中的普遍理解却并不是仅仅为美而存在,荧光兔是由创作者的主观审美强加于客体的属性而产生的艺术品,必然会引起更强烈的抨击。由此可见,艺术中的主客体问题及其延伸在当代艺术形式之中仍有其生命力,不仅仅是主体对于客体的认识和改造的问题,同时也包含对生命不同层次和不同维度的认识如何影响我们行动的问题。

图 11　玛尔塔·德·梅内塞斯 1999 年的艺术作品《自然?》①

图 12　爱德华多·卡茨 1999 年的艺术作品《荧光兔》②

---

①　"Nature? —Marta de Menezes", accessed 9 March 2023, https://martademenezes.com/art/nature/nature/.

②　"GFP Bunny", accessed 9 March 2023, https://www.ekac.org/gfpbunny.html.

生物艺术中的美学问题从来就无法脱离伦理思考。什么是能够对我们的生命过程本身进行影响的因素？我们是否是在无意识地遵循某一自然规律之下，才安然度过了千年浩劫的族群？或者说人类已经在某种程度上形成了对于其他物种的剥削而正走向衰退却不自知？既然这样，为何生物艺术家们还在不断试图把自己摆在造物者的位置进行探索？其实在生物艺术中的伦理问题十分复杂，我们很难共情于无知、无觉、无法与我们形成应答的生物，但人类却能改变自身对于"知觉"和"应答"乃至"感受痛苦"的定义范围。如果从简单的结果论或者目的论的角度，对"人类是否有权利使用'他者'进行生物艺术"这一问题进行回答，似乎又简化了生物艺术所能带来的对生命内涵的复杂思考。或许，生物艺术的伦理问题只是人类社会思想与科学发展中一个必要的过渡环节，其落脚点是带来社会对于生命和他者的尊重。当下生物艺术创作所面临的，是更为具体的难题。例如亟待建立起对生物艺术与相关实验的伦理审查，并需要确保、健康和安全障碍以及资金困境的状况。生物艺术的实现条件非常昂贵，需要大学或其他资助机构的伦理批准。如生物艺术实践者必须获准对自己进行活组织检查，才能使用自己的基因创作作品。这些种种情况又都在生物艺术的具体呈现中成为限制艺术表现方式的具体条件。

结　语

生物艺术自身的构成需要哪些要素来进行实现？生物艺术如何使用这些要素？我们是否可以在某种程度上怀疑生物艺术对自身所想要探明的边界显得过于激进？在艺术自身的规则和框架之内，生物艺术是不可售出的艺术。这可能意味着它超越存在于艺术界的价值，而成为不断跨越边界启发思考的流通之物；也可能是说，生物艺术最核心的特质其实就是无功利的艺术。不难想见,对独特性的追寻在艺术中是永无止境的,在当下也体现为加密艺术、人工智能艺术等不同形态争奇斗艳。尽管生物艺术的思想和相关艺术行为,会对社会的普世伦理道德观念和传统形成一定程度的挑战,但其内核仍旧遵循着寻找艺术独特性的逻辑。值得期待的事,在这一艺术发展的道路上,总会有出乎意料的美反复向世界显现自身。

AI 绘画

吴芷净

只要你任意说一句话,相应的画面就立时出现在你眼前——这样一个从前存在于童话或者科幻作品中的情景已经变为现实。2022年,随着核心技术的突破,人工智能绘画(以下简称"AI 绘画")一下子闯入大众视野,"飞入寻常百姓家"。你只需要给 AI"投喂"一张照片或是一段文字,指定你想要的风格,几秒钟后,就能获得相应图像:或是让你的猫狗幻化成人形,或是让人变成其他动物的模样,抑或是让你的自拍瞬间变身二次元,还可以模拟你的梦境或者其他幻想画面,一键生成你在世界各地的游玩照,甚至实现"国足夺冠""马斯克进厂""爱因斯坦在音乐节狂欢"等奇幻又逼真的画面。在 2022 年年初时,主流的 AI 绘画工具还只能生成一些边界模糊、不易辨认的图像,仅仅一年多之后,便已经可以生成肉眼难辨真假的高清图像。急速进化的 AI 绘画也成为元宇宙图景之下的一大景观,引发持续关注与热议。

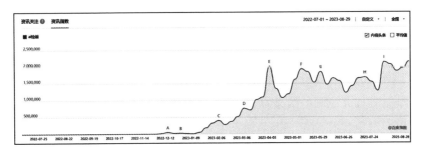

图 1　关键词"AI 绘画"的百度资讯指数

一、AI 绘画发展历史及其技术原理

所谓 AI 绘画,即运用人工智能技术生成和编辑图像,属于人工智能生成内容(以下简称"AIGC",Artifical Intelligence Generated Content)的一个重要分支。相对于过去的专业内容生产(PGC,Professional Generated Content)、用户生成内容(UCG,User Generated Content)的生成模式,AIGC 更加强调内容的自动生成。同样地,AI 也并不只是要成为升级版的画笔,而是要一定程度上实现独立地、自动地作画,AI 绘画的自主性与创造性始终是相关技术发展探索与追求的目标。当下热议的 AI 绘画并非新事,早在 20 世纪五六十年代,人类就已经开始逐渐探索其可能性了。自 50 年代人工智能概念被提出后,计算机图形学研究也向艺术领域拓展,数学家、艺术家和绘图员本·拉波斯基(Ben Laposky)运用阴极射线示波器和正弦波发生器以及其他各种电路制作各种抽象图像,并用摄影的方式记录下来,称之为"示波图"(Oscillons),这可以被视为是 AI 绘画的前身。伴随 AI 算法的更新迭代,AI 绘画逐渐从概念、实验走向现实。

20 世纪 70 年代,也就是在计算机刚出现不久之后,艺术家哈罗德·科恩(Harold Cohen,1928—2016)尝试打造用于艺术图像创作的计算机程序"亚伦"(AARON)。经过科恩的不断改进与调整,"亚伦"一开始只能绘制轮廓,80 年代开始绘制人像,90 年代能够独立上色,"亚伦"就如同人类儿童一样一步步被教会更多的绘画技能,而"亚伦"的物理之身,一开始是第一代机器人乌龟(Turte)(图 2),只能绘制有如儿童画的线条,后来发展到配有机器臂的机器人(图 3),可以在纸上操控画笔、颜料,进行复杂工作。科恩对这项长达 40 年的计算机生成技术实验有着明确的目标,他尝试证明计算机不同于之前的技术革新(如照相机),具有创作的相对独立性与自主性。不过科恩并没有声称"亚伦"已经具有创造性,"亚伦"无法自行学习新的风格或图像,每一种新的功能都需要科恩手工编码。通常认为"亚伦"仍然是一个专家系统(Expert System),即专家系统模拟人类专家的知识,进行推理和判断,处理具体领域的问题,其数据、算法都来

图 2　"亚伦"程序合作的第一个机器人"乌龟"正在进行绘画

图 3　哈罗德·科恩与"亚伦"的机械臂

自专家,而不具有自主性。2006 年,西蒙·柯尔顿(Simon Colton)团队推出的"绘画傻瓜"(The Paiting Fool)项目与"亚伦"类似,它通过观察照片提取颜色信息,使用现实中的材料进行创作。"绘画傻瓜"与"亚伦"的基本原理都是让电脑程序学习信息以后,以物理绘画的方式作画。

2012 年,由斯坦福大学计算机科学家吴恩达(Andrew Y. Ng)与谷歌研究员杰夫·迪安(Jeff Dean)所带领的谷歌研究团队的一项实验取得了突破性进展。他们通过连接 16000 个计算机处理器创建计算机学习神经网络,让这个"谷歌大脑"(Google Brain)学习了 1000 万张从视频网站提取出来的随机图片缩略图后,最终在视频中"认出"了猫。吴恩达解释说"我们的想法不是像通常所作的那样让研究人员团队框定边界,而是将海量数据投入算法中,让数据说话,让软件自动从数据学习……在训练过程中,我们从来没有告诉它'这是一只猫'……它基本上发明了猫的概念。"①"谷歌大脑"在接触海量图

图 4　神经网络通过无监督学习识别出的猫的图像

---

①　John Markoff. How Many Computers to Identify a Cat? 16000[EB/OL].(2012-06-26)〔2023-07-20〕. https://www. nytimes. com/2012/06/26/technology/in-a-big-network-of-computers-evidence-of-machine-learning.html.

片后,利用记忆位置的层次结构,连续筛选出猫的一般特征,从而组装出一幅梦幻般的数码图像。这个实验耗资巨大,获得的结果只是一幅模糊猫脸(图 4),但预示了 AI 自主作画的可能性。

2014 年,伊恩·古德费罗(Ian Goodfellow)首次提出生成式对抗网络(以下简称"GAN",Generative Adversarial Networks)。GAN 的基本原理是通过训练两个相互博弈的神经网络,一个生成器(Generator)和一个判别器(Discriminator),使得生成器可以生成与真实数据相似的新数据样本,并且判别器可以准确地区分生成器生成的假样本和真实数据。生成器不断尝试生成更加逼真的样本,而判别器则不断提高自己对真实样本和生成样本的区分能力。古德费罗以造假币者和警察来比喻 GAN:造假者制造假币,而警察努力逮捕造假者,并继续允许合法货币的使用。造假者和警察之间的竞争在训练过程中,导致假币越来越逼真,直到最后造假者制造出完美的假币,警察却无法分辨真假。[①]GAN 算法尤其适用于生成逼真的高分辨图像、图像恢复、三维建模等,现在已经成为 AI 绘画的最重要的基础模型之一。

2015 年,谷歌发布了 AI 绘画平台"深梦"(Deep Dream),则是使用卷积神经网络模型(CNN,Convolutional Neural Network),将特定风格作品的图像分割为数个卷积层,从而能够将图片进行降维处理、提取特征。"深梦"通过算法错视以查找和增强图像中的模式,从而创建故意过度处理的图像。它将所输入的图片转化为超现实的画面,借助人的"空想性错视"(Pareidolia,即人倾向于随机将画面想象成脸)给人以另类的视觉感受。较之只能识别模糊猫脸的谷歌大脑,"深梦"可以生成更多可辨别的元素。有趣的是,其生成的图片中往

---

① Ian Goodfellow, Jean Pouget-Abadie, Mehdi Mirza, et al. Generative Adversarial Networks[J]. *Communications of the ACM*, 2020, 63(11):141.

往隐含着无数的狗头和狗爪等等(图5),这是因为其用于训练的源数据库中包含了120个狗的子类,这也说明其生成内容显然受限于源数据库所提供的信息。

图5　由深梦平台生成的"蒙娜丽莎"

2017年,罗格斯大学艺术与人工智能实验室提出CAN模型(Creative Adversarial Networks,创造性对抗网络),这是基于GAN构建的艺术生成系统,它通过观察艺术作品并学习其风格来生成艺术作品,并通过嵌入一定的随机性,以偏离所学风格来提高所生成艺术作品的唤醒潜能。根据他们的实验结果,人类受试者无法区分AI生成的艺术品和在顶级艺术博览会上展出的当代艺术家作品,他们以此来论证AI能够创造性地解决问题。2018年,法国研发团队奥比维斯(Obvious)基于GAN的算法,让AI学习了14至20世纪的15000张肖像,其创作出的《埃德蒙·德·贝拉米》(Edmond de Bel-amy)最终以43.25万美元拍卖成交。奥比维斯有意选择肖像画这种精细而复杂的绘画类型,通过庞大的肖像数据库与不间断的视觉图灵测试,最终得出作品,也是为了证明 AI 具有创造性。类似的 AI 绘画艺术实验如:中央美术学院 2019 届人工智能学生"夏语冰","她"举办了个人画展"或然世界",被认为已经达到毕业要求,获得美术硕士学位;还有清华大学未来实验室开发的"道子绘画系统",它绘制了风格接近《清明上河图》的《五道口画卷》;德国艺术家马里奥·克林格曼(Mario Klingenmann)所设计的流动图像《路人记忆 I》(Memories of Passerby I),它也是根据 GAN 的算法,让机器学习大量肖像画,进行实时创作,屏幕每隔几秒就会形成一张肖像图,不断地生成新图像。此外还有英国艾登·迈勒(Aiden Meller)与"工程艺术"(Enginneered Art)机器人公司开发的 AI 画家"Ai-Da",通过摄像头(眼睛)、AI 算法(头脑)、机械臂(手)进行作画。

图 6　奥比维斯开发的 AI 画作《埃德蒙·德·贝拉米肖像》

2021 年，开放人工智能研究实验室（OpenAI）接连发布了基于 VQVAE 模型（Vector Quantised Variational Autoencoder，向量量化—变分自编码器模）的"达瓦-力"（DALL-E）[1]和 CLIP 模型（Contrastive Language—Image Pre-Training，可对比图文预训练模型）。"达瓦-力"应用于以文生图的任务，是一种生成模型；CLIP 则用于文本作为监督信号训练可迁移视觉模型，是一种基于对比学习的多模态训练。这一模型中，训练数据是文本—图像对，即一张图像和它对应的文本描述。CLIP 的训练既包含自然语言理解，也包含计算机视觉的分析，它用于理解输出的图像并为其打分，"达瓦-力"生成的图像由 CLIP 模型进行筛选，以呈现最高质量的图像。两者的配合使用是后来一系列大热的 AI 绘画平台的技术基础。

2022 年，开源社区的艺术家、工程师发布了基于扩散模型（Diffusion Model）的 AI 绘图程序 Disco Diffusion，就加入了以文生图的模式，用户可以根据场景提示词（Prompt）渲染相应的图片。扩散模型的原理是注入噪声逐步破坏数据，然后学习反向生成样本。相比 GAN 模型，扩散模型所需数据更少，生成效果也明显提升。扩散模型早在 2015 年就已经被提出，在 2022 年被应用于 AI 绘画。在 DD 上线之后，AI 绘画软件"中道"（Midjourney）[2]、"达瓦-力二代"（DALL-E 2）、谷歌公司的"象"（Imagen）、"稳扩散"（Stable Diffusion）也陆续发布。8 月，一名游戏设计师杰森·艾伦（Jason Allen）通过 Midjourney 生成后加工润色的作品《太空歌剧院》（Théâtre D'opéra Spatial）拿下了美国科罗拉多州艺术博览会数字艺术类别冠军，将 AI 绘画话题迅速推向风口浪尖。

---

① 得名于超现实主义画家萨尔瓦多·达利（Salvador Dali）与电影《机器人总动员》中的机器人瓦力（WALL-E）二者名字的组合。

② 其创始人大卫·霍尔茨（David Holz）在 2023 年 7 月的世界人工智能大会上提到了"Midjourney"的名字正是取义于"庄周梦蝶"这一典故中的"中道"理念。

而步入 2023 年以来,随着深度学习(Deep Learning)模型的不断完善、开源模式的推动以及大模型商业化探索的逐步深入,包括 AI 绘画在内的 AIGC 全产业都迎来爆发期。一方面,AI 绘画的功能应用正在加速度完善。3 月,奥多比公司(Adobe)推出了 AI 绘画软件"萤火虫"(Firefly)。同时,"中道"在短短一年内已经发展到第五代,解决了诸多技术难题,又一次完成跨越性的突破。首先,它解决了 AI 绘画一直以来被诟病的画"手"难题,不仅避免了过去多指、畸形的情况,还能结合人物特点画出不同年龄、不同状态的手部细节,甚至包括光影之下的手指纹路。其次,它实现了照片式的制图风格,几乎可以以假乱真,同时对提示词也更加敏感,减少了无意义内容的生成,并增加了角色迁移功能,可以用来制作绘本、分镜,本文开篇提及的世界环游照片的迅速生成正是运用了此功能。纵向比较"中道"三、四、五三代以来生成图像的效果,便可见 AI 绘画技术在这一年里的令人惊叹的发展(图 7),这三个图像都是由相同指令"一个在电视机旁的、带武器的、肌肉蛮子,电影风格,8K,工作室光线"所生成的。①

图 7 "中道"第三代(左)、第四代(中)、第五代(右)生成图像比较

① Benj Edwards. AI-imager Midjourney V5 Stuns with Photorealistic Images—and 5-Fingered Hands[EB/OL]. (2023-03-17)[2023-07-20]. https://arstechnica.com/information-technology/2023/03/ai-imager-midjourney-v5-stuns-with-photorealistic-images-and-5-fingered-hands/.

基于上述 GAN、CAN、CLIP、扩散模型等诸种算法的更新与配合，AI 绘画不再是单纯基于指令、规则的设定进行操作，而是越来越够独立自主地、跨模态地生成内容。

二、国内 AI 绘画发展状况与应用场景

与此同时，国内 AI 绘画发展旋即驶入快车道。2022 年下半年，国内 AI 绘画应用如雨后春笋般涌现。百度在飞桨、文心大模型的基础上发布 AI 绘画平台文心一格，用户输入创想文字即可获得 AI 生成的相应画作。腾讯也上线了"QQ 小世界 AI 画匠"活动，用户只要上传照片即可生成专属异次元形象。抖音上线了 AI 绘画特效，美图秀秀也上线了美图 AI 开放平台的版块。一时间，各大短视频平台、社交平台都纷纷推出 AI 绘画相关的小程序，如通过 AI 绘画滤镜将照片变成某种特定艺术风格、将人物形象拟为某种动物或是将动物拟人化。AI 绘画变身"流量密码"，频上热搜，AI 绘画的此次"出圈"主要是实现趣味性图像或音视频生成，激发用户参与热情。初期 AI 绘画平台悄然兴起时，AI 对所输入提示词的准确度低，图像质量也不佳，在 AI 绘画程序中输入提示词就有如抽奖，生成的图像往往是边界模糊、"六指或七手、八脚"的"四不像"怪物。人们更多以娱乐心态看待 AI 绘画。2023 年 3 月，百度发布了对标 ChatGPT 的大语言模型平台"文心一言"，而率先"出圈"的正是其尚在完善中的绘图功能，网友将其衍生发展为一个"看图猜词"的程序，通过 AI 输出图片反向猜测所输入的提示词。如输入"请帮我画一个红烧狮子头"的指令，就可能会获得一幅有着一头火红毛发的狮子的图像。输入"老婆饼""驴肉火烧"，就可能获得"老婆饼里真的有老婆婆""驴肉火烧里有头驴"的图像。笔者尝试在"文心一格"平台输入"北京烤鸭"，便获得了一张京城武士风格的绿头鸭形象（图 8）。

图 8　AI 绘画平台"文心一格"生成的"北京烤鸭"

不过这种"笨拙"只是暂时的。不到一年的时间里，各家平台都在不断更新完善，AI 绘画能力的进步之疾速令人惊叹。AI 绘画软件已经从"玩具"转变为"工具"。AI 的应用范围正在指数级扩大。根据量子位智库的《AIGC/AI 生成内容产业展望报告》，目前的 AI 绘画的技术应用场景主要是作为图像编辑工具和图像生成工具。图像编辑包括图像属性的编辑，如去水印、自动调整光影、设置滤镜、修改颜色纹理、提升分辨率等，也包括图像部分更改，如修改面部特征、调整情绪、年龄、表情等。随着 AI 修图功能的日益强大、大众化，人们已经不需要苦学各类专业绘图软件，只要一个按键，就可以实现 AI 换脸，更改自己的面容年龄、让下垂的嘴角变成微笑等等，同时，AI 也能用于对损失或缺失的图像进行修复。而作为图像生成工具，AI 也可以实现一键生成海报、标识、模特图、用户头像等等。基于这两大技术应用方向,AI 绘画正在渗透到诸如广告/设计、营销、漫画/动画、游戏、文物、教育等各行各业之中。

AI 绘画对视觉艺术创意相关领域方面的应用最为显见,AI 绘画可以为艺术家提供创造灵感和工具支持,用于艺术素材的设计,生成艺术画作、插图、漫画等等。在广告、设计行业中,AI 绘画工具则被用于海报、包装、UI 界面设计等宣传材料制作,甚至可以用于生成服装模特、家居设计的样板效果等等。央视网人工智能编辑部开发了智能海报生成平台,基于 AI 智能算法,可快速、批量、自动化生成海报,大大节省人力、物力,央视新闻也已将 AI 生成海报投入使用。还有更加专业化的平台,如"CALA"就是基于 AI 绘画程序开发的时装设计平台,能够将设计师的创意迅速转变为草图、原型到最后的成品形态,并将完整流程都统一到自己的数字平台。在游戏开发行业中,大量概念创意、场景、皮肤、道具设计都可以交给 AI,根据《南方都市报》6 月份的采访报道,目前 AI 在游戏行业的覆盖率可达 60%～70%。①在艺术教育方面,AI 绘画工具可以帮助学生学习和模仿大师的作品,学习构图、配色、装饰等基本美术技能。比如一些 AI 美术程序能够向学生展示不同风格的绘图、分解具体绘画步骤,并检验学生的绘画技法是否正确、给出评分等等。目前,在线少儿美术教育的许多头部品牌都已经开始布局美术 AI 课程。不过这也惹来一些争议,AI 美术本身仍然是基于算法学习,其所能"教导"的绘画能力也限于机械性的操作,一些艺术教育者将 AI 美术课程视为绘画教育的"噩梦",质疑 AI 老师扼杀孩子的创造力和表达力。AI 绘画技术也被用于文物修复。2022 年,百度的文心大模型就尝试修复元代画坛宗师黄公望的《富春山居图》,并获得专业人士的认可。此外,AI

---

① 黄慧诗,杨博雯.AI 绘画已渗透七成游戏业,但从业者们好像没那么慌?〔EB/OL〕.(2023-06-21)〔2023-07-22〕. https://new.qq.com/rain/a/20230621A0840V00.

绘画还被用于影视制作、电商营销、社区工作甚至医学（如医学图像生成）等，不胜枚举。

实际上，AI 绘画几乎可以在所有涉及视觉图像的领域都占有一席之地。正如前所述，AI 绘画作为一个 AIGC 的重要环节，其发展势必走向多模态内容的融合，并越来越突出其自动化。清华大学自然语言处理与社会人文计算实验室甚至使用 ChatGPT 打造了全 AI 的游戏公司"ChatDev"，研究团队为这个公司设计了十几个 AI 机器人扮演 CEO、程序员、设计师等不同角色，串联成一个"Chatchain"（"聊天链"），一款游戏的设计—编程—测试—文档四大环节完全由 AI 完成。尽管目前这样的设想与实验还只是雏形，但毕竟反映了 AIGC 的融合与发展方向。

三、AI 绘画影响下的困境与反思

与 AI 绘画应用广阔前景相伴而生的还有诸多争议与现实困境。AI 绘画技术革新首先带来的是一系列法律与价值伦理上的新挑战。最受热议的就是 AI 绘画作品的作者身份归属问题以及随之而来的知识产权问题。由 AI 绘画程序生成的图像应该属于谁？源数据库的作者，技术创造者还是平台用户？它是否可以作为具体个人的艺术作品？在上述 AI 绘画发展史中，作品署名通常归属于具体的人类艺术家或团体，但是当下 AI 生成图像已经唾手可得，用户是否对输出内容具有主导力，是否起到绝对的创造性贡献，确实是成问题的。2023 年 2 月，美国版权局就驳回了克里斯蒂娜·卡什塔诺娃（Kris Kashtanova）使用 AI 生成的漫画作品《黎明的查莉娅》（Zarya of the Dawn）的版权注册申请。而且 AI 生成需要海量原始图像数据支持，也会带来版权、专利等问题。综合视觉艺术网站 A 站（即 Art-station）就曾爆发画师集体抵制 AI 生成图像的活动，呼吁保护原创画师的权益。全球图像供应商盖蒂图片社（Getty Images）将某 AI 图像生成研发公司告上法庭，指控其平台使用受版权保护的照片进行训练。此外，新技术也有增加性别、种族歧视的风险，在算法层面上就可能存在着歧视问题，比如在某平台生成的人像中，具有显著的种族和性别刻板印象，"律师""CEO"等提示词几乎都是白人男性。AI 生成图像中也有包含色情、暴力以及影响用户因素安全的内容，AI 绘画平台开源之后，很快就出现了专门的色情图片生成平台，利用 AI 绘画程序生成逼真的动漫风格的裸体角色图像，以及名人假裸体图像等。①不过此类问题属于老问题的新形式升级。新技术造成了问题，也能用于解决问题，比如图像识别等 AI 功能同样可以用于反向抓取不良数据进行模型训练，以提高识别与监管。2023 年 7 月，国家网信办等七个部门正式公布《生成式人工智能服务管理暂行办法》，也反映了加强 AI 生成内容监管的必要性与紧迫性。

而对于一线的艺术从业者们来说，AI 生成技术引起的是整个艺术行业生态的巨震，改变着当前的行业格局与具体的艺术形式。随着 AI 绘画技术与产业链的成熟，AI 已经在事实上开始和人类艺术家"争夺地盘"。根据报道，美国的一家再就业服务公司今年 6 月份的报告数据显示，AI 在 5 月导致了美国 3900 人失业，约占 5 月被裁员总数的 5%。②我们的绘画行业也没有逃过，许多互联网公司、游戏公司借着 AI 绘画投入商用的东风，加速公司人员结构的优化，裁掉了大量初级与中级原画师、插画师，同时释放 AI 画师、AI 研究员等新岗位招聘信息。一些画师不得不从创作原画转岗到给 AI 生成画作修图。而所谓"用进废退"，AI 绘画给绘图本身带来便利的同时，也可能会导致创作者对绘图工具的依赖，进而导致创造力的下降。

---

① 腾讯研究院. AIGC 发展趋势报告：迎接人工智能的下一个时代［EB/OL］.（2023-01-31）［2023-08-15］. https://mp.weixin.qq.com/s/9AjTpyL4HmQ6BDhWIDbD0A.

② 李强. AI 来了，"智能"抢了"人工"的饭碗？［N］.中国青年报,2023-06-28(6).

另一方面,对于社会大众来说,AI 绘画的普及化进一步模糊消费者与创作者的界限,让更多的人可以参与到"创作"中来,但也可能导致文化工业问题的激化与加剧。从目前大众所能够接触到的 AI 生成艺术图像来看,观者完全可能为之震撼,并从中获得真实的美感。但如果多加接触与观察,很快就会感受到这些看似都不相同的图像实则千篇一律,很快就容易审美疲劳。但我们并不总能意识到自己正沉浸在大量 AI 生成的图文数据中,我们仿佛仍然在进行感知与理解,所感知与理解的内容却只是高度同一的符号编码。铺天盖地的同质化内容会在不知不觉中降低我们的审美判断能力和精细化的分辨能力,抹杀消费者的个体性、主体性。而 AI 基于大数据、个人兴趣的计算自动生成并精准投送内容,似乎为用户提供了个性化的推荐,实则也是标准化的、可复制的,甚至是经过资本驱动的精确计算生成的,会导致用户被大量的同质化信息封闭在"信息茧房"之中。

此外,AI 绘画还带来了前所未有的真实性危机。技术的迅速迭代令人猝不及防地打开潘多拉的魔盒,把人们进一步推向真正的后真相时代。今年 3 月,一组"特朗普被捕"的"照片"被疯狂传播,此后关于特朗普入狱、越狱、出狱、再就业等故事系列图片层出不穷。这些图片实际上都是由 AI 绘画程序自动生成,乍一眼看几乎可以以假乱真。一些媒体甚至将其作为真实新闻图片展示,也有不少人相信特朗普真的被逮捕了(尽管特朗普后来真的被逮捕了)。诸如这样的虚假图像充斥着各类媒体,混淆人们的认识,激发人们的负面情绪,基于 AI 深度伪造的假新闻甚至诈骗等都会导致人们对所接触的图像信息失去信任。人们对视觉图像真伪的分辨也变得越来越困难。在 2023 年索尼世界摄影大赛上,"创意开放"类获奖者波利斯·埃尔达森(Boris Eldagsen)在获奖后才透露自己的作品实际上由 AI 生成的。可以想见,哪怕是专家也可能被欺骗。

但究其被欺骗的原因,首先是专家对新兴的 AI 绘画工具尚未了解,但更值得注意的是,摄影比赛很难对照片后期处理程度进行详细规定,这也可能扩大评判中对照片"真实性"的接受范围。对于似有不真实之处,也很难判定其是假照片还是后期加工过度。目前被广泛使用的人像滤镜同理,人们正在逐步接受滤镜处理之后的"真实",这也会影响到我们对人像的识别标准。因而,AI绘画带来的真实性问题不仅表现为信任危机,还有更深层次的认识论层面上的危机。已经习惯"住在"移动网络中的我们比以往任何一个时代的人都更多地接触人工图像,而我们的个人头像、所使用的表情包、滤镜、视频等都在成为我们个体的一部分。2023 年 7 月发布的小程序"妙鸭相机"火爆一时:用户将 20 张人像照片上传至小程序以后就可以制作各式写真与证件照,这些"数字分身"已经非常接近自然摄影效果。我们似乎已经不需要再去照相馆,化精致的妆容、寻找合适的角度,调整表情、姿势等等。AI生成图像甚至可以代替我们哭和笑,在越来越多的场合作为我们本身向外展示。在可预见的将来,我们也许会拥有许多更"真实"甚至立体的数字分身。而这样的替代、分身在何种程度上表征具体的人类个体呢? 这些生成的虚拟图像如何分有个体的真实性? 在 AI 生成时代的虚拟与现实之间,个体主体性的边界越来越模糊。

最后,AI 会取代人类艺术创作吗? 按照 AIGC 行业目前的设想,AI 正在从辅助内容生产阶段、人机交互生产阶段,迈向独立进行内容生产的阶段。在艺术领域中,部分人开始担忧 AI 最终发展为真正的艺术主体,超越并取代人类艺术创作,AI 威胁论再度发酵。AI生成的图像在形式上日臻完善,甚至可以比许多人类画师作品更加精美、细致,遑论其完败所有人类画师的批量生成速度。但是,尽管AI 已经并且将会实现更多具体的艺术目标,其生成的结果也可能无限接近人类对艺术的预期。但艺术作为人类的一项特殊实践活动,不可能被 AI 所取代。当我们说 AI 会取代人类艺术创作时,就仿佛可以让 AI 负责创作，人类只负责欣赏。这将艺术划分为截然对立的生产与消费两个部分，忽视了人们参与艺术活动的驱力。网络上有人这样质疑当下的 AI 发展方向："我们希望机器人帮人类扫地洗碗，是因为人类要去写诗、画画，而现在 AI 反而先学会写诗、画画了，那我们做什么？"这样的问题恰恰说明，诸如诗歌、绘画这样的艺术活动并不是一种单向的接受，而是交流。对于人来说，有意义的不只是艺术品，艺术创作本身就是有意义的。艺术实践还是社会性的、整体性的。即便 AI 能够攻克当下艺术观念中的种种难题，艺术仍然是由人类的意图驱动，艺术实践活动中会产生新的目标。人类并不需要和 AI 绘画工具比高下，AI 本质上仍然是辅助创作的工具。

AI 设计

王惠蓉　张　瑜

2022 年 9 月,在美国科罗拉多州博览会艺术比赛的数字艺术类别赛道上,一位名叫杰森·艾伦(Jason Allen)的游戏设计师凭借自己的作品《太空歌剧院》(Theatre d'Opera Spatial)获得该赛道的冠军。这一比赛结果一公布立即掀起了轩然大波,艺术界的部分艺术家纷纷对此提出质疑并怒斥该作品的创作者杰森·艾伦作弊,网络上的争论声更是此起彼伏。引发这一系列反应的原因就在于《太空歌剧院》这幅画并不是由杰森·艾伦自己使用传统绘画工具亲自手绘完成的,而是杰森·艾伦利用名为 Midjourney 的人工智能(Artificial

图 1　作品《太空歌剧院》(Theatre d'Opera Spatial)

(来源:红星新闻)

Intelligence,简称 AI)图像自动生成系统制作而成的,部分参赛的艺术家则认为使用人工智能(以下简称 AI)创作出来的非传统手工绘制而成的作品参与此次比赛有失公允,对于本次比赛的其他参赛者而言并不公平。

对此,杰森·艾伦表示,他一直在展会上告诉人们,这件作品是"使用 AI 工具创作的数字艺术",而且杰森·艾伦说他并不需要解释 Midjourney 是什么,这就像数字艺术家不需要解释 Adobe Illustrator 的工作原理一样①。而杰森·艾伦使用的这款名为 Midjourney 的系统以其精致细腻的算法设计美学而名噪一时,当代数字艺术则通常作为该系统的模仿风格对象,Midjourney 也因此成为人工智能设计最受欢迎的系统之一。

除此之外,比赛评审之一的艺术家杜兰(Cal Duran)表示,他评分时没有意识到这幅画是由 AI 制成,现在知道真相后他仍坚持原来的评分,给予《太空歌剧院》第一名,形容其是"美丽的作品",同时他也认为,AI 能给予那些传统上不认为自己是艺术家的人更多机会②。

虽然,AI 设计这一概念早在之前已经被人们广泛认识并运用到生活的各个领域,人们对 AI 设计的概念似乎已经习以为常,但是,这一事件的持续发酵再一次将公众的视线聚集在一起,AI 与艺术以及 AI 与设计之间的种种关联都更加引人深思,值得进一步探讨。

一、AI 设计的基本概念

要想清楚地认识什么是 AI 设计,那么,就有必要先弄清楚什么

①　乔雪阳.当 AI 的作品获得了人类艺术比赛大奖[EB/OL]. (2022-09-09)[2023-02-17]. https://roll.sohu.com/a/583713113_116237.
②　赵婷婷.人工智能画作获奖引争议[EB/OL]. (2022-09-14)[2023-02-17]. https://it.sohu.com/a/584888434_119038.

是 AI,什么是设计,由此相互融合才能更好地理解 AI 设计的基本概念。

首先,AI 是人工智能(Artificial Intelligence)的简称,根据《编辑与出版学名词》一书中给出的释义为"研究用计算机模拟人类智力活动的理论和技术,如归纳与演绎推理过程、学习过程、探索过程、理解过程、形成并使用概念模型的能力、对模型分类的能力、模式识别及环境适应的能力、进行医疗诊断的能力等。人工智能的研究领域包括机器人、语言识别、图像识别、自然语言处理和专家系统等。基于算法和大数据等的计算机技术是人工智能发展的基础"①。虽然,人工智能的诞生最早可追溯到 20 世纪 40 至 50 年代,但是,"人工智能"这一正式的英文概念则是在 1956 年美国一场主题名为"用机器来模仿人类学习以及其他方面的智能"的达特茅斯(Dartmouth)会议上由约翰·麦卡锡(John McCarthy)提出来的。因此,这一年也就成为了所谓的人工智能元年,而约翰·麦卡锡本人曾获得计算机界的最高奖项"图灵奖",是人工智能研究领域的重要贡献者之一。由此,可以这样进行简单的拆分重组,将人工智能理解为利用计算机技术将人类作为模仿对象在某些领域汲取海量数据并自动进行深度学习从而在该领域做出特定决策的一种模拟人类智能活动的技术。

其次,什么是"设计"? 根据《管理科学技术名词》这本书中给出的解释,"设计(Design)"一词是指"将需求或创新变成产品、工艺或服务,以满足企业和顾客期望的过程,设计将一组功能需求转换成可工作的产品、过程或服务"②。而另一种解释则是将"设计"定义为设计师有目标有计划地进行技术性的创作与创意活动,并且设计的任务不只是为生活和商业服务,同时也伴有艺术性的创作。与此同时,

---

①② 编辑出版学名词审定委员会.编辑与出版学名词[M].北京:科学出版社,2022.

术语图谱

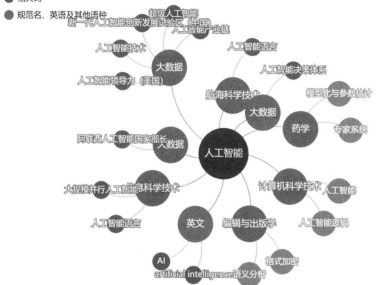

图 2 "人工智能"术语图谱

（来源：术语在线）

著名的设计师维克多·帕帕奈克（Victor J. Papanek）在他的著作《为真实的世界设计》一书中将"设计"定义为"是为了达成有意义的秩序而进行的有意识而富有直觉的努力"，是一种"负责任的设计"。因此，设计既具备动词含义又可做名词解释。动词的"设计"是一个创造性的构思过程，是指对产品、结构乃至整个系统如何制造出来进行设想的一个全过程。而名词的"设计"则是用来描述一项具有明确的结论的计划，或者指以什么样的形式去执行这项计划以及执行该计划的整套程序是什么样的。同时，设计所包含的范围非常广泛，从简单的平面设计囊括到复杂的三维设计。另外，从设计的最终目的出发还可以将设计划分为服装设计、软件设计、建筑设计、景观设计、工程设计以及产品设计等多种类别，而从事设计活动的这群人我们就习惯称之为设计师。

术语图谱

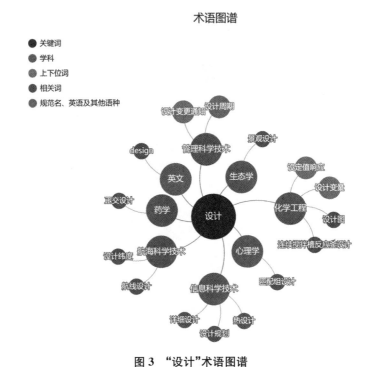

图 3 "设计"术语图谱

（来源：术语在线）

明确了 AI 人工智能与设计的概念之后，我们就可以将二者相结合进行进一步的组合释义。AI 设计从字面意义上来说可以其简单理解为是一种运用计算机模拟人类智力活动的技术有目标有计划地进行一些技术性创作的创意活动。一方面，由于设计的种类多种多样，并且设计一词既有名词属性又具备动词性质，因此，对于 AI 设计，在官方的辞书中尚未找到一个完全统一的概念对此加以说明，而从日常的生产、生活出发，我们则习惯性地将 AI 设计笼统地归纳为使用人工智能将脑中的规划、设想、构思以及创意制造出来,这种解释只是从传统的手工创作演变为智能化创作这一角度对 AI 设计这个概念进行简单的阐述。另一方面,在解释 AI 设计的具体概念时,要具体情况具体说明,从设计的最终目的出发,根据设计的不同种类对 AI 设计做出相对应的释义。例如,AI 设计又可细分为 AI 平面设计、AI 服装设计、AI 景观设计以及 AI 产品设计等,它们既相互独立又同时归属于 AI 设计这一统一的整体。因此,在后人类文化发展的进程中,人工智能为设计提供了区别于传统人工的新型生产方式,这是第三次科技革命不断演进的结果,是元宇宙时代萌芽并持续发展的先声,同时,也是对传统设计和传统行业的一次重大挑战。

二、AI 设计应用的突出表现

AI 设计的应用范围非常广泛,正如前面所提到的,根据设计的最终目的,AI 设计可应用于各种不同的领域。但是,就目前的发展情况而言,AI 在艺术设计行业中的应用可以说是 AI 设计最受大众关注的领域之一。设计师通过艺术设计作品来寄托自身情感,反映人生哲学或揭示社会现实,他们将典型的社会意识形态通过形象的方式表现出来,艺术设计的作品表现方式也是多种多样。利用人工智能技术进行艺术创作与设计是在深度学习的前提下通过算法自动生成创作者构思出来的完整的,不仅效率高,速度快,而且具有很强的仿真效果,能够将传统手工设计很好地融入作品当中,尤其在平面艺术设计领域,人工智能早已广泛应用并且收效显著。因此,AI 设计在很大程度上对传统的艺术设计发出了一次强有力的挑战。

(一) AI 设计在平面创作领域的应用

1. 平面海报设计

2018 年阿里巴巴公司在 UCAN 会议上推出了海报设计人工智

能系统,这个系统被命名为"鲁班"(后改名为"鹿班")。"鹿班"人工智能系统主要由设计框架搭建、元素选取、行动器和网络评估反馈等四个部分构成。"鹿班"系统自开发以来,在两年多的应用过程中设计出了大量的优质海报,一定程度上大大降低了淘宝平面海报设计师的工作压力。"鹿班"作为一款阿里巴巴自主研发的设计类人工智能产品,通过自学达到设计认知的能力。凭借对图像的深度学习、蒙特卡洛树搜索、图像搜索等 AI 技术,"鹿班"形成了一套由"图像生成"到"成果评估"组成的系统化流程①。

"鹿班"系统的工作原理其实是从模仿开始的,就像人类临摹作品一样。当输入"鹿班"的设计海报以及网站页面的横幅广告标语(Banner)等信息达到一定数量之后,"鹿班"就会对收录进系统中的这些信息的多种元素进行分析识别,然后自行归纳整理出这些信息之间的关联性,随后根据用户的需求照葫芦画瓢对"学习"来的海量素材进行不同风格的搭配组合,最终通过系统的比较给出最优的设计成果。不过,与传统的人工设计相类似的一点是,"鹿班"系统的设计出发点也是从需求端开始的,从用户需求出发,到设计框架的构建,到初始草图的设计,再到设计元素的搭配与细节的修改完善,最后到系统筛选评估给出最佳的设计方案,最终设计展示出产品消费者看到的最终成品。"鹿班"设计系统在制作海报之前会通过平台的人工智能技术全面分析买卖两家的各种需求信息,通过大数据归纳整理出买家的购买偏好以及卖家提供的商品信息,从而有针对性地设计出符合双方需求的海报,实现平面海报设计的高效化、精准化与智能化。这也是"鹿班"作为阿里巴巴最具代表性的 AI 设计系统在平面设计领域被有效推广的前提条件。

---

① 任南.人工智能在艺术设计中的应用研究[J].艺术科技,2019,32(13):149—150.

图 4 "鹿班"设计系统界面

(来源:鹿班官网)

2. 杂志封面设计

AI 设计在平面创作领域的突出表现是多样化的,除了以"鹿班"系统为代表的人工智能平面海报设计以外,AI 设计也被应用于创作杂志封面。2022 年夏季,美国版本的《时尚 COSMO》杂志推出了第一款由人工智能技术绘制而成的时尚杂志封面。该杂志封面的最底端有一串文字尤其引人注目——"而这仅仅花费了 20 秒生成",这串文字正是对这幅 AI 设计的杂志封面最简单且最强有力的说明。该 AI 设计作品是由一款名为"DALL-E"的平台提供的技术支持,它是一个免费的在线工具,能够直接从文本描述中生成图像,通过强大的神经网络根据使用者输入的词条来创建出逼真或超现实的图像,其创造力堪比顶级的画家及设计师。

如图所示,"DALL-E"的推理主要分为三个阶段,其中前两个阶段对应论文中的 Stage One 和 Stage Two,整个阶段包括三个独立训练得到的模型:dVAE、Transformer 和 CLIP,它的目标是把文本符号(Token)和图像符号当成一个完整的数据序列,通过一个转换器

图 5　《时尚 COSMO》AI 杂志封面

(来源：360 百科)

(Transformer)对这些一整串的数据序列进行自回归①。可以说，"DALL-E"是一种以深度学习为基础，通过提取互联网上的大量图像进行一系列训练的图像整合生成模型，它使用一种叫作"潜扩散"的技术来学习单词和图像之间的联系。因此，"DALL-E"的用户可以输入一个文本描述(称为提示符)，然后，就能够以几乎任何艺术风格直观地呈现为 1024×1024 像素的图像②。而"DALL-E"这个名称

①　陀飞轮.DALL·E——从文本到图像，超现实主义的图像生成器[DB/OL].(2021-09-16)[2023-02-21]. https://zhuanlan.zhihu.com/p/394467135.

②　陀飞轮.DALL·E——从文本到图像，超现实主义的图像生成器[DB/OL].(2021-09-16)[2023-02-21]. https://zhuanlan.zhihu.com/p/394467135.

则是为了致敬著名的西班牙艺术家萨尔瓦多·达利(Salvador Dalí)和机器人"WALL-E"而来的,萨尔瓦多·达利是一位具有卓越天资和想象力的画家,因其超现实主义作品而享誉全球,是 20 世纪最具代表性的画家之一。

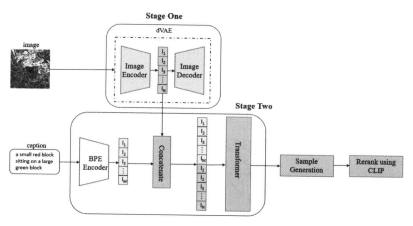

图 6　"DALL-E"的整体架构示意图

(来源:知乎官网)

由此可见,AI 设计在平面创作领域已占有一席之地,相较传统的人工设计而言,人工智能设计的精准性、高效性和高仿真性等诸多突出特征是其独有的优势。这不仅大大降低了人工设计的成本,增加了作品的产出量,而且也让那些原先没有艺术功底的人也有机会成为一名"设计师"。设计不再局限于拥有艺术基本功的特定人群,就像艺术家杜兰(Cal Duran)所说的那样,AI 设计带动更多人的创作热情,让更多群体有机会成为一名"设计师"。

(二) AI 设计在服装领域的应用

2018 年,一款全新的关于服装设计的人工智能算法从电商巨头亚马逊(Amazon)问世,该人工智能系统以一种名为 GAN 的技术为支撑。GAN 程序(即生成对抗网络,Generative Adversarial Networks)的创始人是被称为"生成对抗网络之父"的伊恩·古德费罗(Ian Goodfellow),其研发团队是"谷歌大脑"Google Brain。它是一款深度学习模型,该程序通过让计算机学习、模仿艺术史中的经典作品,来模拟生成类似的设计作品。GAN 生成式对抗网络模型的构成和运作主要包括两个模块:一个 G 模型——生成模型(Generator)和一个 D 模型——判别模型(Discriminator),这两者互相博弈学习产生相当好的输出结果①。GAN 程序的拓展性非常强,其应用领域也是相当广泛,不仅可以运用在图像处理上,还具备数据增强以及图像生成等功能。

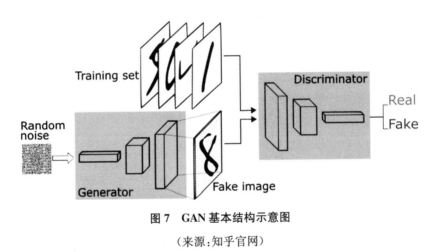

图 7　GAN 基本结构示意图

(来源:知乎官网)

GAN 作为人工智能研究领域当中的一项全新的技术,能够通过对录入的初始数据的深度学习分析,总结出服装设计的各类特定风格,因而被广泛应用于服装设计领域。在算法运行过程中,该系统会根据图片生成服装的设计图,并将其成果应用在服装设计的项目中,此外,该 AI 设计系统还可以对市场中的大数据进行分析计算,并根

---

① 陈诚.通俗理解生成对抗网络 GAN[DB/OL]. (2018-02-25)[2023-02-21]. https://zhuanlan.zhihu.com/p/33752313.

据目前的流行样式预估未来的流行趋势,然后再根据预估的流行趋势,设计出最新的服装设计样品①。甚至,这款人工智能设计系统还能对亚马逊网站上销售的服装展开全面应用,根据顾客购买数量与评价选择他们最感兴趣的服装设计元素,进而围绕不同用户的购买取向设计出满足不同用户需求的服装作品②。

这种智能化并且能够按需生产的 AI 服装设计系统不免让一些传统制衣行业的从业者昼警夕惕,同时,这款 AI 设计系统也在时尚界掀起了不小的水花,而"人工智能设计是否会取代服装设计师与造型师"则是一个值得整个服装行业以及时尚设计领域深思熟虑的问题。

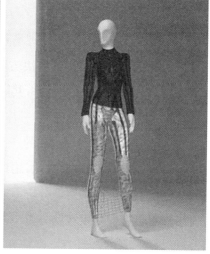

图 8　谷歌人工智能服装设计示意图

(来源:360 百科)

(三) AI 设计在建筑设计领域的应用

2017 年 6 月,深圳小库科技有限公司研发的结合智能设计、建筑

①　人工智能怎样影响设计与设计师? [J].工业设计,2017, 14(11):152—153.
②　胡欣.人工智能在艺术设计中的应用研究[J].工业设计,2020,(1):141—142.

算法、大数据分析的"小库 XKool"智能设计云平台正式投入使用。"以 AI 之能助力建筑产业升级"是"小库 XKool"平台的品牌口号,该智能设计平台以"成为建筑领域第一生产力"为品牌愿景,一发布就吸引了诸多建筑行业从业者的目光,其注册用户更是逐年递增,可以说在国内 AI 建筑设计市场上充当了领军者的角色。"小库 XKool"智能设计云平台将整个复杂的设计流程简化为六道简洁明了的工序,通过数据文件调用分析、人工智能辅助合规设计、智能辅助云端修改、方案实时校验审核、设计成果多方协同以及多种格式文件出图这六个步骤形成自身独有的核心能力。"小库 XKool"基于其自主原创的建筑数字化新底层模式 ABC(AI-driven BIM on Cloud 智能云模),及其中应用于多场景的核心 AI 智能设计引擎,能够为设计场景提供"小库设计云"产品,为管理场景提供"地产数字化解决方案",为建造场景提供"装配式设计解决方案",为学研场景提供"ARP 研究者平台",并持续开放多维合作,共同助力建筑产业升级。总结来说,这就是一款面向建筑设计师的一体化智能云模设计平台。

除此之外,"小库 XKool"的产品使用者可以利用这个平台进行建筑设计运算与建筑方案搭建,用户只要输入设计目标、设计参数与边界条件,平台就能够智能分析用户需求,进而提供数套方案供用户选择,该平台还能提供智能分析与筛选功能,用户可以对设计方案进行分类,从艺术性、实用性、经济性等层面进行选择。人工智能在建筑设计领域的应用极大地提升了设计效率,原本需要数天甚至数月完成的设计工作能够在很短时间内完成,同时满足不同艺术表达需求,为用户提供更广阔的选择空间[1]。

因此,AI 设计不仅在平面设计以及服装设计领域表现突出,在更为复杂的三维立体建筑设计领域也是异军突起的存在。当然,除

---

① 胡欣.人工智能在艺术设计中的应用研究[J].工业设计,2020,(1):141—142.

了以上提到的这几个行业之外,人工智能设计在其他场景设计中也被广泛应用并逐步发展成熟起来。

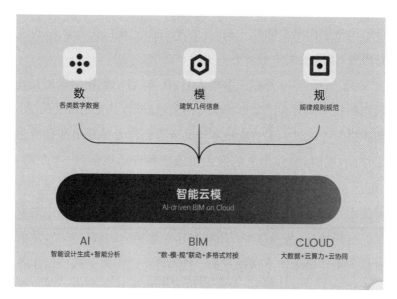

图9 "小库 XKool"平台的核心能力——ABC 智能云模示意图

(来源:小库 XKool 智能设计云平台官网)

(四) AI 设计在音乐创作领域的应用

音乐作为最具代表性的听觉艺术,其创作过程是决定该作品最终成果的关键,音乐创作体现了一名音乐人的能力与素养,好的音乐要能够抓住听众的心灵,具备引人入胜的艺术效果,而富有创造力的音乐创作者作为听觉艺术的"设计师"在乐坛拥有着举足轻重的地位。作曲家是创作音乐的"画师",通过歌词与旋律来描绘声音中的景象,因此,作曲家就等同于听觉艺术的"设计师",作曲的过程就相当于是在"设计"一幅无形的画作,通过乐声将"这幅画"展现给对应的消费者。而人工智能设计不仅在视觉艺术领域表现出色,在听觉艺术的设计创作上也取得了突破性进展。人工智能作曲就是 AI 设计在音乐创作中应用的典型表现,代表性产品则有"AIVA"
(Artificial Intelligence Virtual Artist 即人工智能虚拟艺术家)。
"AIVA"是一款 AI 音乐作曲家,它能够根据音乐流派、表达情绪或
者音乐风格创作出原创性乐曲,并为平台用户提供免费试用和订阅
计划服务,以此给用户带来更多功能和选项。

"AIVA"于 2016 年在卢森堡成立,在 AI 音乐创作领域拥有着全
球领先的技术实力和广受市场认可的斐然成绩,其自主研发的 AI 音
乐创作引擎能通过人工智能技术辅助音乐创作者编写出富有情感的
音乐作品,同时,制作出来的歌曲覆盖多种音乐风格,包含古典、摇
滚、流行、电音、爵士乐、中国风等。具体来讲,"AIVA"就是通过深度
学习技术,对莫扎特、巴赫、贝多芬等名家作品进行学习,从中提取出
详尽的音乐特征,基于这些音乐特征建立起相应的数学模型,从而辅
助音乐人创作出海量丰富的乐曲。而"AIVA"作为一款可创作各种
类型音乐的人工智能平台,可以利用人工智能技术创作出许多富有
情感的原声音乐。因此,无论是初出茅庐的音乐新手,还是在创作上

图 10　AIVA 人工智能虚拟艺术家 logo

(来源:360 百科)

得心应手的专业作曲家，"AIVA"的相关技术都可以为他们的创作提
供一定程度上的帮助①。

三、AI 设计给传统设计带来的挑战

2023 年 3 月 20 日,百度官微发布一则消息,消息内容为百度全
新一代的人工智能产品"文心一言"云服务将于 3 月 27 日上线,该消
息一经发布就引发了极高的关注度和话题讨论度,一时间,"人工智
能"、"文心一言"以及与之相关的"ChatGPT"等相关词条的热度在网
络上持续高涨。由此可见,人工智能的每一次发展与变革都与人类
息息相关,都将引发大规模的持续关注与讨论。而作为人工智能发
展最早并且发展最迅猛的领域之一的人工智能设计领域,其每一次
的技术进步与行业革新都将给传统设计带来一系列挑战,这些人工
智能设计带来的诸多挑战是未来传统设计在科技洪流中逆势而上无
法逃避的问题。面对备受大众关注的 AI 设计,有人认为 AI 设计技
术在一定程度上打破了传统设计的行业壁垒,给予那些没有传统设
计基础的人一次与设计行业对话的机会,与此同时,也有很大一部分
人认为 AI 设计创造出来的产品仅仅是一堆算法计算出来的充满科
技感的原创"复制品",这些缺乏创作思维与艺术情感的"智能艺术
品"仅是对原有设计元素进行的重新排列组合,称不上是真正意义上
的艺术设计,这种毫无想法的智能化设计与传统意义上的艺术设计
背道而驰,是对"真实的艺术"的轻视与挑衅。因此,AI 设计的迅速
发展令许多人感到担忧,多数艺术设计从业者认为,人工智能设计将
会带来审美"滑坡"、就业困难、行业挤兑、版权归属以及技术依赖等

---

① 网易云音乐战略投资 AIVA,将开发辅助音乐人创作产品[EB/OL]. (2020-06-22)[2023-02-25]. https://www.360kuai.com/pc/9f51f2dfebf6d1741?cota＝3&kuai_so＝1&sign＝360_57c3bbd1&refer_scene＝so_1.

一系列相关问题,这些挑战都是人工智能设计发展进程中需要持续关注的问题。

首先,AI 设计将会带来审美的智能化与程序化,降低公众以及设计师视觉审美的创新能力。传统的艺术设计主要依赖于人脑来完成,通过艺术家综合分析审美感知中所获得的抽象意象,将其生成可以进行物化传达的具体意象,往往具有浓郁的主观创造性和主观情感色彩[1]。这是人类在进行艺术设计过程中审美创新能力的体现,这种审美是纯粹以设计师的个人阅历和情感想象为创作依据,是客观的计算公式无法衡量出来的。以此设计出来的艺术作品更能让公众对此产生情感共鸣,从而引领公众朝着设计师的审美视角去探索艺术作品的"灵"与"美"。而人工智能设计的审美基础是数字与虚拟技术,其关键在于建立庞大的数据库,设置适当的计算方法,模拟人类的智能活动。由于人工智能中并不存在感性思维方式,因此其运算结果并不会掺杂个人情感色彩,其形成的作品是严格的理性物像构建的产物[2]。因此,人工智能设计所传递的审美思想是完全机械化的、没有任何情感与思想的、一种生搬硬套的程序化智能审美,这种 AI 设计在审美传达的过程中或许会有一瞬间让公众觉得新奇,但是这种程序化的审美将会造成公众的审美机械化并束缚设计师的创新思维,从而使公众以及设计师逐步丧失独立的审美思维,令消费者和设计师的审美观变得千篇一律,毫无创新性可言。

其次,AI 设计将会给设计领域的从业者带来巨大的行业竞争压力,就业难与失业风险成为众多设计师不得不面对的问题。人工智能带来的行业竞争压力不仅仅体现在人工智能设计领域,而是表现

①② 许慧.人工智能在当代环境艺术设计中的审美维度[J].四川戏剧,2020,(12):63—65+72.

为以 AI 设计领域为代表之一的众多行业。一方面,人工智能影响范围广泛,诸多行业的劳动者都面临着被人工智能取代的风险①;另一方面,人工智能也创造了诸多新的岗位,但在新旧岗位的转换过程中,不可避免地造成摩擦性失业,即劳动者面临着因人工智能而失业且未被新的岗位吸收或者缺乏制度保障的困境。人工智能作为一项新兴的技术,与之伴随而来的失业风险属于技术性失业的范畴②。AI 设计高效率、低成本的特点使得许多企业在进行产品设计时放弃聘请费用高昂的传统艺术设计师而去选择使用人工智能技术进行一键式生成作品,这种人工智能设计不仅替企业省下了大笔的生产成本,而且批量化的设计令企业在更短的时间内拥有更多可供选择的设计方案,最大限度上提高了产品设计的效率,如此一来,企业既节省了资金成本又节省了时间成本,但是,这也意味着部分传统的设计师将会面临失业风险。除此之外,AI 设计带来的技术应用无疑令诸多传统设计师变得更加举步维艰。AI 设计的创作工具是计算机技术与一系列软件,运用计算机与设计软件进行 AI 设计就像是设计师运用传统的艺术设计工具进行艺术创作一样,设计方式的变化令传统设计师需要直视技术缺失带来的失业风险,这种技术性失业是传统设计师最不愿面对的困境,是传统设计师职业生涯道路上面临的最主要的挑战之一。

最后,除了审美束缚与行业竞争压力增大以外,AI 设计还可能引发设计版权归属纠纷、过分依赖人工智能技术进行一键式设计产生设计思维惰性、设计市场缺乏秩序与创造性、传统设计方式缺乏传承等诸多问题,这些问题都是对传统艺术设计领域的巨大挑战,面对人工智能的迅猛发展,这些困难无法被规避也不能被忽视,而需要以

---

① 李晓华.哪些工作岗位会被人工智能替代[J].人民论坛,2018,(2):33—35.

② 李佩.人工智能时代的技术发展与就业挑战:基于失业风险恐惧的探索[J].智库理论与实践,2019,(6):43—51.

挑战者的姿态去逐一克服。

四、结　语

随着计算机科技以及人工智能技术的不断深入发展和持续进一步优化，在后人类文化发展进程中，以 AI 设计为代表的各项人工智能技术将会在人类未来的生产、生活中发挥着极为重要的作用。而AI 设计作为人工智能领域跑在前面的"探索者"，其今后的发展必将受到大众的持续关注。同时，当今社会下的设计行业以及设计师也必将面临一系列的机遇和挑战，而未来传统手工设计领域将会以何种姿态迎接人工智能设计带来的行业竞争压力以及在 AI 设计席卷全球的大环境下传统设计如何保持自身优势不落下风更是一个需要被好好重视的问题。

元宇宙

数字人

王宇阔　黄亚菲

一、数字人的当下内涵与历史回顾

数字人,或称虚拟数字人或虚拟人,是当代数字技术转型中备受资本关注的产物,从虚拟主播、虚拟偶像、数字孪生再到虚拟员工,数字人渗透到社会文化与社会生产的各个方面。试问:有多少追星族

图1　《虚拟偶像爱朵露》中译本封面

能够拒绝完美的优质偶像,有多少品牌能拒绝永不塌房的代言人,有多少企业能拒绝二十四小时保持完美工作状态的员工,又有多少失去挚爱之人能拒绝与 Ta 再度重逢? 多年前,加拿大作家威廉·吉布森在《虚拟偶像爱朵露》(*Idoru*,1996)有这样一句梦幻般的描写:"你迟早会明白的,她是人类生活的新方式,一个新的世界"。

在某种意义上,数字人这一概念是待完善的:多家调研机构都曾尝试着对数字人下定义,但随着数字人技术及其社会应用的发展,这些定义不得不在每年作出相应的调整或改变。

比如,《2021 年度我国虚拟数字人影响力指数报告》中指出"从技术层面看,'虚拟数字人'可以理解为是通过计算机图形学、语音合成技术、深度学习、类脑科学、生物科技、计算科学等聚合科技创设,并具有'人'的外观、行为甚至思想(价值观)的可交互的虚拟形象。"[1],该机构的后续报告中又拓宽了数字人概念所囊括的范围,将所有带有外形、声音、动作、表情、技能等一个或者多个"数字基因"的产物都纳入到数字人的范畴。[2]再如,腾讯研究院发布的《数字人产业趋势报告 2023》给出了更加宽泛的数字人定义,并强调了其社会应用前景:"数字人是指以数字形式存在于数字空间中,具有拟人或真人的外貌、行为和特点的虚拟人物,也称之为虚拟形象、数字虚拟人、虚拟数字人等。数字人的核心技术主要包括计算机图形学、动作捕捉、图像渲染、AI 等。数字人可以打造更完美的人设,为品牌带来正向价值。互联网、金融、电商平台、消费品牌、汽车出行等领域纷纷推出数字人,用于品牌营销、智能客服等方向。"[3]

---

① 中国传媒大学等.2021 年度我国虚拟数字人影响力指数报告[R/OL].(2022-04-04)[2023-07-18]. https://www.sohu.com/a/535268804_121101099.

② 中国传媒大学等.2022 年度我国虚拟数字人影响力指数报告[R/OL].(2022-04-04)[2023-07-18]. https://new.qq.com/rain/a/20230223A019B500.

③ 腾讯研究院等.2023 数字人产业发展趋势报告[R/OL].(2023)[2023-07-18]. http://imgs-b2b.toocle.com/detail--6621783.html.

对数字人的定名也会随社会应用的具体调整有所变化,这尤其体现在英语世界中:数字人有"Digital Human""Virtual Human""Meta-Human""AI Being"等诸多表达,这些和谐共存的殊异命名暗示着对其关注视角的侧重差异。"Digital Human"出现得较早,强调数字人的产生根源,即数字(Digital)这一技术之维;出现时间稍晚的"Virtual Human"表明,数字人是对人类的虚拟复现,这一提法带有"虚拟/实存"的辩证意味,尤其在科幻文学中被广泛运用;"Meta-Human"的诞生则与元宇宙"Metaverse"的趋势相关,这是因为,虚拟人是当前社会构想中元宇宙的主要参与对象;来自小冰公司的"AI Being"则是"Artificial Intelligence"与"Human Being"的结合,这个命名表达了一种对数字生命的未来期待,而该公司也在最近几年开始深度投入对数字员工的研发。

当下,数字人的应用形态非常灵活多变,有中国学者按照不同的应用场景或应用模式将数字人划分为七种形态:其中包含"数字活体"(Digital Human Models),如在医学领域应用的虚拟身体;"数字化身"(Digital Avatar),如在元宇宙中玩家构建的自我形象;"数字人物形象"(Digital Characters),如可以用虚拟货币实现的虚拟偶像;"数字仿象"(Digital Mimics),如已故艺人的模拟形象与历史人物的还原形象;"数字伪像"(Digital Deepfake Characters),如让人真假难辨的名人发言深度伪造;"数字副本"(Digital Copy),如已逝亲人的数字化意识;"数字人类"(Digital Human),即我们常说的数字化生命。①这七个概念基本可以涵盖数字人的既有应用、近未来应用与远未来应用。区分和了解数字人不同的应用形态,有助于我们进一步理解,在现实生活中,数字

① 简圣宇."虚拟数字人"概念:内涵、前景及技术瓶颈[J].上海师范大学学报(哲学社会科学版),2023,52(4):45—57.

人是如何"实存"的。

尽管数字人可以代表当下最时髦、最具开发潜能的数字技术产品。但是,人类对此类技术的想象以及对相关概念的讨论,在很早以前就出现了,这尤其体现在当代的科幻叙事中。从吉布森的短篇集《全息玫瑰碎片》中的《整垮铬萝米》(Burning Chrome,1982)开始,《神经漫游者》《虚拟偶像爱朵露》《黑镜》《超级玩家》《阿凡达》等大量科幻文学与影视作品,就展开了对"数字人"技术的想象。在这个意义上,中国当代大众文化中的第一位数字人并非是"90后"所熟知和追捧的洛天依,而是早在2001年国庆献礼3D动画《青娜》中就已经出现的年轻女孩"青娜"(Chyna)。在2003年,国内还出现了女星李欣娱的虚拟形象E欣欣。

在虚拟偶像这一应用领域,日本于2007年创造了初音未来,国内则在2011年征集大众创意而打造了洛天依,这两个二次元中的元老形象至今仍拥有大批粉丝。在虚拟主播这一应用领域,最可追溯到2016年诞生的绊爱。这些早期数字人的制造技术与当下华智冰、柳夜熙等数字人形象相比,是不可同日而语的。虚拟数字人的早期表现基于VOCALOID等编辑软件的语音合成技术与3D技术,而虚拟数字人近年来的发展则来源于CG(Computer Graphics,利用计算机进行视觉设计和生产)、语音识别、图像识别、动捕等相关技术的共同成熟真人驱动型和计算驱动型。[1]但正是由于数字人在成为当下热潮之前的这些技术探索,为当下数字人的社会应用提供了物质的基础和经验,也在很大程度上为数字人产业奠定了良好的受众基础。与此同时,以初音未来、洛天依为代表的,这类经典的IP形象还主动与当下最先进的技术相结合,在数字人产业的发展上,实现了历史与

---

[1] 艾媒咨询.2022年中国虚拟人行业发展研究报告[R/OL].(2022)[2023-07-18]. https://data.iimedia.cn/data-classification/theme/44290517.html.

未来的合流。

值得补充的是,数字人产业的当代发展离不开社会对它的接受,当下社会对它的认可并非是一蹴而就的,可以说,数字人是在最近两年才逐渐被主流观念所接受的。

2018年曾有人在知乎提问:"洛天依会被邀请上春晚吗?"当时评论区一片唱衰之声;而在2021年2月12日,洛天依出道9年后首次登上春晚舞台,与月亮姐姐、王源共同表演了少儿歌舞《听我说》,结果是赢得无数的掌声和好评,并且在该年度,仅虚拟偶像的产业规模就达到了62.2亿元。[①]此后,中国文化产业市场上以虚拟偶像为"卖点"的产品层出不穷,如综艺节目《跨次元新星》与《2060》。洛天依还曾作为虚拟偶像界的"元老",在《2060》的先导片中为竞赛选手加油打气。随后,在《上线吧!华彩少年》与《国风美少年》中还出现了数字人与真人同台竞技的奇观。数字人的文化价值为各界所关注,甚至央视也启用了多位虚拟主持人,如元初、小灵、小小撒。现象级虚拟人柳夜熙,则登上了2021年上海交通大学新闻与传播学的考研试卷。

可见,就目前来说,中国社会对数字人的接受态度越来越包容,数字人逐渐为主流观念所接受,因此才能被视为未来重要的技术性文化产业。作为文化产业的数字人,其商业价值便顺理成章地得到了国内外的重视。比如,翎_LING已登上Vogue杂志,并获得花西子与特斯拉的代言资格;多位数字员工入职企业,将要为企业发展注入新鲜的活力[②];数字人技术甚至可以"复活"已故的亲人来纾解在

---

① 艾媒咨询.2021年中国虚拟偶像行业发展及网民调查研究报告[R/OL].(2021-07-01)[2023-07-18].https://www.iimedia.cn/c400/79469.html.

② 新华社.多家银行"数字人"员工上岗 应用广度和深度将不断扩展[N/OL].(2022-09-28)[2023-7-18].http://www.xinhuanet.com/fortune/2022-09/28/c_1129037593.htm.

世之人思念之苦①；与此同时,虚拟伴侣技术也得到部分拥趸②……数字人的应用领域在近两年内得到了充分的发展和展现。

二、数字人产业的发展状况：2021—2023 年

数字人产业的市场规模连年飙升,这离不开作为第一生产力的技术推动,也离不开广大用户的参与及消费,同时市场的发展还需要相关政策的扶持与规范。因此,本文接下来将围绕数字人的技术发展、数字人的市场状况、数字人的受众情况与相关政策这三个方面,描述数字人产业在中国近两年来发展状况。

(一) 数字人的技术发展

据"艾媒"报告,中国数字人产业的发展经历了四个阶段。1980—1999 年是萌芽阶段,在这个阶段,"游戏、动漫等产业衍生；技术以手绘为主,形象较单一；开始通过数字专辑、广告等方式呈现"。2000—2014 年是探索阶段,在这个阶段,"CG、动作面部捕捉技术发展日益成熟。电影虚拟人的创作更加开放和虚拟人的外形、多元；动作、表情和声音与人类更加相似"。2015—2019 年是初级阶段,在这个阶段,"虚拟人形象越发逼真,AI 技术的发展使其开始向智能服务领域延伸"。2020 年之后,中国数字人产业走向新的发展阶段,目前,"需求均有突破。技术、需虚拟偶像凭借独特的人设吸引年轻群体"。③在整个过程中,现代通信技术与计算机技术为数字人产业的

———————————

① 中国机器人网.打造离世者的"元宇宙","70 后"高管用人工智能"复活"已逝世母亲[N/OL]. (2022)[2023-7-18]. https://www.robot-china.com/news/202204/06/70396.html.

② 易思含.嗨,你的虚拟男友上线了[N/OL]. (2020-04-02)[2023-7-18]. http://epaper.xxcb.cn/xxcba/html/2020-04/02/content_3016673.htm.

③ 艾媒咨询.2022 年中国虚拟人行业发展研究报告[R/OL]. (2022)[2023-7-18]. https://data.iimedia.cn/data-classification/theme/44290517.html.

发展提供了有力的保障。

技术是数字人产业发展的第一驱动力。通信技术(Communication Technology)是任何数字技术(Digital Technology)的最底层支柱,因为一切信息的二进制化,都离不开输送与转码的过程,而通信技术研究的正是,通过各种媒介形式(如电磁波、声波、光波等)把信息电脉冲从发送端传输到一个或多个接受端。因此,中国第五代移动通信技术(5th Generation Mobile Communication Technology,以下简称5G)在当下的应用和普及,是数字人产业兴起的必要条件。5G 通讯设施作为实现人机物互联的网络基础设施,具有高速率、低时延和大连接的特点,据官方统计,截至 2021 年 6 月,中国 5G 建设速度和规模居全球首位:5G 基站总数达到 96.1 万个,占全球的 70%以上,实现所有地级以上城市全覆盖。①5G 技术的创新为数字人产业在中国市场的开拓奠定了坚实的技术基础。

在数字人产业链的中上游,数字人的形象构建离不开计算机图形学(Computer Graphics,简称 CG)。简单地说,CG 是通过数学算法的形式将二维图像或三维图像转译成计算机界面"栅格形式"的技术,即在屏幕中表示出图像、人脸、动画等形象(Image),CG 技术配合图形渲染技术,可以创造出让接受者或玩家更乐于接受的虚拟形象。新世纪以来,计算机生成虚拟形象这一技术迅猛发展,3D 图形GPU、3D 渲染功能早已成为台式计算机的标准配置。在 CG 技术的支持下,文化产业的很多领域都诞生了现象级作品。在游戏领域,索尼 PlayStation 的第二代和第三代、Microsoft Xbox 系列游戏机、任天堂(Nintendo)产品和 Windows PC 都吸引了大量的玩家,诸如《最终幻想》《刺客信条》《生化奇兵》《侠盗猎车手》等作品都借助其游戏世界中的 3D 环境与虚拟形象在市场上赢得一席之地。在电影领域,

---

① 　徐晶卉.中国 5G 建设速度和规模居全球首位[N].文汇报,2021-09-27(005).

"CG 技术类型"的动画电影激增,诸如《冰河世纪》和《马达加斯加》等传统动画片电影,以及《海底总动员》等众多皮克斯产品在该领域的票房中占据着主导地位。同时,文化产业上的技术尝试又将计算机图形学推向到其他领域,比如电视广告,近几年,CG 技术已然被普遍化,它在大众传播中几乎无处不在,其预渲染的图形在功能上几乎是真实照片级的。

通过技术的不断迭代与发展,数字人的生成效能和智能水平也随之提升。当下,数字人技术不仅追求在"外观"上模仿逼真化的场景、在"功能"上满足人类指令的要求,还进一步追求在"思想"上高度拟人化,进而给用户带来亲切感、参与感、互动感,因此打造虚拟现实的"沉浸感"是数字人产业未来发展的重要方向。值得注意的是,数字人的"外观"与"思想"并非截然分开的,因为数字人的服务对象是人类,而数字人只有通过"外观"才能把自己的"思想"展示为一种外在的"行为",从而让人类产生出一种沉浸的幻觉。因此,作为一种将数字人"外观"和"行为"高度逼真化的"动画技术",计算机图形学仍旧在数字人的"思想"中发挥着重要的作用。如下图所示,在对数字人技术的建构中,其"行为"是外在与内在的中介,这也意味着,数字人的自主适应能力(思想)将不断通过满足用户的需求(行为)而展现出来(外观)。

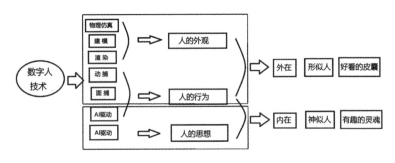

图 2 数字人技术如何模仿自然人

（二）数字人的市场状况

目前，中国数字人已经形成了一条基本完备的产业链条，这条产业链以技术作为首要驱动力，以文娱形象作为最终的输出形态，在上游、中游、下游奠定了自身发展的格局，下图展示了数字人产业链中具有核心竞争力的企业。作为最基础的技术研发环节，在产业链上游的企业包括"次世文化""微软""阅文集团"等科技公司。中游企业则负责将技术研发对接到产品之中，比如我们在上文讲到过的CG，就是一种能够使数字技术形象化的应用式科学，除CG厂商外，还有不少AI厂商、XR（扩展现实，Extended Reality，简称XR）厂商在中游环节助力数字人形象的最终呈现。数字人的下游产业最容易被人们理解，因为它进入到了市场的拓展环节，也就是我们在生活中能够直观地看到、了解和体验的文化娱乐活动。因此，数字人的下游产业也更为重要，它既是数字人技术最终的输出端，又是数字人产业链的融资回报环节。

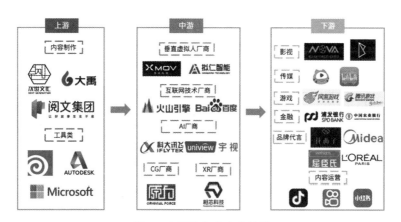

图3　中国数字人产业链①

① 艾媒咨询.2022年中国虚拟人行业发展研究报告［R/OL］.（2022）［2023-7-18］.https://data.iimedia.cn/data-classification/theme/44290517.html.

在数字人产业链的下游,目前最具有市场竞争力、最吸引年轻人关注的领域是"游戏"与"虚拟偶像"。近些年来,中国的游戏市场表现出蓬勃的生机,无论对于玩家还是对于开发者,他们迫切需要一种新的现代技术来增强游戏的体验感,更进一步说,这种体验感就是指玩家在游戏世界中好像就跟在现实世界中一样。数字人技术可以令游戏的体验感得到增强,游戏反过来也可以加持数字人产业的发展,因为虚拟形象在游戏世界中可以丰富自身的"性格"与"人格",在游戏世界中实现与玩家的交互。概而言之,在增强体验感这一意义上,数字人为游戏提供了过硬的技术,游戏为数字人提供了最优的空间,二者相互赋能、相互助力,这是因为,交互感体验与真实感体验是游戏与数字共同追求的目标。然而,数字人技术在游戏领域的应用也是一个复杂的过程,它涉及很多技术(比如形象、配音、语言、动作、交互系统等)在细节上的"转化",下图初步绘制了数字人技术在建模、渲染、AI、终端显示等方面与游戏技术相互合作的可能。

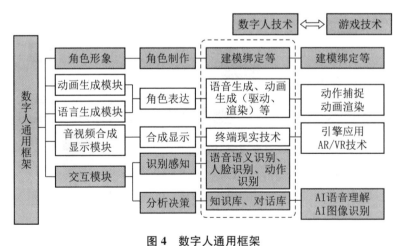

图 4　数字人通用框架

近几年在数字人产业中发展比较红火的还有虚拟偶像。虚拟偶像是在各种虚拟场景或现实场景中,在社会公众面前进行一系列的展演活动,但并不以实体形式而存在的人物形象。虚拟形象凭借着各种超人类、超实体的完美形象,为很多受众所喜爱。虚拟偶像的"引流速度"是惊人的,比如,腾讯公司曾通过打造时尚IP来吸引年轻粉丝,让数字人星瞳逐渐"出道"成为虚拟偶像。星瞳是国内首个时尚虚拟偶像,"她"既是QQ炫舞系列游戏代言人,又是一位主播:自2021年7月在B站进行直播,仅历时一年多,星瞳在B站的粉丝量就从3万增长到40万,增长率高达1300%。就像传统的演艺公司打造一位真实的艺人一样,虚拟偶像在出道之前就要被投资方进行一番"包装"和"定位",作为"艺人"的星瞳,其能力与特长在于"以舞蹈为核心,主打韩舞,要具备配音、唱歌等多元能力";其社会形象被定位于"为弘扬正向的价值观和传承优秀文化而努力"。与传统艺人不同的是,虚拟偶像彻底摆脱了身体的限制,其容貌、性格、风格等拟人化特征在出场时就会根据其目标与功能做出设定,而不会像传统演艺公司反而要根据艺人的特征去为其量身制定一套"职业发展规划"。可以说,传统艺人要在寻找"目标"的道路上不断成长,而虚拟偶像正是为某个"目标"而生并且一步到位。这或许是虚拟偶像"引流速度"如此之快的原因,流量、数据、目标都在投资方所设定的算法之中,所以虚拟偶像这两年被很多国内知名大企业所关注,以其先天的市场优势吸引了不少投资方的青睐,如下表所示:

表1 2021—2022年虚拟人产业的代表性投资事件

时　间	公　司	事　件
2022年1月	字节跳动	字节跳动独家投资杭州李未可科技有限公司,该公司打造了名为"李未可"的AR科技潮牌及同名虚拟IP形象。
2021年12月	网易	网易投资世悦星承,该公司是一家专注元宇宙时尚潮流细分赛道的数字内容研发及运营,将围绕To B端的虚拟数字人和To C端的虚拟服饰等方向,进行产品开发。

时　　间	公司	事　　件
2021 年 10 月	网易	10 月,网易投资次世文化。次世文化积极探索,将上游各个环节前沿技术转化为下游多元化、丰富的应用场景。
2021 年 10 月	科大讯飞	科大讯飞最先发起虚拟人交互平台 1.0,实现多模感知、情感贯穿、多维表达、自主定制,虚拟人相关技术作为讯飞开放平台的赋能之一,向开发者提供定制解决方案。

　　数字人技术的市场应用案例数不胜数,不仅在游戏和虚拟偶像领域,有很多行业、很多公司都在逐步接受这一技术以推动自身的创新性转型。这得益于技术的不断创新以及公众认知度的提高,数字人不再局限于满足受众的娱乐需求,而是不断拓宽自身的场景应用,它已逐渐渗透营销、政务、银行、地产、传媒等领域。举例而言,在金融行业,使用"数智员工"进行流程引导,可以全天无休地帮助客户完成业务,"数智员工"扩充了服务时长,缩短了等待时间,"数智员工"的形象逼真,肉眼几乎无法分辨,因此实现了面对"面"、有温度的服务。在传媒行业,小净是新华社和腾讯联合打造的数字人,也是第一

表 2　2021—2022 年具有代表性的数字人—企业融资事件

位进入太空采访的"记者",小净的报导为观众带来了前所未有的在场感,为航天重大项目的传播贡献了重要力量。

在这个过程中,数字人的服务型功能突显出来,这意味着数字人一方面可以帮助企业实现降本增效,另一方面它作为一种普遍的应用技术将在各行各业"立稳脚跟"。在这个背景下,数字人技术的商业价值不断释放,资本在这两年也是纷纷布局。

(三) 数字人的受众情况与相关政策

数字人产业之所以在近几年发展得如此迅速,离不开市场与政府公开政策的双向支持。在宏观上,中国的官方机构出台了许多"纲要""计划"等重要文件鼓励对这种新型技术的开发和应用。2021 年3 月,《中华人民共和国国民经济和社会发展第十四个五年规划和2035 年远景目标纲要》指出:推动三维图形生成、动态环境建模、实时动作捕捉、快速渲染等技术创新,发展虚拟现实整机、感知交互、内容采集制作等设备和开发工具软件、行业解决方案。2021 年 3 月,《"双千兆"网络协同发展行动计划(2021—2023 年)》指出:增加现实/虚拟现实(AR/VR)、超高清视频等高带宽应用进一步融入生产生活。2021 年 10 月,广电总局发布《广播电视和网络视听"十四五"科技发展规划》指出:要推动虚拟主播、动画手语广泛应用于新闻播报、天气预报、综艺科教等节目生产,创新节目形态,提高制播效率和智能化水平——这是中国官方首次明确地鼓励和支持数字虚拟人的发展。2022 年 7 月,在 2022 全球数字经济大会上,北京市发布了《北京市促进数字人产业创新发展行动计划(2022—2025 年)》并进行详细解读。该计划是国内出台的首个数字人产业专项支持政策,从构建数字人全链条技术体系、培育标杆应用项目、优化数字人产业生态等方面为支持数字人产业发展提供了指引,进一步加深数字人在用户中的认知。

除此之外,在数字人产业内部,正形成着引导产业规范发展的

"标准",这些"标准"试图围绕数字人的实际应用,通过对数字人产品的各项能力和指标的评估及考察,对整个产业进行规范和引导以支持数字人产业的健康发展。并且,在与其相关的"垂直行业"中——如金融行业,在证券期货、金融应用等方向——陆续出台了许多应用型的建设指导方案,进一步推动数字人技术的加速落地。这些规范性的行业标准有且不限于:金标委证券分委会发布的《证券期货业虚拟数字人应用建设指南》;北京金融科技产业联盟发布的《虚拟数字人金融应用建设指南》;人工智能产业发展联盟发布的《虚拟数字人指标要求和评估方法》系列标准;中国通信标准化协会发布的《虚拟数字人指标要求和评估方法》系列标准;人工智能产业发展联盟发布的《数字人系统基础可信能力要求及评估方法》;中国电子工业标准化技术协会发布的《人工智能深度合成图像系统技术规范》;国际标准 ITU-T(国际电信联盟)发布的 *Requirements and Evaluation Methods of Non-interactive 2D Real-Person Digital Human Application Systems* 及 *Framework and Metrics for Digital Human Application Systems*,等等。

当下,数字人的受众主体是"Z 世代"用户[①],作为互联网原生一代,"Z 世代"用户增长速度很快,截至 2022 年 6 月,其规模已达到 3.42 亿。他们已成为移动互联网的重度用户,对社交、视频、音乐、网购等互联网功能的使用率遥遥领先于全网平均水平。"Z 世代"对新形式的互联网产品需求更大,而数字人突出人物个性,强调体验感和交互性,与 Z 世代用户可以产生情感链接,并产生情绪共振和文化认

---

① 也称为"网生代""互联网世代""二次元世代""数媒土著",通常是指 1995 年至 2010 年出生的一代人,他们一出生就与网络信息时代无缝对接,受数字信息技术、即时通信设备、智能手机产品等影响比较大。该词语的称谓最早可以追溯到发表于 1999 年第 5 期《中国青年研究》上的一篇短文:《最新人群——"Z 世代"的生存状态》,这篇文章将 1980—1984 年出生的一批青年人命名为"Z 世代"(即最早的一批 80 后青年)。后来,"Z 世代"专指"95 后"的网民。

同。特别是数字人和虚拟空间相结合,孵化新玩法,带来新体验,因此"Z世代"用户成为了数字人产业的核心受众群体。根据艾媒咨询发布的《2021中国虚拟偶像行业发展及网民调查研究报告》显示,近80%的网络用户有日常追星的习惯,其中63.6%的网民支持和关注虚拟偶像的相关动态,有88.5%的偶像爱好者加入偶像社群交流。其中大部分用户属于沉溺游戏和动漫的"Z世代"群体。①而在整个用户群体中,女性用户明显高于男性用户。

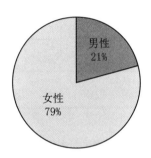

图5　虚拟偶像受众粉丝的性别占比

那么,数字人的哪些特征会如此吸引年轻用户呢? 艾媒咨询的调研数据显示,接近七成的用户都喜欢数字人的外形和声音,其次喜欢数字人表演出来的作品。有艾媒咨询的分析师认为,年轻一代能成为数字人产业市场的消费主体,是因为虚拟人的外形具有高塑造性的特点,能够满足该群体的多样化需求。数字人产业中的虚拟偶像领域进一步激发了互联网消费,也是在艾媒咨询的一次分析报告中显示,有37.2%的受访网民每月为虚拟偶像花费金额在200元及以下;24.8%的受访用户表示愿意花更多的钱支持虚拟人物。②艾媒咨询分析师对此认为:虚拟偶像、虚拟宣传人等虚拟形象

①　王晓晓.虚拟数字人C端拓展路径[J].互联网周刊,2023(5):13—15.
②　艾媒咨询.2022年中国虚拟人行业发展研究报告[R/OL].(2022)[2023-7-18].
https://data.iimedia.cn/data-classification/theme/44290517.html.

的涌现,会使数字人产业的商业价值得到不断的释放,来吸引广大用户消费。

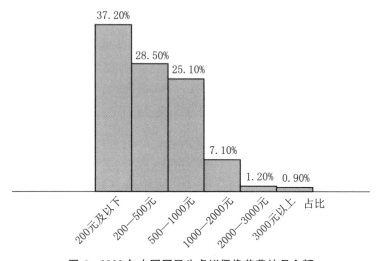

图6　2022 年中国网民为虚拟偶像花费的月金额

三、对数字人的"技术—文化"反思

数字人领域随着相关技术迭代与社会观念转型迎来了新时期,其基本概念、表现类型、产品功能、社会接受度等方面在最近两年都有了历史突破,逐渐从单一的娱乐功能中走出,迈向了更广阔的商业与产业运用,并深入地参与到新时代的社会文化构成之中。与之同时,其天然作为人之镜像的性质也一直纠缠着社会身份等伦理问题,在渐趋真实的拟人化过程中再度发起"人的本质是什么""人是否可以被替代"等哲学之问。本部分将从技术与文化两个角度反思数字人的当前运用,并对其未来发展进行展望。

首先,从技术层面来看,公众想象中的数字人仍是远未来技术产品,一般拥有独立的人格特征。但实际上,当前的数字人尚无法独自进行内容产出,人类的协助仍是必需的,而参与数字人形象建构的人类则被叫作"中之人",负责为数字人提供输出内容、动作捕捉或者音源等个性化内容。数字人的技术短板则意味着其迷人的皮套下极有可能隐藏着大量"数字劳工"(包括被人们戏称为"程序猿"的群体)的血汗,因为人工并未在这个新兴领域中退场,我们仍需警惕数字人产业中出现新的劳动剥削。

数字人往往与"中之人"深度绑定,尤其是在虚拟偶像领域之中。2022年5月,字节跳动和乐华娱乐共同推出的虚拟偶像团体 A-SOUL 就陷入了关于"中之人"的争议。这支为公司带来年入千万收益的数字人组合,出道时的首支 PV 号称"永不塌房",但运营方宣布,成员珈乐因身体及学业原因终止日常直播和大部分偶像活动,进入"直播休眠"。随后珈乐的"中之人"被曝出疑似收入低、长期加班等问题,甚至遭到职场霸凌,珈乐的粉丝纷纷走上了维权之路,在各大平台声讨运营方。①

其次,从文化层面来看,数字人与大众关系尤为亲密。鲍德里亚认为在消费社会,物品只有首先成为符号然后才能成为消费对象,被消费的正是其个性和差异。②被人格化的数字人则拥有一整套可供消费的符号意义系统,并以之满足大众的精神、文化、娱乐乃至情感需求。在人际关系更为疏离的当代,数字人为大众提供了一个向虚拟世界逃逸的出口,也模糊了真实世界的意义与价值。数字人的文化参与是一把双刃剑,我们在享受其带来的便利与快感之时,仍需对以下几个可能发生的负面问题时刻保持警醒:

第一,警惕主体精神在虚拟世界中的沉溺。数字人产业迎合消费者需求,以技术为载体,大众文化为内核给消费者批量编织了无法

---

① 黄钰.人民直击:虚拟偶像"塌房"之后[N/OL].人民网,(2022-06-28)[2023-07-18]. http://society.people.com.cn/n1/2022/0628/c428181-32458543.html.

② 鲍德里亚.物体系[M].林志明,译.上海:上海人民出版社,2001:222—223.

拒绝的美梦,让其可以沉浸式地享受非凡的感官体验乃至于情感体验。虚拟伴侣、虚拟偶像等数字人形式成为智能技术社会人类的精神依托,而持续性的情感输入与感官享受让人难以长时间对这一"技术—文化"产品保持警醒。不加约束的数字人运用可能导致受众放弃现实而沉溺于虚拟世界之中,最终走向绝对虚无的悲剧结局。

第二,警惕数字人对现实社会交往形态的冲击。数字人对人的情感反馈模式虽然都来自程序设计或者"中之人"的双簧式演绎,但却可以成为当代人现实社交的补充甚至是替代,进而造成用户在现实人际关系中的困难,乃至于对现实人际关系的逃避。日本在 2018 年就出现了宣称要与自己的偶像初音未来结婚的狂热粉丝,截至 2023 年 3 月日本已出现了 200 余人坚持要与数字人结婚的奇观①。

第三,警惕数字人对"人"之观念的物化。数字人以技术为内核与用户进行着虚假的情感交互,"用户定制——数字人反馈"的模式贯穿在这种交互之中。用户的文化需求可以用纯粹消费的方式通过数字人这一虚拟符号系统得以满足,这为拜物教的滋生提供了土壤,也暗含了理想人格化对象可以用金钱购买的危险逻辑。

第四,警惕数字人的负向精神引导。随着数字人领域走进行业之春,大量良莠不齐的数字人产品涌入市场,如前文的产业分析中所指出的,市场中的数字人数量极为庞大,而且充斥着各个面向公众的文化领域,如主播、主持人、明星一类身份的数字人可以直接对公众进行价值输出。如果对数字人的内容制作疏于监管,极有可能会造成不良内容输出。与之同时当前数字人领域的精神产品也存在着同质化倾向,如此陈陈相因,不仅容易引发受众的审美疲劳,也不利于

---

① 王辉.200 多日本人与虚拟人物"结婚",甚至还有机构发"结婚证"[N/OL].人民网,2023-03-06[2023-7-18]. http://japan.people.com.cn/n1/2023/0306/c35421-32637709.html.

数字人文化的进一步发展。

第五,警惕数字人在实际运用中的法律空白与道德真空。数字人在当代社会中仍属于新生事物,此前适用于自然人的法律法规并不足以监管数字人,即使在已经相继推出多项数字人监管条例的现状之下,发展中的数字人领域仍然会不断触及法律空白与道德真空,从而引发争议。根据《中华人民共和国民法典》所赋予的自然人的权利和义务,基于真人与虚拟数字人之间的法律关系,虚拟数字人可能面临的法律风险包括:名誉权风险、名称权风险、肖像权风险、声音权风险、著作权风险、继承权风险、劳动权利保障风险、不当营销风险、数据权益与数据安全风险、人格权风险、"代言"广告法律风险等。①

尽管数字人领域存在着如上的风险,但也同样有广阔的发展前景,美国学者罗斯布拉特甚至在《虚拟人》中将"数字永生"这一诱人的远景想象放进了封面。面对数字人产业的发展,我们在观念上既不能"裹足不前"也不能"贪功冒进"。国内目前已经开始了对数字人产业的专项扶持与专门监管,2022年北京颁布了国内首个数字人产业专项支持政策《北京市促进数字人产业创新发展行动计划(2022—2025年)》,国家互联网信息办公室、工业和信息化部、公安部同年联合发布的《互联网信息服务深度合成管理规定》中也新增有"数字人物"的相关条例,并将其作为重点监管对象。多家权威媒体与学术机构都共同关注着这一领域,并适时在产业观察中为其方向调整提供有效批评建议。因此我们有理由相信,中国数字人领域在既有发展的基础上,也将迈向更为光明的未来。

---

① 陈辉.虚拟人也需要保险[N/OL].中国银行保险报网,(2022-07-18)[2023-7-18].http://www.cbimc.cn/content/2022-07/18/content_464773.html.

云观展

王新鑫

一、云观展的核心概念

云观展已经成为现代都市人文化生活中的一个重要且常见的词汇,近三年来不断出现在媒介视野和大众日常中。学者认为,"'云展览'是互联网环境下通过资源集成和服务共享方式向公众传播文物数字化信息及相关知识图谱的信息服务系统。"[①]随着云展览的普及化,展览的性质、内容及其运作方式都发生了很大的变化。

起初,云观展基本限定在文化创意产业领域,世界各地的博物馆通过网络展示的方式将其馆藏产品、收藏理念"广而告之",吸引参观者在虚拟网络中进行浏览,得到视觉上的近距离感受。因为其便捷性、参与广泛性而受到旅游爱好者的欢迎。2020 年初,新冠肺炎疫情暴发以后,云观展发展迅猛,从"犹抱琵琶半遮面"的状态快速扩大到其他行业和领域,成为一种新型生活方式的代名词。

逐渐地,云展览也不再是现场无法赴约的替代品,而是成为一种展览方式的平行路径。人们可以自由选择去现场进行身临其境的真实体验,也可以选择在距离展览场所遥远的地方利用电脑或手机进入线上展览一睹为快,云观展成为现场布展的有益补充方式或者与现场布展互相配合协调统一的存在。云观展在某种角度上成为一种方法,也成为景观美学的一种新颖的承载方式和路径。展览也不再

---

① 黄洋.博物馆"云展览"的传播模式与构建路径[J].中国博物馆,2020(3):27.

是文化行业的"特权",从博物馆线上展览衍生开去,其他的社会公共领域也都开启了用线上方式展现景观资源、输出展览模式、表达美学观点、分享审美体验的新方式,甚至在云观展的过程中也形成了由在线展览而带来的新的"吸引力经济"。除了在形式上较为容易实现的博物馆云展览外,自然景区的风光旅游,专业博览会的游览直播等等形式都后来者居上,云展览无论是在外延和内涵上都大大丰富,其边界大大拓宽,游览者也有了更多的选择和欣赏的机会。

"看"与"被看",是云观展的两大关键词。展览方本是"被看"的对象,游览者是观看的主体;在网络在线展览中,"看"与"被看"不再是绝对意义的区分,而是有了更为直接的关联,主体和客体在网络展览环节的许多时刻是互相颠倒的,且展览方在一定程度上预设了观看主体行为的发生。

法国学者居伊·德波(Guy Debord)在 1967 年出版了《景观社会》一书,提出了著名的"景观社会"理论,认为现代人早已处在以景观的展示为独特的社会行为的时空中,"在现代生产条件占统治地位的各个社会中,整个社会生活显示为一种巨大的景观的积聚(accumulation de spectacles)"。云观展的出现,进一步印证了景观社会的理论,现代的寓言成为后现代的现实。居伊·德波说:"景观既显示为社会本身,作为社会的一部分,同时也可充当统一的工具(instrument d'unification)。"

云观展正是这样一个工具,借由虚拟中的展览,游览者可以瞥见虚拟中的真实,用模拟的方式对真实来一次全方位的全景扫描。游览者经历的既是一次真实游览,又是以游览为过程的对于真实的检验。在这个过程里,游览者和展览对象互相凝视,游览者对展览对象投以"围观"的目光,展览对象从固定的物质演化为具有活动属性的物质或者具有人类即时操作属性的物质,展览对象也有对游览者的

"反凝视"或者互动职能,在统一的时间限域内二者共同完成现代社会的一种"奇观","奇观"的种种过程性反应又将在更广阔更自由的网络范围内传播,随着"奇观"不断地被欣赏、被赞扬、被批评、被指摘,这一景观的传播效果也在无限繁殖。

二、云观展的类型和层次

云观展起初在艺术人文景观的展览中运用较多,策展方通过这样的方式,营造网络展示的艺术效果。随着云展览的广泛应用,云观展的形式出现在不同的领域,从最核心的博物馆、美术馆等场馆的布展,到自然景观的线上展览,两种不同形式的景观主题在云展览中得到不一样的呈现;各种主题化的展会经济则是云展览"开疆扩土"的表现,不同专业领域的集合体应时集结、品种丰富,食品、药品、文创产品、科技产品……在有限的时空内"市集"式云展览给予观展者最大限度的体验;与此同时,在文化艺术领域,各种线上演出、网络直播课程井喷式爆发,云舞台成为最大的展示舞台。云观展不同类型、不同层次的呈现,有其不同的魅力,但是可以确定的是,云展览的边界一再扩大,云展览不再局限于艺术人文景观领域的展出,而是扩大到社会文化生活的各个边角。

先以博物馆、美术馆等场馆的云展览为例。走进博物馆在许多普通人看来是一件规格较高、较能够体现自己的文化素质和修养的行为,因此具有一定的特殊性,需要特别的筹划和安排,是现代人高雅文化活动的一种。云展览出现并火热之后,去博物馆看展就可以成为一件瞬时行为,随意化更高,随机性更大,成为现代人的一种"日常"审美活动。云展览火热走红的原因和现状也大致可以归结为下面这几方面:

一是一部分博物馆因为新冠肺炎疫情影响转而"上线"展览,在仓促中上线博物馆的"云模式",用线上的展览来吸引受众,维持博物馆平常的人气,在疫情期间为更多的游览者提供参观游览的机会,创设更多的博物馆情境,普及更多的博物馆知识,丰富游览者的知识视野和经验阅历。

二是部分博物馆在此之前就已经有大量的基础数字化建设,但是局限于以往的常规游览模式,数字化、网络化建设部分没有充分发挥其应有的力量。面对突然而来的疫情,在游览者行动受限、时空受限的情形下,博物馆的网络云展览开始异样闪光,成为游览者心仪的视觉盛宴,更甚之,成为游览者竞相追捧的对象。

"国内包括故宫博物院、中国国家博物馆、中国人民革命军事博物馆、上海博物馆、敦煌研究院在内的一批大型博物馆率先垂范,采用三维全景技术,依托各自的网络平台,探索建设了一批网上展览资源。"①

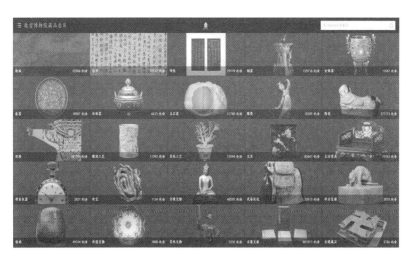

图1　数字故宫网站中的藏品总目页面截图

---

① 赵卓."互联网＋"时代博物馆展览形态的创新发展[J].中国博物馆,2020(4):55.

图 2 "数字敦煌"网站第 249 窟的全景漫游模式

在此过程中,许多博物馆还利用数字化技术进行了历史古迹的修复建模,在网络空间内,最大程度地复原了历史上曾经的辉煌,将历史的"脸庞"再次进行数字化勾勒。观览者在进行云观展的时候往往被来自时间深处的伟大力量所打动。

2009 年,数字化复原圆明园的项目正式立项,专家们通过数字技术还原圆明园被毁坏前的样貌。现在,"数字圆明园"成果已应用于圆明园移动导览系统,游览者可以在屏幕上看到包括圆明、长春、绮春三园的全部景区。复原图和复原视频让圆明园"活"了起来,游览者不用亲临现场、不用穿越历史,就可以在专家们的复原图景中漫游。"在历史文化滋养中漫游圆明园、了解圆明园,这既是对文物的保护,也是对优秀传统文化的弘扬。"①

湖北省文物考古研究院联合北京大学、武汉大学相关团队,开展

---

① 周思雅.在数字世界里,"重现"昔日圆明园.[EB/OL].(2022-7-28)[2023-4-1].https://www.bjnews.com.cn/detail/165893209814259.html.

"武当山五龙宫历史形态数字化复原研究","武当山五龙宫数字化复原"动画 2023 年 2 月对外公布。经过专家学者的反复推敲、团队的反复构建,历史上五龙宫的盛景在动画中栩栩如生。观览者可以通过动画模式了解当年的建筑模式和历史遗迹。

图 3　武当山五龙宫数字化复原截图①

　　三是部分博物馆群体开始投入大量精力、资金进行线上展览的技术开发,将线上展览作为博物馆发展的战略目光和顶层设计,开辟新的线上展览"战场",吸引更多的游览者参与。作为新兴文化产业,线上展览具有更好的统计性和延展性,网络的实时和强大的后台建设使得博物馆策展方在进行浏览量设计、观览人数统计、互动参与数据统计等方面操作十分便捷。根据网络数据中的这种正向反馈,博物馆策展方又会及时调整线上展览的诸多环节,以使观览者得到更好的游览体验。

　　在三年疫情的影响下,博物馆群体的数字化建设比前面飞跃了一个高层次的台阶,许多博物馆都在短期内达成了简单网络建设的目标,也实现了数字化博物馆的相关功能。疫情的好转,使得线下出

---

　　① 李霞.湖北武当山五龙宫同步开展遗址发掘与数字化复原——一眼千年,还原古建之美[N].人民日报,2022-3-28(12).

图 4　上海在一大会址建立全国首个数字红色文化体验空间"复兴·颂"

此展览引入 AR、VR、AI、雷达感应、LBS、环幕影像等互动技术，打造新型红色文化体验项目。①

图 5　"上海红色经典步道 AR 导览"AR 应用产品

导览系统首次加入"数字人"爱琳，热门游戏 NPC 角色变身红色资源宣传大使。②

---

① 党云峰.红色文旅数字化　唱响青春"复兴·颂"［N］.中国文化报，2022-2-15(7).
② 施露.首创密室玩法　盛趣游戏携手黄浦区打造数字红色文化体验空间"复兴·颂"［EB/OL］.（2021-8-30）［2023-4-1］. http://www.zqrb.cn/gscy/qiyexinxi/2021-08-30/A1630287462720.html.

行更为便捷,但是"云观展"却经过几年的培育孵化成为一种新型的方式,即使赴线下观展,提前在网络上做好"云功课"已经成为许多游览者的必备"作业"技能。对于博物馆群体来说,由于大众已经普遍接受了网络展览的模式,博物馆的数字化推进进程变得更快、范围变得更广,在网络上进行购票、预约、互动大大节省了线下的等待和磨合时间,使得游览者和展览方都能够在游览时更游刃有余地对待,更好地保证游览参观的效果,呈现一种"双赢"模式。

各类博物馆云展览的上线,催生引发了一群云观展集合群体,许多展览爱好者围绕正在进行的博物馆展览或者是自己喜欢的展览进行线上交流。为了获得更多的信息,有许多公司开始进行展览爱

图 6、7　相关展览手机小程序截图①

①　种草小分队.妙啊! 靠这几个法子,不花大钱也能玩得爽[EB/OL].（2023-3-27）[2023-04-01］. https://mp.weixin.qq.com/s/-t9XOg35QjPRhFXYX2d9Cg.

好的"云"开发,建立归类集群式的搜索引擎,或者开发出相关手机运营程序。当"云观展"群体在线上集合之后,发现"同道中人"众多,也建立了许多展览爱好者的线上群体。"iMuesum""在艺""艺术头条"等应用程序的订阅受众数量都十分可观,大家通过这些线上集合程序去关注展览、观看展览、结交朋友。

事实上,除去博物馆群体的云展览探索和实践之外,云观展已经形成了新的吸引力经济,"看"与"被看"的主题沿用到其他各种类型的旅游产业中,"眼球经济"不再是纸上谈兵,而是成为实实在在的经济实体,产生经济效益。

除了较为高端、人文的博物馆游览,自然景观的游览在云观展的这次发展浪潮中也开始展现其力量。各种类型的博物馆因为其物质具象性和恒定性容易在网络上进行实体性展示,而自然景观在云观展的过程中显得更为困难,因为自然景观的呈现需要更广阔的空间性让景观以美好的方式表现出来。此时,由于网络直播平台的兴起,自然景观的云观展得到了很好的展播平台,类似"真人秀"的方式应用在自然景观的云游览中。自然景区工作人员利用在线直播方式对景区进行移步换景式的介绍,云游直播开始兴起。对于游览者来说,这既是一个"玩家"体验式游览过程,也是一个勾勒无限想象力的过程。自然景观之美通过在线云展览的方式发送到游览者的屏幕,随着手指驰骋的是自然力量的喷薄,游览者对于这种不流于表面的"广告"也更容易沉浸其中。这种形式对于导游也提出了更高的要求,平时导游只要带领观览者穿行景区,在直播中,导游还经常被云端的观览者们要求在某一处景点停留,等待观览者们认可的自然美景的出现,在此过程中,除了自然景观,直播导游还需要展现出其他的娱乐技能,如在镜头前唱歌跳舞调节气氛,将最准确、最美观的景区介绍用镜头语言传递给观览者等。观览者尾随直播导游的镜头,在屏幕上"指点江山";与此同时,也出现了许多"素人"导游,凭借自己对自然景观以及个体展示的热爱,在社交媒体上开设此类"云游生活"直播,同样赢得了大量的游览者关注,直播间展览的参与人数众多。

四川省理塘县的横空出世的"甜野男孩"丁真,在被当地旅游局聘为宣传大使之后,通过网络社交媒体进行直播,获得了巨大的关注,一个月登上热搜超 60 次,阅读量超过 213 亿。随着这个男孩的走红,这个景区的被关注程度也大幅提高。他还代言乡村旅游,拍摄《跟着丁真探乡村》视频节目。

图8 《跟着丁真探乡村》旅游节目片头

许多网络游戏公司加入到自然景观云展览开放的步伐中来,利用此前虚拟游戏开发的成熟技术开始对自然景观的虚拟构建投入极大力量。2022 年 10 月,全球首个景区元宇宙平台"张家界星球"测试版在张家界武陵源发布,成为自然景观云展览的一个标志性事件。这个平台充分应用 5G 网络、UE5 游戏引擎开发、云端 GPU 实时渲染等多种技术融合,通过数字孪生等技术构建虚拟的张家界景区世界,向观览者展现大自然的鬼斧神工,既在云端还原了张家界的风光,也通过各种网络互动技术为观览者带来更全面的视觉体验。①

与此同步的,也催生了许多品种丰富、展期短暂的主题化展会经济。专业性、行业性、商业性展览在展览中不断出现,且与云展览结合,形成新的展览形式。

展览会不是一个新兴名词,展览会经济也不是现在才兴起。游览者喜欢去各种展览会现场,看到行业的集合体或者是优势产业的集合体,展览方在一个相对集中的时空区域内将类似展品进行聚集式展出,让游览者"大饱眼福",如每年的上海书展、上海电影节、珠海航空展等等。鉴于此,其他各个地区也纷纷举办各种主题的展览会,食品、纺织品、汽车等等五花八门的类型的展品,丰富多彩、琳琅满目。受到时空阻隔的影响下,展览会"网红"也出现了,他们代替游览者做先行军或者是体验者,用线上直播的方式给众多游览者进行云观展,游览者在屏幕外品评屏幕内的展览,许多游览者还可以在策展方提供的网络链中一边观看一边进行购买行为。部分展览方还会利用这种网络直播进行"炒作"预热,拉升展览会的知名度,促进展览会的经济价值最大化,从而将吸引力经济发挥到极致。时装周、农业博览会、食品博览会……整个社会进入一个展览经济时代,策展方通过网络云直播等方式带领观览者一起去探寻现场,将云上生活落地到民众"口袋"里,让观览者在云上看到的产品飞速地到达自己的身边。这一类的云观展更"接地气儿",参与的普通人也最多,观览者在短时间内寻求到了最佳的观展效果。

上海书展是一个持续多年的展览会品牌,历年来大家都以能够亲临书展现场为一大乐事,但在近三年的疫情影响下,上海书展也悄

---

① Higgs 数字科技.光学链:元宇宙入场券会是什么[EB/OL]. (2023-2-2)[2023-04-01]. https://baijiahao.baidu.com/s?id=1756704004432496611.

然起了新的变化,将展览会现场与网络紧密联系在一起,开设了"上海书展云会场",观览者可以在移动终端进行"眼球博览"。各大媒体都派驻记者开启网络云直播或者是以现场直播间的形式进行网络推送。2022年的上海书展中,主办方更是将上海书展的品牌效应与头部直播间的流量效应相叠加,开启"云端新阅读"活动的倡议。"知名主播直播间推出'2022上海书展公益场',15分钟内在线观看直播人数超700万,点赞数超255万。"①

图9　2022年上海书展博览会　　　　图10　淘宝网知名主播直播间"2022
所提倡的"云端新阅读"场景　　　　上海书展好书推荐"云直播现场

在文化娱乐界,跨界歌星们开始利用网络平台进行演出直播,这

---

① 上观新闻.上海书展走进李佳琦直播间,"云端新阅读"销售逾2500万元[EB/OL].（2022-11-11）[2023-4-1]. https://export.shobserver.com/baijiahao/html/548991.html.

也可以归类于另外一种类型的云展览。与其说这样的在线演出是展览,不如说是一种大型围观,但既然是围观,也有看与被看的基本元素,因此也可以是一种云观展形式。

疫情之前,当红明星偶像的现场演唱会一票难求,而在疫情期间,这种在线演出的性质却让观览者近距离参与,大大扩大了展览规模,展出的现场演出者与"围观"的观览者依靠屏幕这块"云"进行互动,双方在网络适时状态下的紧密感显著拉近,特别是观览者在观览过程中的心理活动与花费巨额进入现场观览时完全不同,观览者的心理满足感在线上展览中得到了实现,数以万计的观览者在线上联合贡献了一场视觉的互动"狂欢"。疫情开始之初,明星们通过这样的方式克服不能走出家门的困难,鼓舞普通民众们联合一心、战胜暂时的困难;但是投资方、策展方旋即发现这是一个拉近明星偶像与普通人的距离、增加追随者黏度的一种良好方式,因此在各方推动下,

图 11、12　2022 年 5 月 27 日罗大佑微信视频号演唱会及孙燕姿抖音唱聊会,当晚二人在同一时间不同的网络直播平台进行线上演唱会云直播

三年来诞生了许多优秀的线上实时演出,观览者得以有了更多的欣赏偶像的机会。

2022 年 5 月 27 日,某歌手举办首场微信视频号个人演唱会,据视频号显示,线上演唱会"看过"人数超 3894 万,点赞数超 7215 万。同一时间,另一歌手通过抖音平台进行在线唱聊直播,线上显示有 2.4 亿的观看量。在两场云直播中,两位歌手都向观览者展示了自己的演唱实力,同时又在网络实时中穿插观览者的评论,和屏幕彼端的观众进行温馨互动,展出方和观览方都在一种云端欣赏中满足了彼此的心灵需要。

三、云观展的特点和优势

相对于传统的展览形式,云观展在以下方面有突出的特点,也可以说是优势:云观展可以营造在场感、新奇感,主打交互性、沉浸性模式,观览者、游览者在其中得到更好的感官体验,又可以随时抽离,保持恰好的网络距离,建立一个崭新的观展网络模式。

(一)注重实景再现,打造全景式的展览目标。在线展览的策展方式中,占有绝大比例的是用照片视频等方式将展览地的场景进行还原再现,拥有强烈的实景感,游览者在进行在线观看或者参与展览方式的时候,仿佛来到了展览地,即使是用电脑或者手机游览,也不存在很大的违和感。"逼真度"在展览中进行了还原,策展者努力去用各种技术手段进行了视觉"复位",营造了游览者的在场性体验。

传统的展览方式中,游览者一般来说必须按照游览次序进行探寻,"前看后忘记"的情形时有存在,且当纷至沓来的游客在同一时间段内集中于某一处场景的时候,游览者无法在自己感兴趣的景色或者展品前驻留观察仔细端详,"匆匆而过"成为许多游览者的最大遗憾。云观展完全避免了这个问题,游览者得以在从容的时空中详细察看展览对象,对展览对象进行全方位的体察,且可以通过一些技术手段进行局部细节放大或者集中于某一个位置的具体研究,满足游览者的观览兴趣。在线网络展示的布展方重视景观或者展览的实景再现,尽最大程度地还原现实中已有的场景,并且比在现实中更为优越的是,在线网络展示一般都有全景呈现,游览者可以在游览前、游览中、游览后进行全景探察,以拉开距离的方式注视展览对象全局,用"上帝视角"或者"全景摄像机视角"看待展览对象,从而有更广的视界、更深的把握。由于横向、纵向切面的立体展示以及对整个景区或者展览的 360 度无死角的全景呈现,游览者的"凝视"自由度拉升,既补足了传统景观的不足,又让游览者在网络虚拟的空间中游览的发挥程度更高。全景呈现式的展览使得游览者产生离间效果,可以"置身物外";实景再现式的呈现又使游览者产生亲密效果,可以"身临其境"。二者的结合将云展览的优势在网络世界中得以优化,游览者可以弥补身体没有在场的缺憾。

在"故宫博物院"的微信小程序里,观览者可以通过"云游故宫"看到策展方精心布置的观展路线,并且可以根据自己的需要进行选择;在"全景故宫"功能中,观览者只要按下 VR 游览的按钮,点进去之后故宫所有的景色和藏品都在屏幕上显示,还可以方便地利用电视、幕布等进行投屏,观览者在自己所在空间的大屏幕上就可以在故宫景区随着古朴典雅的音乐闲庭信步,随时驻留,也可以推开殿门,去观看平常不对外开放的相关区域的各种展品。全景感和细节感油然而生,"漫游者"也是"慢游者",云观展的实景体验感反而比平常实体游览更为精心。

(二)策展别出心裁,呈现特殊化的展览角度。策展方想要获得更多的游览者青睐,在策划网络在线展览的时候往往会加入一些特别的文创因素,利用展示手段和工具的不同将景区或者展览的意图表现出来,利用趣味元素、灵巧心思努力吸引眼球,锁定观览者的注

图 13 "全景故宫"显示的太和殿内部场景

此殿平常不向公众开放,而在云展览中可以沉浸式多角度细致观览。

意力,让观览者在景区或展览项目上停留更多的时间。游览者在云观展的过程中体会到的是一种新奇感,与在实地参观体验不同。

如中央广播电视总台联合四川省文物考古研究院、三星堆遗址考古发掘队、三星堆博物馆等单位开发的《三星堆奇幻之旅》观展项目,就是一个建立在核心考古发掘成果、数字资源基础上的大型沉浸式数字交互空间。空间构建了观览者可以进行自我探索的环节,安排了三星堆考古发掘大棚、三星堆数字博物馆、古蜀王国复现等展览环节,观众可以选择游戏角色,用主角模式通过沉浸式体验探索考古现场,近距离观赏文物细节之美,身临其境地浏览神秘的古蜀王国。

(三)利用共时在线,突出双方交互性的展览特征。在线展览往往建立在"供给"双方均实时在线的基础上,在这个前提下,策展方注重和游览者的交互性进展。比如在景观直播的方式中,展出方会在直播屏幕上抛出抢答问题,游览者进行实时参与,屏幕上立刻显现游览者的名字、照片或头像、评论等,让游览者的参与性极大提高,游览

图 14 《三星堆奇幻之旅》宣传海报

者将自己纳入景观呈现的一分子,景观游览显现出游戏性,吸引更多的互动参与者。再比如,在有一些展览中,游览者在进行二维码扫描识别后,可以在景观区内生成属于自己人脸的照片,将自己代入景观中,下载到自己的手机里收藏好,成为一张独特的景区照片。有的策展方,特别是文创行业的展览者,还将文创文化搬到实时演绎的舞台,比如在线为游览者进行头像素描创作等,游览者享受了一对一的原创式服务,从而产生"票有所值"感。这些交互性的体验都是在现实的景观展览中不容易体会到的,而在线展览让游览者轻松拥有被重视被尊重的感觉,通过电脑耳机或者是手机传导的声音画面让游览者充分享有一对一的被服务感,互动越即时,交互性越突出,体验感也越优秀。正如居伊·德波所说,"景观并非一个图像集合(en-semble d'images),而是人与人之间的一种社会关系,通过图像的中介而建立的关系。"①在这种交互性的互动中,人的社交属性充分体现出来,云展览不仅与实体展互为补充,更是通过展览介质与其他人发生了不自觉关联。

(四)加强感官刺激,倡导沉浸式的展览体验。随着 VR、AR、3D 技术的发展和应用,布展、策展方也将此运用在在线网络布展上,以数字化方式应用于展览的各个环节,强调展览中的沉浸性。在线云观展没有现场实景场地的大空间可以给予充分发挥,但是基于网络的无边界特点,设计师、布展师往往注重游览者的沉浸式体验,让游览者即使"身在外",也可以身心沉浸在景观中。景观游览本是视觉为主导的艺术体验,在线云展览打破了以视觉为单一感官元素的窠臼,而是辅之以其他感官体验,听觉、嗅觉、触觉、味觉等纷纷变为可感知的方式体现,与数字化时代多感官多角度的沉浸体验不谋而合。除了实景观展的模拟外,不少博物馆都在 VR、AR、3D 扫描等新兴技术的加持下,进行了大量的观展方式创新,将大众的线上参观体验变得充满旨趣、意蕴丰满。"数字展览将主题创意、空间设计与数字展示技术相融合,整合智能大屏、互动投影、全息影像、虚拟现实、三维动画、多点触控、裸眼 3D、体感互动、智能中控等多种数字展示技术,突出参与和活动。"②

(五)随时中断抽离,营造舒适感的观展状态。在网络在线观展的过程中,双方的契约性不再是一种规训约束,观览者可以随时中断观展过程或从观展过程中抽离,由此而来的是观览者、游览者被营造出轻松舒适的观展状态,在一种更为自如、自在的状态中完成欣赏过

① 居伊·德波.景观社会[M].张新木,译.南京:南京大学出版社,2017:4.
② 赵卓."互联网+"时代博物馆展览形态的创新发展[J].中国博物馆,2020(4):56.

程。当然,在这样的"围观者"氛围下,策展方需要运用更大的力度去聚集收拢观览者的注意力,最大程度地确保观览者在屏幕前锁定对象,确保这朵"云"不停地下雨,且淋到观览者眼前的是一种惬意感,这样观览者、游览者的用户黏度也就会不断提高。

还以故宫博物院为例,"当前,故宫博物院每日入院限流为从当初的8万人降至3万人,线下特展每日限流5000人,远远无法满足民众观展需求,而'云展览'很好地满足了无法到馆参观的观众的观展需求。"①在故宫博物院工作者的统计数据中,现场观览人数的限制确实挡住了许多普通民众的脚步,而进入其中进行游览的人们也由于人流众多,无法保证自己的游览状态,大多数情况下还会沦落为走马观花。云观展的及时出现,恰恰能够保证观览者的最佳观展状态,且随时可以根据自己的状态而中断、抽离出来,或者每次用心细致地观览一部分,多次进行审美欣赏,以达到完整的观摩欣赏的目标。

四、云观展的社会支撑要素

云观展是文化旅游产业的一次革命性改变,这一改变是在视觉文化占据主导地位的现代社会中发展起来的,建立在现代社会各种物质人文发展的基础之上,各种关键的社会支撑要素推动了云观展的起步发展,而云观展产生的社会效应又继续助推云观展的步伐加速。普通受众已经像接受移动支付等方式一样接受了云观展,且帮助策展方丰富云观展的各种形式,观览者得以足不出户观天下,坐拥舒适看世界。在未来的技术联动中,云观展还会与其他更多的数字

① 张娜.“云展览”的特点及发展方向探索——以"敦行故远:故宫敦煌特展"为例[J].博物院MUSEUM,2022(3):117.

技术进行融合,成为一块最好的技术"试验田",云观展破壳脱胎于现代社会,成长发展于未来社会,在未来还有可能出现新的形式和业态。

(一)互联网技术不断成长成熟,5G网络、云技术、云计算、人工智能、区块链、大数据、物联网等数字应用,铺垫了云观展的技术要素。

目前,人类已经迈向数字化、智能化社会,其发展速度之快、辐射范围之广、影响程度之深前所未有。在这个日益数字化的时代,发展数字产业是抓住机遇、赢得未来的战略选择。数字产业以数据资源为关键要素,以信息网络为主要载体,最后落脚在各种技术条件下的融合应用。云观展从本质上说就是建立在互联网技术下的一种人类与网络的互动,将这些新技术引入各种自然景区、人文场馆展览的数字化建设,是未来的推进方向,在这一前提下,云展览才得以破壳而出,并且拥有众多的网络受众,也才拥有更多的未来可能性。

"元宇宙"概念的横空出世,也让互联网技术达到了一个新的层次。"元宇宙"的技术方式也被预测在云展览的运用中,"一个英文词汇BAND曾被用来描述元宇宙的四大支柱:B是Blockchain,即区块链技术;A是AI(Artificial Intelligence),即人工智能技术;N是Network,即Web3.0的互联网加强版;D是Display,是一种终端展示的方式,VR、AR、混合现实(Mixed Reality,MR)、XR甚至脑机接口都成为沉浸式展示的各种沟通方式。"[1]云展览正在成为元宇宙的大规模的应用场,可以想见在未来的云展览中可运用的技术元素将越来越多,云展览在进行元宇宙的充分模拟实验。

技术条件的成熟也使得策展方在受众云展览的过程中更容易进

① 顾振清."探索 思考 展望:元宇宙与博物馆"学人笔谈[J].东南文化,2022(3):136,137.

行浏览统计、数据计算等操作,利用数字技术对受众的类型、受众的偏好等进行分析,从而更好地开发出让观览者、游览者更舒适、获得感更强的展览体验。

(二)政府政策的指导性方向,规划了云观展的社会文化成长基石。

云观展行为虽然是近三年来疫情发生之后而显著出现的文旅形态,但是政府的政策指导性方向早就进行过明确的规划和构想。为贯彻落实国务院《关于进一步加强文物工作的指导意见》(国发〔2016〕17 号)和《关于积极推进"互联网＋"行动的指导意见》(国发〔2015〕40 号),2016 年,国家文物局、国家发展和改革委员会等五部门联合印发了《"互联网＋中华文明"三年行动计划》,公布两批示范项目,并与国际文化遗产记录科学委员会合作开展了两期文化遗产保护与数字化培训班。2020 年 4 月,商务部办公厅也曾发布《关于创新展会服务模式　培育展览业发展　新动能有关工作的通知》,提出举办"云展览",开展"云展示""云对接""云洽谈""云签约"。

历史文化遗产承载着人类的历史文化和灿烂文明,也维系着民族精神,是国家和民族的"金色名片",推进文化遗产保护、推动各个文化展馆、历史遗迹的数字化建设,就是推动历史文化在互联网时代的传承发展。在这样的背景下,文旅产业迎来了大发展大建设时期,我国的"数字技术＋文化遗产"正在飞跃一个新的台阶,这些也给云观展的氛围形成铺垫了社会文化的基石。

早在 20 世纪 80 年代末,我国敦煌研究院就率先在国内提出了建设数字敦煌的构想,针对文化遗产的数字化进程起步在国际上也走在建设前列。此后,数字敦煌、数字故宫、数字圆明园也相继兴建,越来越多的文化景观开始在网络展览上下力气,数字观览的良好效果使得策展方和观览者在云端亲密"相聚"。把互联网的创新成果与国家的历史文化创新战略融合,把自然景观的旖旎秀美与个人素质的沉淀拓展相融合,云观展在无意中达成了丰富文化供给、促进文化消费、彰显文化魅力的社会目标。

(三)普通民众的网络素养、媒介素养全面提升,充实了云观展的个体元素。

千禧年之后,网络的普及化发展迅猛,人人拥有"麦克风"的时代比预想中更快一步地到来,民众参与网络社会建设的热情高涨,为了适应新的社会发展趋势和潮流,许多人都拥有了现实之外的"云身份",在虚拟世界中展开了自己的"第二人生",普通民众的网络素养、媒介素养全面提升,民众们在网络社会中形成了重要的参与意识、决策意识,互联网以及社交媒体的运用由精英化走向普及化,由此形成了云观展最重要的也是最基础的支撑要素。

自觉"跻身"网络社会的民众呈爆发式增长,参与网络生活也是普通民众确认自己社会身份的一种方式,除了现实生活中的身份确认以外,云身份在网络社会中的力量有时候更有号召力、影响力和感染力。普通民众由于自己在网络中的"蒙面"身份,反而能够在网络中展现性格真实的一面,以更加开放的心态去自由地表达观点和看法,对于社会公共事务的参与程度也空前提高。网络素养、媒介素养成为公民个人修养的一部分,公民通过沉浸式体验网络生活,打造自己的网络形象,道德伦理、法治意识、文化素质在公民个人的网络生活中也有所展现,普通民众希望自己活跃在网络社交的特定群体中。

五、云观展的美学追求和美学表达

云观展代表了数字时代人们的一种艺术欣赏的理念,它是传统艺术与先进技术的结合,也是自然景色与人造景观的结合,更是媒介信息主动追求与被动接受的结合,在这种种结合之中,"云上的日子"

就是后现代人的一种审美追求。这种追求在云展览刚起步的时期有偶然因素,但是时间推移,人人进入"赛博格化"状态,这也是数字时代的必然追求,从被动接受到主动追求,云观展寓示了一种新的景观美学表达。

作为数字时代的景观,如何在有限的限度内展现无垠的美感,是每一场云展览追逐的最大价值目标,参与游览或观览的受众不仅在进行云观展的时间段内感受到景观美学的"平铺"效果化,而且在云观展之后还能激荡层次丰富的审美活动余波,受众的审美能力得到扩展,审美经济也得到了量化,云观展以更加明朗的方式去突破审美迷雾。

云展览"天生"具有表演性质。策展方预设了展览的被观看性,在进行展览布置的时候就将游览者的期待融入策划之中,由于观众期待和互动预设的存在,整个在线展览就包含了表演性质。游览者不仅仅通过在线展览浏览景观本身,而是在观看属于景观及其各种外延的一种特定时空的表演。在这种表演中,游览者获得的已经不仅是自然景观的美感了,而是经过美化的策展者希望游览者看到、感受到的艺术之美,策展者为其景观的在线表达加上了一层美感滤镜,游览者看到的是建立在真实基础上的表演。观众们聚精会神地观看表演之际,已经不会再想它原来的景观要表达的意义是什么,而是融入了景观表演的环境和氛围,甚至因为其互动性,自己也变成了景观表演的一部分,恰似那句名诗,"你站在桥上看风景,看风景人在楼上看你。"由于其表演性质,云观展对于策展方和游览者双方都提出了更高的要求,策展方需要做一个良好的景观"中介",游览者需要具备更好的观展素质。

云展览更容易吸引受众,展示艺术美感。游览者以往去进行景观游览或者进入博物馆的时候需要做大量的攻略,在审美活动开始前做"功课",还要付出出行交通食宿等成本,这使得游览活动不具备随机性,而更有计划性。当在线展览出现的时候,大大降低了游览活动的困难属性,游览者可以较为方便快捷地进入审美活动。网络的性质则决定了这种形式更为吸引受众,安静的欣赏氛围,被音乐环抱,被审美的震撼所包围,沉浸在其中,尽情"享受"一下艺术的感觉,无论是来自景区或展览的自然的声音,还是专门为游览者定制的声音,游览者的感官在游览时被充分调动,心灵必须调度视觉、听觉、触觉等各种感官去赴宴,才能品尝展览的果实。

云展览体现了"功利的审美"。康德在《判断力批判》中对于美进行了分析,认为审美判断具有无功利的愉悦性、无概念的普遍性、无目的的合目的性、无概念的必然性几个特征。在他眼里的审美活动,是脱离了功利性目的的,而云观展这一审美活动从一开始就是"功利性的审美",它追求目的性、效果性、影响性,以结果导向来倒推景观策划,在网络上推广之初,策展方就布置了大量的"功利性"措施,让游览者享有有计划、有目的性的审美。游览者也确乎是抱有了极大的审美期待来进行这场审美活动,有意识地走进一场以审美为目的的观赏活动,尽管最后能够得到的审美的目标及审美层次有待商榷,审美的效果也因人而异,但是在最初进入审美活动的时候游览者已经以达到自己的美感愉悦的成功为目标。

云展览具有后现代社会的开放和共享性,开创了新的公共文化空间。网络时代的一大特征就是受众获取知识和信息的渠道多样、方式便捷,云观展放大和加强了这一特征,网络云展览往往没有最低门槛,普通人都可以进行操作,最大程度地享受信息社会的"红利"。许多博物馆类景观都开发了展品数据库,观览者可以通过云观展的方式进行仔细浏览,观看展品的高清图册,在细节观览上得到满足,而且这类策展方还会在网络上开展一些云课堂、云讲座、云直播等,拓展观览者的观展知识面和深刻度。"这种传播生态,进一步拓展了公共文化服务的覆盖面,策展人、学者以及文博'大咖'等专业人士的积极参与，提高了知识普及率，提升了文化生产力。"①

数字技术让文化遗产、自然景观"活"起来，不再是只属于一方水土的景点，而是成为活跃灵动的"经典"，其开放的态度和理念已经深入人心，加大数据共享，发展虚拟博物馆，也正越来越成为文化产业界的共识。

云展览的存在，当然不仅仅是弥补观览者不能亲赴实地参观的遗憾，而是借由数字技术在审美的开放和共享上打开更多的可能性。方便灵活的云展览增强了大众与艺术的连接，也成就着真正的文化共享，让非物质性的文化成为网络空间里可以触摸观赏的新的公共文化，使建设人类精神家园的脚步快步向前。

结　语

云观展是视觉的艺术，也是各种感官体验集大成者，它将现实与虚拟较为完美地集合在一起，用触手可及的方式展现自然人文景观、展示审美活动，在短暂的时空内累积人类审美体验，为普通人拓展审美的宽度和广度，让本来高在云端的各种艺术鉴赏活动真正地走向"云"上，成为互联网时代一种新型的看与被看的特殊景观。同时，由于云观展在线的交互性质，又使之成为网络社会相同爱好、兴趣的人们"云"上聚集的时间和空间，成为先锋性和大众性相互融合的艺术形式，既是各种新潮技术的试验田地，又是策展方努力推广的舞台，还是普通人进入数字生活的途径。

云观展已经进入普通人的日常生活，由于其展览的层次丰富、内容繁杂，方式便捷，程序灵活，开始运用在各个行业领域和各种生活

① 人民网. 云观展：开启公共文化新空间［EB/OL］.（2020-5-17）［2023-4-1］. https://baijiahao.baidu.com/s?id=1666894334458325603.

工作场域中。人类逐步"赛博格化"的当下,云观展架起了一座人类真实体验和虚拟体验的桥梁,在这座桥梁中间,云观展连接人类的历史体验和未来体验,时间经验和空间经验。

新冠肺炎疫情在世界范围内都在好转,人类正常的生活秩序回归,但是云观展在许多人心里留下了极为美好的体验,也催生了新的文化旅游方式,策展方在不断布置新的云展览,普通受众也在寻找"云"间体验和现实体验最为优化的体验方式。在这种体验之上的,是观览者、游览者对于生活美好的迫切渴望,对于审美活动的高质量要求,观览者、游览者由于云观展的体验而对现实的景观形成了更为强烈的期待视野,组织方、策展方也由于云展览的活动效果而对现实受众的游览偏好形成了有目的性的目标指向。这种双方"共赢"的模式依靠数字化推动,是人类在完善精神家园的活动中形成的一种方法,它既有疫情时代的偶然性,也有数字技术发展的必然性,是科技和人文结合的产物,也是大众文化不断前行的产物。云观展已经从隶属于实体展览的一部分的从属地位,跃升为独当一面的展览方式,包含了现实与虚拟的共生、传统与创新的融合。云展览的开发前景广阔,云观展的探索空间无垠。

云健身

张　枫

　　健身能够让生活在枯燥、单调且快速的倦怠社会中的人类得到一定程度的情感平衡,运动带来的释放压力、保持健康的功效一直以来是有目共睹的,这些是自古以来运动所含有的意义。近几年健身的热度只增不减,因此健身的需求会随着压力的增大越来越成为都市人的必需品,更趋向于娱乐性与疗愈性的身体哲学,是人们面对社会焦虑引发的空虚感时的一种身份认同构建的捷径。

　　"云健身"的运动模式的热潮背后,本文主要是对数字化生活背景下的社交生态、社交媒体所带来的身体焦虑以及对人类发展的科技、理念等的影响三个方面加以思考。

　　在考虑这一系列问题之前,笔者要先说明,本篇文章并不致力于传播学方面的信息与社群关系的分析,而是注重在云健身的需求度方面,它是人类迈入后人类社会的必需品,还是一种由技术创造出来的非必需的需求。

一、云健身的兴起

　　2019—2021年期间,大部分健身房都处于封控状态,人们出行也不方便,健身的传统空间受到了压迫,空间的限制让大众的生活发生了极大的变化,原本流动的一个个空间,成为了一个个封闭的隔间,因此受惠于互联网的云健身就随着时代的变化而崭露头角。

　　从2019年开始,传统线下健身行业受到新冠疫情的影响面临着亏本、倒闭的风险。《2022—2028 年我国健身行业证券市场开发研究及投资前景分析研究报告》的资料表明,在 2020 年新冠疫情期间,大批健身房停业,随之撤离产业,健康会馆数量到 2020 年减少 5500 多家,健康工作室数量缩减 8870 家左右。

与此同时,在《身体传播视域下的"云健身"研究》中可以看到相应的线上健身的活跃数据。2021 年的中国线上健身市场月活跃用户数达到了 1.4 亿,比 2020 年增长了约 1.73 亿。头部移动健康的产品应用如 Keep、Health、悦跑圈、糖豆、咕咚,和运动智能终端的相关应用,如小米运动、华为移动健康、苹果健康等的规模也都出现了不断增长的态势。而根据月活跃用户规模数据,2021 年 12 月 Keep 月活跃用户规模将达到 2066 万,远超其他健康类 App、Health 和糖豆的用户规模也都达到了 600 万人,紧追其后。

从一系列的云健身数据增长的背后能够看到民众对身体健康的重视和健康意识的觉醒,也能够发现随着流量投入和业务拓展,"云健身"也作为健康链上不能缺的一环,正在逐步占领健康领域的关键位置。从商业角度而言,2021 年健身房的相关融资大多数含有线下健身房与线上健身平台的双重业务企业。

并且众多流量也进入了健身直播视频领域,在 2022 年 2 月 18 日,刘畊宏就开始了第一次的健身房直播视频课程,在一天内就涨粉了约 8000 人。统计表明,2022 年 4 月 21 日晚,刘畊宏的最后一场直播视频收看人次将达到 5600 万,创下了 2022 年抖音直播间的新纪录。根据"蝉妈妈"提供的数据,截至 2022 年 6 月 6 日,刘畊宏以 7077.7 万粉丝量高居抖音粉丝榜第二名。此外,在抖音上的很多健身直播也都随之火了起来。按照 2022 年 3 月 31 日抖音公布的《抖音运动健身报道》,截至 2021 年 11 月,粉丝超百万的体育健康创作者数量已超过六万名,同比上升了 39%,2021 年运动健康类主播的涨粉同比增加了 208%。

线上健身的火爆，也拉动了居家健身器材的消费需求。《2019年中国健身器材产业研究与发展趋势预测报告》表明，在国家政府的资金支持下，预计 2020 年参加体育运动的人口将超过 4.4 亿。我国的健身器材消费市场有望继续增长，估计 2020 年中国健身器材销量将超过 470 亿。

同时，健身智能系统也得到了更新、发展，比以往的 App 具备了更多交互功能。已经有大量的健身智能系统可以收集用户的健身数据，并将数据上传至云服务器，同时用户可以通过手机 App 获取自己的运动数据来实现数据共享，并且能够通过推荐算法分析为用户推荐智能健身视频、健身器材、健身私教等等云服务。这个过程中，人们逐渐适应通过数据的变化来重塑身体的具象体验的过程，比如心率、卡路里、运动时间、BMI 数值变化、腰臀比例等数值会在运动的过程中给出实时的反馈，形成一种类似身体游戏的快感满足与社会整体欲望的实现。

从这一系列的数据中可以看出疫情期间云健身的发展是多维度的，一方面是使用者的范围足够广，涵盖了各行各业、各个年龄阶层、不同区域的消费者，这样的消费基数促进了云健身的发展，带动了行业的探索与机制的完善；另一方面，云健身的体验和互动感，让消费者直接感受到元宇宙世界的到来；与此同时，能够看出人们在当前的社会中，对于健身的需求已经有了不同的面向。

从社会焦虑来看，传统健身房如同一个福柯式监狱。福柯提出的空间规训是基于实体空间，即监狱的单项监督，而传统的健身房场所也有同样的单向度监督功能，教练与学员之间的封闭机制，让健身房场所中充满了单一的、简单的身体式的督促，形成了对外界的一种抵制与抗衡，从而消解了人们对无法掌握的巨大的世界的恐慌，不确定性的无力感被自身对自身的塑造、被自身对群体审美的妥协所填补。

因而在实在的空间里，健身、运动的需求会转化为意识层面的状态和可持久的群体一致性。实体空间的丧失使得这样的需求、自身身体的规训落到了无外界监督的场所里，人们失去了虚假的自由感体验，健身给予的权利约束的满足和外出散步、踏青、逛街的满足是完全不同的，健身的过程有一个具体的时间和数据反馈，一节单车课45分钟、搏击课60分钟、跑步一小时消耗400卡路里等等的时间约束与数据反馈，甚至还得额外包含来自教练的指导与评价，这样的过程让人感受到科学化的控制。这种体验对于非运动员的健身爱好者而言是很难在健身房之外的场所体会到的，但是这种对场地高要求的氛围感的感官刺激在疫情期间无法实现，因此催生出了云健身的一阵阵热潮。

云健身并不是一个现在才出现的概念，早在奥运会期间，就已经出现了咪咕运动这一类共享健身讯息的App，只是当时的App技术和运动理念并不足以让大众以及厂家投入大量的精力在"云"的线上概念之中。直到2019年以来，人们的日常生活、工作内容、社交活动、购物消费都渐渐地从线下转向线上时，云健身以直播的形式出现在了各个不同的屏幕上，在屏幕主义、元宇宙概念弥散开的时空之中，身体在屏幕中的具象化已经成为了一种时尚的风潮。

线上健身的转变看似是顺其自然的过程，似乎是将线下的运动模式，即教练、场地、课程等线下健身房的要素照样搬到线上，好像只是媒介的转变，而无健身、运动本质的改变。实际上，云健身的开发是对传统健身对客户控制的进一步强化。

首先，线下健身模式在近几年也有了用户自由度的转变。早期的大型健身房品牌——浩沙健身——所采用的健身模式是用私教推销办卡、品牌塑造的方式来巩固客户群体，配备有大量的器械和到处都有的门店来拉拢健身爱好者，导致前期成本投入巨大，一旦资金链受限就会全面崩盘。近几年出现了超鹿健身房、超级猩猩健身房这一系列自主训练、团课团操为主、私教课程为辅的快捷式、无办卡的健身房模式,对固有的年卡、季卡的健身房运营模式造成了冲击。紧接着出现了更加优惠的 24 小时无人自助健身房,比如乐刻健身房,凭借着低廉的价格、简单的门店和收缩的人工成本顺利地斩获了一批又一批健身人士的好评。

其次,线下健身房早几年就有了"线下＋线上"模式的探索,超鹿运动和超级猩猩都会配备有心率和卡路里消耗数值的相对应手环,数值投放在屏幕看板上,在看板上可以展示自身的运动排名、运动程度、卡路里数值、体脂监测、出勤率等一系列的数据排行榜,形成一种正向反馈的循环,激起人们的竞争意识,同时专业的可视化的健身团队也成为了吸引健身爱好者的一枚筹码,数据的背后是营养师配餐、健身配备器材、体能康复师等等一系列连串着的运动行业的售卖,这样的模式早已经为云健身埋下了种子。

2019 年之后,人们经过了 Keep 健身 App、咪咕运动、魔镜等软件的培训,十分顺利地接触到云健康的技术与操作方法,通过打卡式的训练在线上共享健身成功地融合到了人们日常生活的细枝末节,无论是专业选手,还是健身小白都可以共享同一个教练,从而真正做到了资源、数据的共享,能够打破场地限制,发挥运动设备的最大功用达到自主健身的目的。

但是云健身仍然面临着运营的难题,并且随着线下健身房陆续回归,云健身又失去了它所赖以生存的土地——无法自由移动的封闭空间,它是否有长期式形成产业化的存在必要?

二、需求的开发

为了达到满意的运动表现,运动的人总是从运动处境中感受并思索自身状态,找出方法进行尝试,再从身体实践的结果进行确认或修正。

在欧洲的中世纪,压抑身体一直是教会的手段。

人们压制身体的欲望,避开放纵的可能,甚至是对身体的刻画成为了一种实施苦行的态度,许多规训都是让人们明白实施苦行的步骤以及其必要性与合理性。在这种情况的延伸之下,人们的动物性泯灭,而这样强有力的惩罚式的控制,将身体视作了罪恶、视为人的堕落的反面的警告,也体现了意识战胜身体的超越式的尝试,这其中复杂的结合一直到了近现代以一种更繁琐的方式呈现出来。在近代哲学中,讨论意识与存在的关系,在这个过程中理性的机器力量碾压了宗教伦理,取代了神秘的上帝,意识与身体的伦理关系转化为了意识与存在的关系,身体的存在在这个过程中进行了一次弱化的体验。直到从尼采的哲学理论中,人们才能发现它既是在哲学领域中的分析中枢,又是在现实世界中对事物进行估价的解释中枢。身体的运动以游戏化的视角重回到了人们的视野之中。

可以看出在人类的思想史上,对于身体的刻画一直是在变动之中、争论之中的,身体的运动有时彰显了人的本位。运动员在克服恐惧或危险的经验中会产生一种力量的知觉。因此,追求健康是生物身体自我的肯定,亦是人类权力意志的表现。

易观国际发表的《国内网络运动健身行业年度综合评价2018》表明,我国当前网络体育行业中的主力构成人群是白领和中小学生。这也就证明了在健身人群中,这两种人群所运用的时间消费方式和传统消费行为不同,因为前者更强调了时间和效率的对等。但也有研究者认为,在跑步的健康文化中,禁欲与耐力才是最主要的价值观念。可以看出身体已经成为了承载当今社会各种形式的符码。

由此,笔者认为健身这一社会行为不会因为元宇宙的出现,虚拟世界的形象拟态等内容受到改变。人们会削弱对于身材管理的欲求,反而会开始注重身体的健康与呈现的状态,身材与阶级身份的捆绑只会越来越重,而不是越来越弱。云健身的需求是技术创造的需求,但健身背后所包含的需求是人自身存在所带来的。它的焦虑势必会一直存有。云健身的未来需要被更加客观地讨论,而不是存留在商业价值或者是广告宣传之中,这背后是和社会形态紧密相关的变迁相联的,社会性的焦虑与人的价值感的缺失所引发的普遍性问题会影响到每个人的生活选择,至少按目前的发展来看,科技的发展还不能尽快地解决人们的焦虑,反而带来了更多失控的恐慌,所以人们会更愿意投入精力于自己可以控制的事项之中,而云健身提供了更多的选择,可以自主决定锻炼的时间、地点、强度、教练、轨迹等等的事项,满足了人们缓解焦虑的需求。

三、云健身的困境

另一个说法认为,将人本身当成一种人工物品,损害了人的完整性与生命的同一性,将带来大量的社会伦理风险与无法预见的生物进化风险;还有一个说法是,人们需要研发技术,因为它能够推动人的自我发展,从而进一步地达到人的长寿、自由和幸福生活的目的。

然而,在这两者之间,我们应当何去何从目前尚无定论。而在各种高科技发展、消费文化盛行、环境污染日益严重和灾疫横行的今天,人类究竟要不要发展和应用技术呢?

从生命本身、科技与人和社会的关系的角度而言,我们既可以看到技术的优势,也可以看到技术的劣势,摆在我们面前的可能是对于技术本身的深切反思。

云健身的困境也是整个云技术发展所要面临的困境。

首先是云健身的定义,目前所有的云健身定义,似乎都达不到科幻电影、科幻小说中的程度,它距离我们所期盼的状态还有一段很长的距离,现有的技术仍然局限在屏幕时代之下,能够做到云数据共享已经是不容易的事情。像是云健身的游戏,其中的竞技伦理尚且还未到值得讨论的成熟的地步。

其次是云健身的安全问题,目前分为专门的运动 App 和运动博主开放的直播跟练,还有一些类似于魔镜的运动投屏训练,其中运动的类型多为有氧性运动,对于动作的规范性有讲解,但是对于健身的新手而言还是很容易受伤,比如膝关节、腰椎都很容易因为错误的发力模式受到伤害,这一类的安全问题很难说清楚是谁的责任,再昂贵的运动器材也还比较难做到真人教练一样的监督把控。

据《上观》报道,刘畊宏的微博热门话题总浏览量已冲破五亿,总评论数也达到了十九点四亿,其中,网民赞赏、惊讶和喜爱的情况占据了 88.65%,大部分网民都感慨经过运动身体变好了,身心也变得更加健壮,不过也有 些消极情况的发生,大多是抱怨经过运动后给身体所带来的不适感。

这一情况与《2021 年全民体育洞察未来发展研究报告》中的数字相吻合,对"体育工作目标"的调研中,要"强身康体"的占 69.5%,减轻精神压力的占 54.4%。可对"体育运动困惑"的调查结果中,42.9% 的人选用了"缺少专门运动指导",多于"没机会"和"缺少运动环境"的选项。

接着是隐私的问题,云健身在记录运动的时候势必会要真人的具体讯息,甚至会定位到家庭的位置,其中的隐私保护措施很难勘察。

最后是云健身的运营问题,云健身很难做到大面积的推广,因为它能涉及的大部分运动是本身就不太需要场地限制的运动,比如跑步、徒手训练和有氧跳操,但是一旦涉及攀岩、举重、滑雪、游泳等需要特定场景的运动时,目前的技术还是很难提供相对应的感受,那种精确的掌控以及心理、精神层面的训练是很难复刻在视频、屏幕之中的。

四、未来发展可能

云健身最大的优势在于它的灵活度和数据的共享性,后人类社会所讲究的共享资源,打破阶级层在云的世界中可以得到相对的实现。

与此同时,随着科技的发展,云健身能够打破在场与不在场的地域限制,便携性会让人们形成一个社群网络,在其中找到一个乌托邦重归的感受。

并且云健身能够实现媒介的融合,云健身和云音乐可以跨界实现互助,同时会拓展到游戏领域,它更会利用身体去完成一些不刻意的健身行为,也许会消解身材焦虑,转而变成一种技能的培养。

它的发展还会带动一系列云商场的开发,甚至会督促健身行业形成更加有效的、科学的运动理念,大众对教练的监督会培养出更加全面的健身行业的教练员,能够更加理性地看待健康与身体的关系,而不是为了推销、消费而造出一系列的焦虑来巩固客户。从这几年的发展,可以看出消费者在运动健身方面的消费是呈增长趋势的。从《基于 Keep 健身的实践案例探讨双循环背景下健康服务型行业的发展》的图表中,能够发现新的线上健康的商务运作模型,既能够更有效地促进健康产业的消费需求,在商务方面也是更具有发展前景的。

从一个较为乐观的角度来看,云健身会带领人们看到身体最真实的需求,寻找到自身最擅长的运动,并且体验到原本超出财力的运动,能够看到越来越多的资讯,认识到世界各地的运动员,并且能够获得专属的一对一的指导。

五、结　论

疫情背景下，"云健身"杀出重围，引领了一波风潮。凭借着"云健身"的低门槛、低成本和高效率、高参与性的特点，越来越多的健康App、越来越专业的健身博主视频以及越来越多的线上私教培训，正深深地影响着中国传统的健康产业，同时人们也可以更加深切地体会到对健康问题的忧虑，以及健康产业本身所面临的巨大压力，对身体的重新审视与担忧再次呈现在大家眼前，这也是下一个必须去挖掘的新方向，可以让云健身不仅仅是一种商业、娱乐性质的产业，而且走向了一种实实在在地为大家健康服务的新领域。

云博物馆

吕　薇

上世纪末以来,数字观念与博物馆相遇,推动博物馆数字化风潮。"云"博物馆是对这一转变与更新的社会统称,而数字博物馆、智慧博物馆、博物馆数字化等称法更为常见。有专家认为,国内博物馆数字化发展分为"博物馆信息化""数字博物馆""智慧博物馆"三个阶段。[①] 初级阶段以信息化建设为主,构成后续发展的底层逻辑和技术支撑;中间阶段的数字博物馆建设,体现为各类实体展馆中数字化比重加大,虚拟博物馆逐渐增多;高阶阶段则开始推行智慧博物馆发展,构建以客户为中心,从宏观上搭建智慧化管理系统和云服务平台,促进现代博物馆向综合化、体系化、效率化方向提升。

一、博物馆信息化

当下泛用的"云"概念,最初源自"云计算"(Cloud Computing)。"这是一种基于因特网的超级计算模式,在远程数据中心,成千上万台电脑和服务器连接成一片电脑云,具有强大的运算、预测和数据传输能力"[②]。云计算有狭义和广义之分,前者指建立具体的大数据中心或超级计算机,为客户提供数据类服务,后者指各类云计算相关的

　　＊　此文撰写特别感谢广州欧科信息技术股份有限公司提供的资料和调研支持。

① 智慧博物馆发展路向何方? 一线专家有话说[EB/OL].(2022-08-24).https://baijiahao.baidu.com/s?id=1741971084205504095&wfr=spider&for=pc.

② 本刊编辑部.云计算是什么[J].黑龙江档案,2019(5):111.

互联网在线服务。两者内容和规模上的区别,意味着云概念在信息领域和文化产业中的应用有所不同。更重要的是,"云计算"能够推动搭建互联网信息技术的独立资源平台。"云"是互联网上的服务器集群资源,包括硬件和软件部分;本地计算机只要通过互联网发出需求信息,远端云资源库就会立即反应,反馈结果。因此,云计算就是通过无人化自动管理将资源池的数据集中;用户可自行调用数据,不必烦忧资源,只需专注自身业务。云计算采用"集中供电"模式,被誉为 IT 基础设施。

由此,各类博物馆陆续进入信息化建设阶段。较之后续数字和智慧博物馆建设,信息化比较强调系统化的技术基础构建,包括基础网络建设、信息系统建设和数字系统建设等。第一,基础网络建设,包括互联网、局域网、无线网络、多媒体会议系统等,目的在于建立整体性的博物馆数字技术环境与平台。国内相关案例较早可追溯至北京故宫博物院"信息管理电子化系统"建设项目。该项目自 1998 年底开始至 1999 年 8 月底数据导入完成,项目内容包括网络集成、综合布线、文物管理系统应用软件开发和故宫百万件文物底账的录入,标志着故宫博物院第一个也是最重要的信息管理电子化系统基本建成,是国内博物馆信息化建设系统性的早期成果之一,具有划时代意义。[1]第二,信息系统建设是根据博物馆实际情况,有针对地扩展其数字化功能,比如建立数字藏品管理系统、投影系统、多媒体演示系统、温湿度监测系统、物联网安防系统、票务管理系统、移动办公系统等。第三,数字化系统建设在基础设施中占比相对较小,而在后续数字博物馆和智慧博物馆建设中应用广泛。

近年来,以云计算为基础的博物馆信息建设更加注重整体性、平台化和延展性。从 2022 年国内趋势来看,打造行业平台,发展数字消费

---

[1] 信息管理电子化系统[EB/OL].https://www.dpm.org.cn/lemmas/241057.html.

与数字产业,开发"元宇宙"视频虚拟业态等,均是未来"上云"热点,同时又与博物馆数字化发展息息相关。最明显的是,"云计算为博物馆用户提供了计算资源物理集中、应用逻辑分割的集约化模式。"①也就是说,"云计算"通过资源规模化、集约化建设,"为用户提供技术设施即服务(IaaS)、平台即服务(PaaS)、软件即服务(SaaS)等不同层次的计算资源应用服务"②。理想状态下,这类服务的构建模式恰恰契合"上云"趋势中的融合需求,将用户终端、本馆专门云、社会私有云和其他博物馆公有云等,多云融合,相互打通,形成适应不同用户和场景状态下的博物馆混合云集,这也正是高端智慧博物馆平台应用的未来方向。因此,当前博物馆信息化建设不再是简单分散的技术弥补,而是从底层逻辑上深度打造未来博物馆的建设基础和开发潜能。

二、数字博物馆

(一) 概念简析

数字博物馆阶段主要以"物—数"的转变为基础,其核心是数字资源。"数字资源的采集、加工、传播与展示构成了数字博物馆的主要内容。"③数字博物馆有两种不同形态,一是实体博物馆数字化部分,即"利用数字信息化技术、互联网技术和计算机等相关科学技术,将现实中实体博物馆所含产品的完整信息和内容以数字化的形式在网络空间内展现给大众"④;二是对实体博物馆进行全方位的数字化重建。两种方式构成国内数字博物馆建设主流,但前者的数字化目的在于挖掘博物馆的数字资源,而后者才是从理念上构建数字型博

---

①②③　陈刚.智慧博物馆——数字博物馆发展新趋势[J].中国博物馆,2013(4):2—9.
④　唐迎菲.浅谈数字博物馆概念、特征及其发展模式探析[J].中国民族博览,2016(6):216—217.

物馆的真正途径。

　　不论哪种方式,均为我们展现了数字博物馆的基本要素,即:数字空间、数字内容、数字库房和数字管理。数字空间指所有与信息和通信技术有关的网络空间和虚拟空间①,与实体空间相对应。于博物馆而言,数字空间是构建博物馆数字化的背景和基础;其次是数字内容,即包括数字藏品、信息及其他延伸数据的搜集;数字库房是为存储数字内容搭建的数据库;数字管理保证所有数字化建设的有效实施。进而,数字博物馆也呈现出相应的基本特征②:(1)馆体不受实体空间局限和地理限制;(2)观众不受时间限制;(3)藏品不受展陈条件和场地限制;(4)打破信息单向传递的限制;(5)有利于提高藏品资源的开放与共享程度。国内数字博物馆的应用实践目前主要集中于馆内资源的数字开发、展示利用和信息化管理三个层面。

　　一般认为,全球数字博物馆大致可分为"单馆模式""群馆模式""组合模式"三种类型。③ 单馆模式比较初级,主要是将本馆资源进行数字化处理,并加以展示。群馆模式是通过互联网为具有相关性的博物馆网站建立联合群落,通过关联传播提升展示效率,国内大学数字博物馆建设就是其中的典型代表。组合模式以海量信息及资源整合为基础,力求建立博物馆群资源,比如美、加等国的文化遗产网络化项目。现下,单馆、群馆依然占据我国博物馆数字化的主流模式,而组合模式也在近几年逐步升温。

（二）国内博物馆数字化到智慧化发展

　　就我国而言,国内数字博物馆建设始于90年代末,以中国科学

---

①② 陈刚.数字博物馆概念、特征及其发展模式探析[J].中国博物馆,2007(3):88—93.

③ 该观点在《浅谈数字博物馆概念、特征及其发展模式探析》《国内智慧博物馆研究视角剖析》《关于智慧博物馆体系建设的思考》等文章均有提及。

院计算机网络信息中心建立"中国科普博览"虚拟博物馆为标志①。
1999 年 10 月至今,"中国科普博览"已发布"生命奥义""地球故事"
"星宇迷尘""科技之光""万物之理""文明星火"六个主题板块,内有
63 个一级关键词指引,以及"古生物博物馆""铁道馆""大气科学馆"
等 3 个专业虚拟馆。这些馆以线上文字科普为主,采取由问题或词
条为导览的思维导图模式,层层深入,有些内容图文并茂。该类型博
物馆实际采用了比较典型的"辞典"形态,与实体博物馆关联不大,类
似于线上百科。

　　同时期开始,实体博物馆数字化项目也逐渐增多。比如,2021
年 7 月②,"数字故宫"网站开通,故宫博物院进入数字化的高速发展
期,全面开展虚拟化、数字化建设。2015 年,"发现·养心殿——主
题数字体验展"所在的端门数字馆落成,是国内第一家将古代建设、
传统文化与现代科技完美融合的全数字化展厅。疫情时期,故宫博
物院整合推出综合型全媒体线上服务项目"云游故宫",包括看文物、
看古建、看展览等 6 大版块。项目根据观众需求,融合"数字故宫"诸
多元素,在故宫官网呈现全景漫游、专家讲坛、高精度文物赏析交互
等多种形式,让全球观众可以随时随地"游览"故宫。

　　与此类似的数字博物馆项目还有"南京博物院"网上博物馆、"数
字敦煌"、"大学数字博物馆"工程、"北京数字博物馆"、"百度百科数
字博物馆"、"中国非物质文化遗产数字博物馆"等。经过十余年发
展,出现了一些很有影响力的代表性案例:2010 年上海世博会在中
国馆展出《清明上河图》动态化数字作品,人们争相围观;2013 年南
京博物院改扩建工程完成并对公众全面开放,奇妙、新颖、动态、讲故

　　①　郑霞在《数字博物馆研究》一书中提出内地数字博物馆兴起的时间节点为 1999 年
前后。郑霞.数字博物馆研究[M].杭州:浙江大学出版,2016.
　　②　我馆信息管理电子化系统基本建成[EB/OL].(1999-08-29).https://www.dpm.
org.cn/classify_detail/158294.html.

事的"数字馆",成为"一院六馆"中最靓丽、最受观众欢迎的展馆。[①]

此后,由数字博物馆逐步过渡到智慧博物馆建设主要始于国家文物局 2012 年组织的重点课题"中国智慧博物馆建设可行性研究"。2014 年,国家文物局在成都召开了智慧博物馆试点工作推进会,标志着我国智慧博物馆建设正式启动。列入首批试点单位的博物馆有:秦始皇帝陵博物馆、内蒙古博物院、广东省博物馆、甘肃省博物馆、金沙遗址博物馆、苏州博物馆、山西博物院。此后,全国各大博物馆越来越加大对智慧博物馆的探索、投入和建设力度,包括中国国家博物馆、上海博物馆、重庆中国三峡博物馆在内的大型博物馆中,智慧导览、智慧共享、智慧管理等正在普及。此外,每个博物馆还根据自身情况量身定制特色智慧模式,比如依托上海城市"一网通管"的理念和相应数字技术,上海革命历史博物馆实现了博物馆大楼内外 1:1 的超精细数字孪生场景;数字赋能场馆管理,让博物馆变得机灵又温暖。目前,智慧化、系统化定制越来越受到各大博物馆改造发展的青睐,成为未来主导目标之一。

(三)国内数字博物馆主要类型

根据实际呈现情况,本文将国内博物馆数字化作如下分类:

第一,百科式数据库平台。上文提及的"中国科普博览"是其中典型代表,也是国内出现较早且运营至今的网站数据库。2022 年由洛阳农林科学院创建的国内首个"牡丹数字博物馆"上线。他们利用云数据和互联网技术,对每一个牡丹品种的资源数据关联性进行整理,构建了 400 个品种的 DNA 指纹图谱并生成二维码,人们只要用手机扫描就能获得关于花卉的各种信息。"中国传统村落数字博物馆"是另一个在国内较著名的百科式数字博物馆,由国家住房和城乡

---

① https://mp.weixin.qq.com/s?__biz=MzAwNTEyNTA2Mw==&mid=2651063447&idx=1&sn=ae7f803175ff57a9985ea3612253ddfd&chksm=e64746a571f3e7aff3f4d1f0033824b3970d499d1ed2bffb3a84328cb533d3d42379689cfca0&scene=27.

建设部负责,多家设计、创意公司参与建设。该馆设有电脑端和手机端,电脑端设首页、村落、专题、特展、活动、文创、关于等七大栏目,手机端适配阅读习惯适度删减。截至 2021 年 3 月,该馆访问量已超过 78 万人次。

百科式线上博物馆在内容上一般偏知识型、信息型、专业型。多数并非以实体博物馆为母体,而是专门搭建的主题型网站,常以政府机构、高校及科研院所为主管单位。载体上,以互联网和移动终端为主,可适应不同阅读场景要求。网站一般采取点击链接的方式,层层深入,内容呈现由宏大至微观,一般采用图文阐释的形式,某些部分亦有视频说明。相对而言,此类形式提供的阅读感高于体验感,吸收感高于互动感,知识感高于娱乐感。但目前也有一些改观,比如正在建设的"中国民族民间舞数字文化空间展示平台",就采用融合技术真正搭建了虚拟博物馆场景。

实体博物馆的数字植入。实际上,实体博物馆就是通过具体而微的信息化植入,逐渐进入数字化建设,并最终实现全馆智慧化落地。因此,中间阶段就涉及实体与数字由点到面的层层开发与结合。"数字故宫"就是建立在信息化改造基础上的最好案例。目前,二维码解说、机器人导览、展览影像、沉浸式展厅、元宇宙场景、互动装置、数字藏品、数字盲盒、数字修复等等都是数字元素植入的呈现方式。

2023 年 1 月,筹备已久的"从波提切利到梵·高:英国国家美术馆珍藏展"在上海博物馆开展,为此,上博与新现场品牌合作,推出影像导赏,定期放映《波提切利,佛罗伦萨和美第奇家族》《拉斐尔:年轻的画圣》《神秘的印象派》《梵·高:画笔下的乌云和麦田》《莫奈的睡莲:水波与光影的魔力》等近 10 部 4K 超高清展览影像。顾名思义,"展览影像"本身就说明了其多元融合的特性:主题和内容以西方美术史的重要人物、作品、展馆、学术研究为核心,结合纪录片讲述,借助超高清技术,尽量以"影像"呈现出肉眼亲见的逼真感。

同样,数字藏品(Non-Fungible Token,简称 NFT)是近年来又一火出圈数字文博产品,中文译作"非同质化代币"。简单说,NFT 即通过区块链技术,对特定作品、艺术品生成唯一数字凭证,在保护其数字版权的基础上,实现数字化发行、购买、收藏和使用等交易行为。[①] 数字资产具有不可篡改、不可分割、不可替代的区块链特征和稀缺属性。"收藏和投资"以及"社交属性"是 NFT 最重要的两大价值。每当国内博物馆发行数字藏品时,都能引起一番轰动。2022 年 4 月,由南京博物总馆官方授权出品的阿育王塔、萧何月下两款数字藏品在鲸探 App 上线开售,限量 8000 份。同月,由川观新闻、腾讯安全联合发布了全球首款"三星堆+珍稀动物"主题的数字藏品系列《物物相生》,包括"三星堆青铜面具+大熊猫""三星堆铜鸟+红腹角雉"等 6 幅以三星堆出土文物及珍稀野生动物为主题的图样作品。2022 年 5 月,广东省多家文博单位同时发布 21 款数字藏品,共计 6.5 万件。同年 6 月,由灵境•人民艺术馆与敦煌工美文化创意有限责任公司、上海艺述事文化传媒有限公司联合推出"天歌神韵神化轻举"敦煌飞天壁画数字藏品,共 4 种,分别为《反弹琵琶伎乐天》《起舞飞天》《散花飞天》壁画修复版和再创作版《寰球共此仙乐:反弹琵琶伎乐天》(动画)。

目前,数字化转型和运营是国内各家博物馆争相占领的高地。当观众走入博物馆时,数字化布局和氛围愈发浓郁,逐渐成为引流增长点。数字化传播提升了博物馆传统搜集、陈展、宣教、研究等传统功能的运行效率,对文创和经济也有拓展之益。

全景式 VR 云游展示。展示一般包括数字孪生博物馆和线下展览云端化等,通过 PC 或移动终端接收。伊春森林博物馆、马永顺纪

---

① https://wiki.mbalib.com/wiki/NFT.

念馆、嘉荫县神州恐龙博物馆等推出的 VR 云展就是运用 VR 全景技术将实体博物馆置于手机客户端；观众只需扫码即可亲临博物馆现场，并聆听讲解。这种博物馆数字孪生类型实际上是借助 VR 实现博物馆内外场景整体复制，尤其对于专门类中小型博物馆、纪念馆而言，常设展陈比较集中，空间体量合适，技术上容易实现整体复制，而类似上海革命历史博物馆的数字孪生体，就需要更为强大和复杂的设计解决方案。此外，展览云端化则更为常见。包括中国国家博物馆、广东省博物馆等在内的一些大型综合博物馆，每隔一段时间会集中将线下颇有影响力的主题展从展厅到内容逐步复原至线上，以 VR 全景式长期展出。

全景式 VR"云游"是通过在云端上建立博物馆数字实体，真正实现了博物馆空间的线上挪移与呈现。这一点在传播形态上有别于百科式数据库以及实体馆内的数字植入，是纯数字的打造。虽然形态上有所突破，但终端云游在内容上仍然依附线下馆体，也就是说，还没有建立真正以"云形态"为中心的展览理念与生态。

新建纯数字博物馆与展览。纯数字博物馆是目前"云态"中比较高级的一种。2023 年全国高校博物馆育人联盟推出"揭开历史面纱穿越时空对话"高校博物馆奇妙之旅线上展览。该展首次联合国内 70 多所高校博物馆，展出 130 余件经典馆藏。与此相似，2023 年春节中央广播电视总台推出纯数字博物馆"央博"，打造永不落幕的元宇宙新春云庙会。观众通过手机 App 下载进入便可开始"逛庙会"，参加春节游艺，领略非遗文化。

建造纯数字博物馆或展览除了更强大的技术支撑之外，还需要以互联网、新媒体传播特征为依据，探索全新策展观念。比如，如何在互联网空间里"无中生有"，规划出博物馆形态或展览空间；如何构建云馆的独立审美，既不同于游戏，也不从线下搬运，等等诸多问题。但毫无疑问，纯数字项目往往具有更大的发挥空间、链接方式更加多元,策展意义也更为明显,甚至未来不久,纯数字博物馆将成为文博领域一种独立的文化力量。

实际上,上述类型仅为线上展示的多样类型,而它们所依附的数字化力量,有的还比较单一,有的已经融为智慧博物馆运行中。

表1　当下国内数字博物馆主要类型

序号	类　　型	形　　态	特　　征	代表项目
1	百科式数据库平台	图文并茂视听辅助	知识型、信息型、专业型信息门户网站高校科研或政府机构主管	中国科普博览、中国传统村落数字博物馆、牡丹数字博物馆
2	实体博物馆的数字植入	二维码解说、机器人导览、展览影像、沉浸式展厅、元宇宙场景、互动装置、数字藏品、数字盲盒	文博机构与数字化由点到面的层层开发与结合	"数字故宫"建设项目数字藏品系列《物物相生》"从波提切利到梵·高:英国国家美术馆珍藏展"影像导览
3	全景式VR云游展示	数字孪生博物馆和线下展览云端化	通过在云端上建立博物馆数字实体,真正实现了博物馆空间的线上挪移与呈现	伊春森林博物馆、马永顺纪念馆、嘉荫县神州恐龙博物馆、上海革命历史博物馆
4	新建纯数字博物馆与展览	不依附实体博物馆,在网络空间新建	依据纯数字空间采取新的策展、设计理念与技术	"揭开历史面纱穿越时空对话"高校博物馆奇妙之旅"央博"新春云庙会

三、智慧博物馆阶段

与前两者不同,智慧博物馆的底层逻辑为"物—人—数"之间的链接和循环,其更大优势在于运用智能技术和集成服务,形成对博物馆管理、收藏、运营、研究、传播等方方面面的系统性调控。也就是说,智能博物馆是在数字博物馆基础上加入人的因素,升级了博物馆人、数、物之间的科技合作、信息交互与服务协调,因此从技术层面上,有学者定义:智慧博物馆＝数字博物馆＋物联网＋云计算①。其中,物联网技术彻底改变了数字博物馆以人机信息交互为主的信息互动模式,进入传感器、芯片和智能控制泛在的阶段②,使馆藏信息无缝交流、对接,汇聚成无限资源池成为可能;加之云计算、数据库建设等技术要素,以远、多、联为核心的博物馆智慧系统由此呈现。具体特征上主要包括:更透彻的感知、更全面地互联,以及更深入的智能化。

在技术支撑下,国内智慧博物馆形成以智慧服务、智慧保护和智慧管理为主导的发展体系。③智慧服务主要针对公众需求,服务提供包括影像导览、智能展陈、宣教活动、互动研学、传播共享等,通过智慧技术、设备和场景植入,提升博物馆的互动能力与信息传播效率。智慧保护只要针对藏品资源,为其提供智能化的管理、保护、研究、发掘服务。智慧管理主要是指通过智能化措施,使博物馆内部管理与工作调控更加科学、精简、高效。认识维度上,智慧博物馆更为更广博,包括管理模式、内容生产、技术概念、文化传播等各方面的统筹和系统构建。关键是,智慧博物馆进一步强调"受众"意识,从受众出发,满足其需求,正是未来博物馆业态打造的基础和前提。

较成熟的智慧博物馆一般具有量身定制的技术体系和运行系统,包含智慧管理、智慧保护、智慧服务等功能。换者说,博物馆智慧化建设是运用物联网、大数据、云计算、移动互联等现代信息技术,建设博物馆云数据中心、公共服务平台和业务管理平台,以及相关标准、安全和技术支撑,形成博物馆现代运营体系。

①② 陈刚.智慧博物馆——数字博物馆发展新趋势[J].中国博物馆,2013(4):2—9.

③ 宋新潮.关于智慧博物馆体系建设的思考[J].中国博物馆,2015,32(2):12—15＋41.

智能博物馆建设主要围绕以下方面:研究博物馆整体智能化架构,探索评技术规范与评价体系;研发文物三维几何与材料特征采集技术;研发多感官体验博物馆的 VR 展示和交互体验技术;建立文物相关的图文数据库;研发跨博物馆、跨地域的综合应用平台;研究关于受众的大数据分析技术、定制服务;研发文物智能保存、提取、鉴别、入库、流转等闭环管理系统;面向中小博物馆群提供文化遗产价值传播共建技术,等等。可见,智能博物馆建设大都以馆方和受众需求为核心,提供定制设计服务,比如:针对博物馆日常运营、受众分析等,定制管理系统;针对藏品、库房、数字资源等,定制保护系统;针对观众的观展、体验、文旅合一等需求,定制相关对外服务系统。

智慧博物馆设计受国家相关行政法规和行规范引导,同时需要遵循软件开发与信息安全的相关标准。在此基础上,其总体架构主要以模块方式由下至上形成四层搭建①。底层为基础层,包括网络、存储、安全等各个数据系统和服务器等,为整体数据运行提供硬件和软件基础环境,其规模决定了整个系统的最终体量。第二层为全馆的数据中心层,主要为馆内藏品、观众、展览、媒体、管理等各种数据流量服务。第三层为服务层,为馆内架构和应用支撑提供服务,管理馆内定位、数字地图、三维模型展示等具体内容。顶端第四层为应用层,主要有馆内业务和公众服务两大类。具体内容如票务、网站、APP、小程序、虚拟博物馆、藏品管理、OA 系统等,通过各种方式与不同用户直接链接。

与数字博物馆相比,整体性、系统性和定制设计是智慧博物馆的最大特征。它并非建设一个展厅、完成一次展览,而是要"解决博物

---

① 广州欧科信息技术股份有限公司内部资料提供。

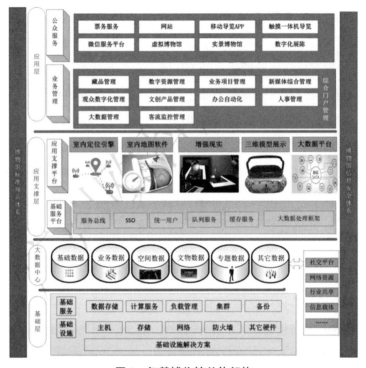

图 1 智慧博物馆总体架构

馆中物和物、人和物、人和人的关系互动问题"①,这就需要通过智慧建设实现博物馆内部更顺畅、流动、敏捷的管理配合,以及馆际之间的相互呼应,使博物馆拓展为真正的"无边界"状态。因此,智慧博物馆并非单纯的传统博物馆数字化翻版,而是一种格局建设,是对于"互联网+"、新媒体、元宇宙等时代推进的思维转型和观念回应,也由此说明,智慧博物馆具有开放性和创新潜力。

"探元计划"是由中国文物保护协会指导,腾讯数字文化实验室、腾讯研究院、中国人民大学创意产业技术研究院联合发起的探索文化遗产数字活化、数字永生的项目。他们尝试将文化遗产数

---

① 张小朋.智慧博物馆核心系统初探[J].东南文化,2017(1):109—114.

字化定义为：以数字技术为基础，将物理世界的文化遗产转化为虚拟世界的文化遗产数据，在完整科学地保存文化遗产信息的同时，利用转化过程创造新的价值，实现文化遗产的永久性保存和活态化传承①。在《探元计划 2022——中国文化遗产数字化研究报告》中，入选案例具有共创主体、资源整合、多元媒介、协作同享的新型业态开发特征；既有文博机构、数字技术企业与消费者组成的共创主链，又有政府、高校、投资机构等组成的支撑副链，相互形成前沿实践、政策支持、人才培养的联动机制，成为智慧博物馆之后的云概念升级版。

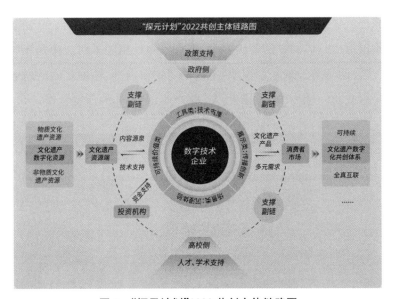

图 2　"探元计划"2022 共创主体链路图

其中，"投影游戏现实虚幻交互，实现高效数字留存"项目结合高性能扫描设备、定制化拍摄流程等技术管线应用，通过数字图像处理等技术，打造了将二维图像信息转化为数字点云，进而生成三维模型

---

①　腾讯研究院.探元计划 2022——中国文化遗产数字化研究报告:15.

的完整生产管线。[①]"基于虚拟融合的文化遗产保护与传承"项目,通过文化遗产数据采集建模、数字资源整合、数字化保护修复、综合管理、动态监测、数字化展示互动等方式与关键技术家创新技术相结合,打破馆际藏品固有观念、消除地域区隔,以"文化遗产"本体为中心,重在其当下价值的阐释、表达和呈现,推动文化遗产与现代生活融合。[②]"基于3D 打印和 VR 技术的文化遗产传播与利用"项目运用光学定位、三维激光扫描、3D 打印等技术,对云冈石窟进行数字化采集与文物原比例 3D 打印复制重现遗产,同时通过构建多人在线的沉浸式交互系统,打造"石窟原大复制品巡展+石窟 VR 交互体验"的文物新体验,为我国大体量的不可移动文物数字化展示提供模式参考。[③]这些项目不仅提出具体问题的解决方案,更重要的是拓展了对文博系统"智慧"建设的理解。未来,"智慧"不仅是博物馆内部、馆际之间的融合,也是以文化问题为中心的跨行业、跨产业、跨主体的深度合作。

图 3　"投影游戏现实虚幻交互,实现高效数字留存"项目

①　腾讯研究院.探元计划 2022——中国文化遗产数字化研究报告:50.
②　腾讯研究院.探元计划 2022——中国文化遗产数字化研究报告:51.
③　腾讯研究院.探元计划 2022——中国文化遗产数字化研究报告:57.

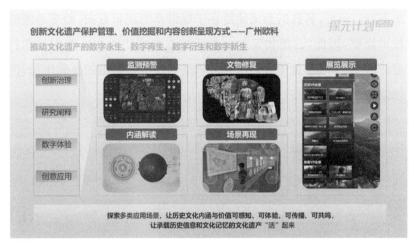

图 4 "基于虚拟融合的文化遗产保护与传承"项目

图 5 "基于 3D 打印和 VR 技术的文化遗产传播与利用"项目

　　上述三个阶段推进衔接,构成国内目前"云博物"概念的核心内容。然而,它们之间的区别更多在于技术支撑、理念架构和实施过程,但用户端最需要的却是能持续感知新颖、智慧、舒适的"数字化"体验。目前,我国云博物馆发展势头强劲,但总体仍处于数字与实体、线上与线下的多形态磨合与探索期;如何利用元宇宙参与?后疫情时代如何发展?哪些问题需要智慧融合?诸如此类,新的思考层出不穷。另外，科技的意义始终在于提供新的逻辑方向，而非单纯的技术修整，因此，云博物馆如何构建独立观念仍需在实践中长期打磨。但无论如何，近年人们已充分领略到线上博物馆的蓬勃生机，博物馆的智慧时代正式到来。

云音乐会

郭　健

　　自 2019 年 12 月新冠疫情在全球大流行以来受公共卫生政策调整的影响一系列"云现象",诸如云出版、云展览、云课程、云剧院、云阅读等,顺势而生。这些新鲜的时髦词汇被人们广泛使用始于 2020 年。因而,2020 年是"云"发现的一年。人们把线下资源转换为数字资源,并逐渐适应了在"云端"工作、学习和生活。我们仿佛被抛进了一个"云时代"。"云音乐会"作为"云时代"中一种特别醒目的文化现象,也是在 2020 年才开始出现在人们的视野之中。在这一年中,各大网络平台不断推送着关于云音乐会的信息。对于这种文化新变,学界紧紧围绕"何为云音乐会?""云音乐会有什么价值和意义?""云音乐会"给现场音乐会带来了哪些影响和冲击?"等问题展开讨论。

一、云音乐会概览

　　"云音乐会"中的"云",顾名思义,就是云计算技术。1988 年,微软公司创始人之一的约翰·盖奇(John Gage)提出了"云计算"的概念,用以描述计算机数据的运行、储存和分析。在 2020 年前,"云音乐会"这个词条还并不见于网络。与云音乐会最切近的词条是"网易云音乐"。但是,此"云音乐"指的是网上的数字音乐资源,与云音乐会的内涵差异较大。云音乐会又称"云端音乐会"(Cloud Concert)。与其相近的表达还有"线上音乐会"(Online Concert)、"直播音乐会"

(Live Concert)和"虚拟音乐会"(Virtual Concert)。依照前面的定义可知,"云""线上""直播""虚拟"这几个概念在内涵上并不完全等值。"线上"与"线下"相对,"直播"与"录制"相对,而"虚拟"(Virtual)则与"现实"(Real)相对,这几个概念的侧重点不同。就近三年关于"云音乐会"这个词的使用情况来说,该词的内涵基本上等同于网上直播的音乐会。也就是说,所谓"云音乐会",就是通过互联网技术给线下观众直播的音乐会。与之不同的是,虚拟音乐会不一定是实况演出,而线上音乐会则可能是事先录制好的。

有一种看法认为,云音乐会可追溯至我国改革开放后对外国新年音乐会的转播。1987 年,中央电视台开始第一次转播"维也纳新年音乐会"。转播是实况播出其他电视台正在播出的节目。另一种看法则认为,云音乐会诞生于第一批广播交响乐团成立。其理由是"广播交响乐团先在电台演播厅演奏,随后通过电波信号直播音乐会。"①据悉,世界上最早的广播交响乐团诞生于二战前。1923 年,德国成立了世界上最早的广播交响乐团——柏林国家广播交响乐团。而我们最早的广播交响乐团则诞生于 1947 年。不过,无论是第一次转播,还是第一批广播交响乐团的成立,其所依据的都是广播技术。但是,广播技术与互联网技术之间毕竟存在质的差别。因为后者不仅可以听,还可以看和交流。因而,音乐会转播和广播交响乐最多算是云音乐会的前身,两者都不具备云音乐会的核心特质。

一般认为,云音乐会作为一种新文化现象出现在 2015 年。因为自这一年开始,我国音乐市场不再完全由现场音乐会主导。音乐市场呈现出多元化的发展势头。按照这种说法,2020 年可算是云音乐

---

① 唐若甫.在线播放不等于"云音乐会"[DB/OL].(2020-03-09)[2023-4-11]. http://www.360doc.com/content/20/0309/22/6795100_898051221.shtml.

会发展最迅速的一年,大量音乐会以线上直播的形式推出。随着新冠疫情在世界范围内的大流行,各国政府加强了对公共社交的管理。这种大环境有利于云音乐会的推广和发展。一时之间,云音乐会如雨后春笋般出现,大有替代现场音乐会的势头。2020 年 2 月 14 日,由深圳交响乐团举办的"空中音乐会"是最早的云音乐会之一。该音乐会同步在喜马拉雅 APP 上线。上线 18 小时内,其收听量就超过了 10 万。几天后,收听量更是超过了 195 万。

就具体表现形式而言,云音乐会主要包括个人云音乐会和集体云音乐会两种。在个人方面,具有代表性的有:2020 年 4 月 12 日著名意大利盲人歌唱家安德烈·波切利(Andrea Bocelli)在米兰大教堂举办的"希望之声"(Music for Hope);在国内,2022 年 4 至 5 月期间,王菲、周杰伦、五月天、罗大佑、孙燕姿、陈奕迅、崔健等著名明星也先后举办了各自的"云演唱"。其中,最具影响力的有两个:一是周杰伦的"魔天伦"和"地表最强"两场演唱会,共计获得了近亿次的点击量;二是崔健在 2022 年 4 月 15 日晚举办的以"继续撒点野"为主题云演唱会。截至 22 点 45 分结束,共计获得了 3800 多万次的观看数。这是大陆男歌手单人演唱会观看人数最高纪录。

而集体方面,具有代表性的有:2020 年 4 月 28 日,在美国大都会歌剧院举办的全明星云音乐会(At-Home Gala of Met's)和 2020 年 6 月 1 日由央视新闻举办的爱心助学"微光"公益云音乐会。近几年来,国家大剧院、央视等国家部门机构举办了几十场云音乐会。各地方云音乐会也是丰富多彩,其中影响较大的有兰州交响乐团举办的"云交响"(Online Concert)等。

此外,还存在一些自发组织的花样云音乐会。2020 年 2 月,抖音平台推出了 DOULive 抖音沙发音乐会。其不仅邀请了太合音乐和草台回声旗下的诸多知名艺人,还邀请了诸如邓紫棋、张韶涵等著名明星来坐镇。该云音乐会在类似沙发的温馨场景中展开直播,集齐了流量明星、音乐达人和 UGC,并开启了以无剧本、即兴表演和深入互动为主要特点的新音乐时潮。2022 年,在上海静默期间,许多封控小区自发组织了诸多大小不等的云音乐会。他们打着手电筒,或播放音乐伴奏,或独唱或集体合唱,并通过网络播出。这些居民住在不同的楼层,没有事先对节目进行彩排,而是即兴发挥。在上海爱建园小区,上千人用音箱自发组织居民在阳台进行萨克斯、钢琴等乐器演奏,参与人员上至老年人下至小朋友,不一而足。而"上海康城"作为上海最大的小区之一,其参与人数超过上万人。几十幢建筑中的居民,共同加入云音乐会进行表演和观看。该音乐会历时 60 分钟,没有彩排没有协商,影响很大。居家期间,共同的处境和相近的情绪,让自发的云音乐会极具有感染力和共情力。这也为人们共同抗疫注入了重要的精神动力。由于关注度特别高,影响大,这类音乐会经常被推上热搜。

二、云音乐会的影响力

疫情期间,防控政策对公共演出和出行的限制,使得音乐会无法在线下展开。各大剧团和乐团为了生存,逐渐将现场音乐会搬至线上。而居家的市民也百无聊赖,需要娱乐节目来消遣时间,净化情绪。两种需求,一拍即合。这就使得云音乐会具有鲜明的特点:观看人数特别多,圈层化现象不明显。并且观众的共情力特别高,相关的话题经常引爆全网。比如 2020 年 4 月 17 日,刘若英在线上举办的音乐会《陪你》,带来了 1.5 亿人次的观看量,与此相关的微博话题阅读量,更是达到了 7.21 亿次,在豆瓣上则获得了 9.3 的高分[①]。可

---

① 肖艳、杨静一."后疫情时代"下的音乐产业探析[J].艺术评鉴,2021(9):175—176.

见,对明星来说,云音乐会不仅让许多"过气"的明星再次"火"了起来,也进一步彰显了他们在培育人文关怀方面的重要性。同样,由女神卡卡(Lady Gaga)举办的大型抗疫演唱会的"One World:Together at Home",在8小时内就吸引了三百多万的流量。在YouTube上,光一首歌"Mad World"(失控的世界),其观演人数就有70多万。

国内云音乐会能产生如此大的流量和影响力,离不开与澎湃、抖音、哔哩哔哩、快手等网络直播平台的合作,也离不开微博、微信、豆瓣等App平台的支持。在云音乐会开始前,这些平台往往通过推送云音乐会的海报和直播链接来让观众知情,而观众的转发则进一步让其周围的人知道。由此,共同的关注创造了一种氛围和话题。同样,这些综合性网络平台也与QQ音乐等音乐平台进行战略合作,比如共同培养和扶植音乐人,共享线上优质音乐资源,来互利共赢。这种合作进一步刺激了云音乐会歌曲的原创性,也增加了观众与歌手之间的互动量。据统计,在B站音乐区,观众的视频总互动量在2020年达到了22亿多次,而弹幕所发出的数量也达到了3.2亿条[①]。2022年五一期间,中央广播电台与20多家交响乐团一起举办了《音乐传递温暖,坚持就是胜利——"五一"云上音乐会》。该音乐会连开5场,邀请了1000多名演奏家,总计达到了2500多万次的跨媒体观看量。在这几天中,新媒体端获得了1586.54万人次的观看量,央视的播放量达1038万次,广播电视端收看量达1087.4万人次。音乐会结束后,《人民日报》《光明日报》等大型报刊也大篇幅给予报道。

云音乐会的大量推出,让更多人了解它的同时,也被很多人当成

---

① 李心语.与QQ音乐达成深度合作,B站剑指何方[EB/OL].(2020-1-9)[2023-7-18]. https://www.360kuai.com/pc/9621dd5e18c35a8c7?cota=3&kuai_so=1&sign=360_57c3bbd1&refer_scene=so_1.

了一种生活方式。作为体验音乐的新模式,云音乐会尤其深得年轻人青睐。据 2020 年美国著名年轻人市场调研公司 YPulse 的音乐报告发现,"在 13—39 岁的人群中,48％的人直播过在线音乐会,而我们即将进行的未来体验趋势研究显示,27％的 Z 世代对在电子游戏中观看音乐会感兴趣。"①众所周知,00 后年轻人是在网络和电子游戏时代中降生的,他们非常熟悉如何在云端生活,不像 80 后和 90 后执著于现场音乐会。因而,他们将是推动云音乐会发展的中坚力量。

当然,云音乐会能够如此流行和具有影响力,与我国庞大的网民群体和智能手机使用群体密切相关。据中国互联网络信息中心(CNNIC)统计,截至 2022 年 12 月,我国网民规模达 10.67 亿,较 2021 年 12 月增长 3549 万,互联网普及率达 75.6％②。截至 2022 年 6 月,我国网络直播用户规模达 7.16 亿,较 2021 年 12 月增长 1290 万,占网民整体的 68.1％。其中演唱会直播的用户规模为 1.62 亿,较 2021 年 12 月增长 1914 万,占网民整体的 15.4％③。且使用智能手机注册在线音乐 App 的人数也在不断地增长。据官方统计,截至 2022 年底,"在手机互联网应用发展方面,网络音乐的用户规模半年增长率均超过 5％。"④我们发现,在地铁上戴耳机听音乐的人特别多。这些群体是云音乐会的潜在支持者。另外,互联网技术的成熟

---

① Virtual Concerts Aren't Going Away Anytime Soon［EB/OL］.（2021-08-23）［2023-07-18］. https://www.ypulse.com/article/2021/08/23/virtual-concerts-arent-going-away-anytime-soon/.

② 张岗.截至 2022 年 12 月,我国网民规模达 10.67 亿［EB/OL］.（2023-03-02）［2023-07-18］. https://news.cnr.cn/rebang/20230302/t20230302_526169655.shtml.

③ 2022 年上半年我国网络直播用户规模达 7.16 亿占网民整体 68.1％［EB/OL］.（2022-11-18）［2023-07-18］. https://page.om.qq.com/page/O-CyDpwc0TGyaYfexO_K91-w0?source＝cp_1009.

④ 凤朝、杨逢柱.大数据时代中国音乐产业机遇与挑战研究［J］.艺术教育,2020(6):63—66.

和数字音乐市场的扩大,也为云音乐会的发展提供了技术和市场支撑。日新月异的技术变革,逐渐改变着人们观看音乐表演的文化惯习。因为云音乐会是在线上播出,观众在家或者其他任何地方都可以观看演出而不必前往音乐厅,真正实现了"足不出户,天下尽知"的理想。正是这些因素一起促成了云音乐会的勃兴。

云音乐会不仅拓展了音乐会的商业演出模式,还开拓了消费市场。当今,云音乐会已经成为一种常态化的演出模式,这极大地改变了音乐市场的生态。这种新变有利于促进传统音乐市场由单一化向多元化的经营模式转型,即线上和线下相结合的经营模式。发展渠道的多样化,将进一步激活音乐市场潜力,扩大潜在的音乐消费群体,也让更多的消费者成为乐迷。这种趋势将使云音乐会在后疫情时代继续成为网络音乐平台的重要商业运营模式,从而推动音乐会从小众传播转变成大型传播,以进一步打破固化的粉丝圈层,使音乐会不再属于某个特定阶层的审美趣味,而是全民喜闻乐见的对象,而需求的激增,也会反过来刺激商家提高网络音乐作品的质量。在此,听众与经营方构成了一个良性互动。

当然,云音乐会也给传统音乐体制带来重大冲击。比较突出的方面在于,它让音乐产业逐渐从线下走向线上,由实体走向虚拟。在这个过程中,音乐会的性质在不断数字化、商业化和去地域化。对音乐演出工作者来说,这为其带来了更多实现自身价值和理想的机会;对观众来说,云音乐会带来了轻松而便利的居家体验;而对经营主体来说,云音乐会吸引了更多的年轻观众,从而创造了更多的商机。就表演空间而言,云音乐会将不同地域的观众汇聚在一起,打破了空间的限制。通过字幕,观众们可以互动、交流并表达自己的观感。这种全新的视听体验,颇受年轻人的青睐。

随着云音乐会的火爆,相关的研究也在知网上得到推进。如图 1 所示,在 2020 年之前,知网上还没相关的论文。而到 2020

年,有多篇论文以云音乐会为论述对象。之后,论文的发表数量有所回落。

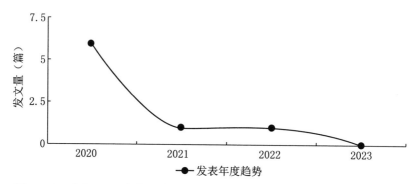

图 1 2020 年至 2023 年期间中国知网上关于"云音乐会"主题的论文发表趋势

(来源:中国知网)

这些论文所涉及的学科主要包括音乐、传播、文化经济等等,其所涵盖的主题则包括古典音乐、科技与艺术、产业经营等,具体如图 2 所示:

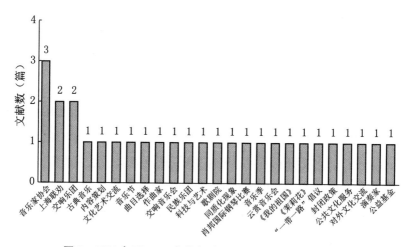

图 2 2020 年至 2023 年期间中国知网上关于"云音乐会"主题的论文所关涉的学科方向

(来源:中国知网)

三、云音乐会的美学冲击

在疫情期间，广泛的参与度与关注度，不仅使云音乐会成为一种热门话题，还成为人们的重要生活方式。在疫情之前，云音乐会还比较少。它是作为现下音乐会的一种补充或延伸出现。其组织方式也是精心策划的。经过近三年的推广，云音乐会已经被人们所接受。至今，云音乐已成为一种重要的商业运营形态。现在的问题在于，云音乐会作为一种新兴的文化现象，对我们来说究竟意味着什么？它对既有的音乐体制带来了哪些影响，听众又从中获得了何种新的感知体验？这些体验又怎样形塑着听者？接下来，我们将通过考察这些问题来呈现云音乐会的美学实践效应。

云音乐会在本质上是一种技术合成物。它与传统音乐在音乐内容层面上差异不人。我们甚至可以发现，现场音乐会的音质会普遍比线上的好。经过媒介中介的音质逊色于现场演出的音质，后者比前者更立体、清晰和具体，因为声音颗粒在传播过程中损耗严重。但是，这种差异并不是云音乐会和现场音乐会的本质差别。随着传播技术的提高，这个问题会得到解决。两者的真正差别主要体现在形式方面。正是这一点，让云音乐会不仅改变了音乐的形态，还重塑了观众的感知体验。

一般来说，传统音乐会是在一个固定的音乐厅中展开的，其所容纳的观众也很有限。观众与音乐工作者的距离很近，观众甚至可以看清楚表演者的指法和喉结振动。而音乐大厅作为一种特殊的声学建筑，其声学传播效果特别好，如具有回声小、音量集中、音质立体、清晰和层次分明等特点。但是，坐在其间的观众，须遵守相应的文化规则。比如在音乐开始后，观众不能制造喧哗，随意进出等。这些潜在的听觉文化制度，旨在排除外在干扰，以让听者沉浸其中。这种审美静观,是制造共通感的前提。一旦听者离开这个场域,音乐演奏的"灵韵"也将消散。

按照现场音乐会的逻辑,现场音乐会所生成的是直接的、在场的活生生的经验,其是源起,而云音乐会则是衍生物。但是,互联网技术突破了现场音乐会的空间限制,将不同地域的观众联结在一起。在时间上,"信息以光速传播,即没有延迟的传播。"[①]当现实时间与网络收听时间一致,而没有延迟,"天涯共此时"就成为了可能。而没有时空限制对现场音乐会来说,是不可想象的。同样,在线下观看的受众,也不必接受现场的"清规戒律"。他们可以边看节目的同时,边与家人或朋友聊天。如果他们使用的是智能手机,还可以自由活动。即便在地铁上、在旅行中、在运动等场合中,也丝毫不受影响。娱乐的同时,也不影响工作、学习和生活。在智能手机的加持下,云音乐会解放了观众的身体。

如果说现场音乐会制造的是"沉浸感"(immersion),一种专注的倾听,那么,云音乐会所制造的则是分心的倾听。"沉浸感"一词,在词源上由"im"和"mersion"构成,前缀为"in",后缀为"plunge",两者合成的意思是"投入到……中去被淹没"。"被淹没"意指现场音乐会作为审美空间,其所生成的专注的听觉体验,可以与现实空间区隔开来。而云音乐会则没有给予这样的允诺。在它那里,审美空间和生活空间是重叠的。观众在听的同时,也可以去干其他事情。错杂的空间使得观众只能分心地听。如果观众戴上耳机,那么,他们也可以获得一种沉浸感。在这个意义上,云音乐的听觉体验介于在场和缺席之间。因为技术制造的在场感不同于现场的沉浸感。

当然,这种在场感也不同于其他媒介,诸如听广播和看电视。因为观众可以通过字幕来与其他观众,表演者以及工作人员来交流。

---

① 贝尔纳·斯蒂格勒.技术与时间 2:迷失方向[M].赵和平,印螺,译.南京:译林出版社,2010:130.

此具有两层意义：一方面，它打破了观众在现场音乐会中静默且不能交流的限制。字幕不仅让观众在第一时间获知了别人的观感，也成为表达自己的观感的媒介。观众匿名发言，没有外在的压力，可以真实地袒露观众真实的感受。这使字幕成为观众沟通和共情的催化剂，有利于形成一种音乐共同体。因为在这种审美共通感中，观众可以迅速找到自己的位置、归属和方向。另一方面，表演者也可以在第一时间了解观众对自己作品的反馈，并加入到与观众的对话之中。这种双向互动可以有效扩大自己的影响力和粉丝圈。在这个意义上，字幕交流不仅打破了观众观演时的孤独状态，还破除了观众与观众，观众与表演者以及工作人员之间的界限。传统表演理论中的"台上"和"台下"，"幕前"和"幕后"之间的二元对立不再那么明显。字幕让演员从幕后走到前台，让观众从沉默中走向了发声，这极大地变革了表演体制、空间和生态。

无论是在广度上，还是在深度上，云音乐会都超越了现场音乐会对观众的影响。它让沉默的、孤立的和静止的观众变得可以发出声音，乃至找到朋友和解放身体。这种变化冲击了传统表演体制中的接受美学，是值得进一步探讨和关注的方向。在传统接受美学中，观众的形象是被动的和被束缚的。他们好像是被绑在桅杆上的奥德赛，只能远远地听海妖的歌唱而不能走下船去近听。但是，云音乐会告诉我们，观众完全可以走下船去近听，且不会招来致命的威胁。而观众收听状态的改变，重新定义了观众的身份，使其获得了新内涵。总之，云音乐改变了传统的音乐艺术体制，重塑了现场和场外的边界，并重新定义了观众和音乐传播的内涵。

四、云音乐会的技术赋能

当音乐会搬至线上，现场演出则成了直播界面上的一个事件。

演出现场不再是意义输出的核心,而只是媒介界面上的一种信息。当演出现场变成了直播终端上的内容,现场音乐会作为源起及其相应的美学范式也不再适用。我们需要注意到,云音乐会通过直播平台与观众连结,实际是向赛博格形态的转变。"赛博格"汉译自"cyborg"。该词是合成词"cybemetic organism"(控制论的+有机体)的简化。哈拉维将赛博格概念作为一种文化解构策略,以"打破人类与动物、有机体与机器,身体与非身体"①之间的界限。此为我们反思当代社会中人与技术的关系提供了一个新的出发点。

观众与云音乐会的连接是多样化的,包括看、听、字幕等等。这些连结不仅消除了线上和线下的界限,也贯穿了观众的内部和外部。当观众所在生活空间、云空间和审美空间交错在一起,这便生成了一个"赛博空间"(cyberspace):"赛博空间并不是超越我们日常生活的一个自主、自由的地带,而是一个与我们的日常现实性紧密交织在一起的空间。"②通过耳机等设备,观众不仅可以与物理空间隔离,也可以从中生成一种审美空间。一旦观众取下耳机,两者又融合在了一起。

云音乐会也重组了时间。在现场音乐会中,观众只能体验审美时间和物理时间的统一,而在云音乐会中,观众除此两者外,还将审美时间和交流时间叠加了在一起。这易于让"小我"与其他"小我"交汇在一起,从而形成一个"大我"。这种交汇是将观众的视听器官嵌入赛博空间中,从而成为电子漫游者。在这个过程中,眼睛和耳朵成了人机交换的界面。界面把观众的肉身隔离在外,而只允许其以数字身份与其他人进行交流。于是,肉身与虚拟悖论地联结在一起。

① 唐娜·哈拉维.类人猿、赛博格和女人:自然的重塑[M].陈静,译.开封:河南大学出版社,2016:314.
② 约斯·德·穆尔.赛博空间的奥德赛——走向虚拟本体论与人类学[M].麦永雄,译.桂林:广西师范大学出版社,2007:2.

"对电子人来说,内部和外部的界限动摇了。人与他人之间的区别可以重构。差异变成了暂时的。"①手机等移动终端扩展了观众的视听能力。这种技术能力也反过来重构了观众的主体性。因为在交互性交流中,观众的物质性,诸如职业、形象、年龄都被抹平了,取而代之的是虚拟的数字身份。当观众的肉身与虚拟的数字身份结合一起,观众就由人变成了赛博格。

同样,云音乐会作为身体的延伸,它在消化外部经验的同时,也将观众的内部经验连结起来了,从而生成了一种新主体经验。云技术并不是中性的存在,只要主体卷入其中,就会发生形态上的转变。"技术转化了经验,不管这种转化多么细微,这是技术的非中立性的一个根源。"②毕竟,云音乐会也是人机交互的一种技术界面,通过重置观众所在物理时空,创构了一种新的在场。这种在场是技术性的,而非身体性的。因为后者的在场是与缺席相对的,是以身体为参照的,具有人类中心主义倾向。而前者的在场则介于身体性的在场和缺席之间,是一种后人类主义。技术性在场是对身体性在场的反思和超越,阐明了技术对人的渗透和改造。就身体性在场而言,技术只是身体的补充,其遮蔽了技术对身体的重组。技术不仅没有遮蔽身体,相反,它让身体更是其所是。观众在云音乐会中所体验到的,远比在现场音乐会中所体验的更多。因为自17世纪公共音乐会诞生以来,听众在过去的几个世纪中,还从未获得如此多的自由和新内涵。

总之,云音乐会作为一种新技术表征,重构了观众、音乐和世界的关系。这种重构以观众的身份从人向赛博格形态转化为标志。当观众的肉身身份逐渐被数字身份所取代,并且习惯了云音乐会的虚

---

① 威廉·米切尔.比特之城[M].范海燕,胡泳,译.北京:生活·读书·新知三联书店,1999:31.

② 唐·伊德.技术与生活世界[M].韩连庆,译.北京:北京大学出版社,2012:53.

拟音频,那么,现实中的听觉经验就会变得陌生。这就迫使人们重新改写听觉真实的标准。在日新月异的人工智能时代,音乐观念、形态和体制正发生着剧烈的变化。就视听体验而言,人类肉身与设备的交互性会愈来愈深,视听器官也在不断电子化。面对这种新变,我们不能再以陈旧的主体观念来观照它,而须代之以新的世界和概念。

图书在版编目(CIP)数据

中国后人类文化年度发展报告.2022 年/王峰主编
.—上海:上海三联书店,2024.7
    ISBN 978 - 7 - 5426 - 8407 - 3

    Ⅰ.①中⋯　Ⅱ.①王⋯　Ⅲ.①文化人类学-研究报告
-中国- 2022　Ⅳ.①C912.4

中国国家版本馆 CIP 数据核字(2024)第 052975 号

中国后人类文化年度发展报告 2022 年

主　　编 / 王　峰

责任编辑 / 殷亚平
装帧设计 / 徐　徐
监　　制 / 姚　军
责任校对 / 王凌霄

出版发行 / 上海三联书店
　　　　　(200041)中国上海市静安区威海路 755 号 30 楼
邮　　箱 / sdxsanlian@sina.com
联系电话 / 编辑部:021 - 22895517
　　　　　发行部:021 - 22895559
印　　刷 / 上海惠敦印务科技有限公司

版　　次 / 2024 年 7 月第 1 版
印　　次 / 2024 年 7 月第 1 次印刷
开　　本 / 655mm×960mm　1/16
字　　数 / 310 千字
印　　张 / 24.75
书　　号 / ISBN 978 - 7 - 5426 - 8407 - 3/C・643
定　　价 / 98.00 元

敬启读者,如发现本书有印装质量问题,请与印刷厂联系 021 - 63779028